Aktivierung und Überzeugung
im Bundestagswahlkampf 2013

Oliver Strijbis · Kai-Uwe Schnapp
(Hrsg.)

Aktivierung und Überzeugung im Bundestagswahlkampf 2013

Herausgeber
Oliver Strijbis
Institut für Politikwissenschaft
Universität Hamburg
Wissenschaftszentrum Berlin
Berlin
Deutschland

Kai-Uwe Schnapp
Institut für Politikwissenschaft
Universität Hamburg
Hamburg
Deutschland

ISBN 978-3-658-05049-8   ISBN 978-3-658-05050-4 (eBook)
DOI 10.1007/978-3-658-05050-4

Die Deutsche Nationalbibliothek verzeichnet diese Publikation in der Deutschen Nationalbibliografie; detaillierte bibliografische Daten sind im Internet über http://dnb.d-nb.de abrufbar.

Springer VS
© Springer Fachmedien Wiesbaden 2015
Das Werk einschließlich aller seiner Teile ist urheberrechtlich geschützt. Jede Verwertung, die nicht ausdrücklich vom Urheberrechtsgesetz zugelassen ist, bedarf der vorherigen Zustimmung des Verlags. Das gilt insbesondere für Vervielfältigungen, Bearbeitungen, Übersetzungen, Mikroverfilmungen und die Einspeicherung und Verarbeitung in elektronischen Systemen.

Die Wiedergabe von Gebrauchsnamen, Handelsnamen, Warenbezeichnungen usw. in diesem Werk berechtigt auch ohne besondere Kennzeichnung nicht zu der Annahme, dass solche Namen im Sinne der Warenzeichen- und Markenschutz-Gesetzgebung als frei zu betrachten wären und daher von jedermann benutzt werden dürften.

Lektorat: Jan Treibel, Katharina Gonsior

Gedruckt auf säurefreiem und chlorfrei gebleichtem Papier

Springer VS ist eine Marke von Springer DE. Springer DE ist Teil der Fachverlagsgruppe Springer Science+Business Media
www.springer-vs.de

Vorwort

Dieses Buch entstand im Rahmen eines einjährigen Forschungsseminars für Studierende der Politikwissenschaft an der Universität Hamburg. Das Seminar hatte den Einfluss des Wahlkampfes auf das Wahlverhalten zum Thema und die Bundestagswahlen 2013 als ihr Fallbeispiel. Im Rahmen des Seminars hielt Dr. Frank Wilhelmy ein Gastreferat, bei welchem er aus der Praxis der Wahlkampfführung berichtete, und für das wir uns an dieser Stelle herzlich bedanken möchten. Die Prognosemarktdaten, welche einen zentralen Teil des Bandes ausmachen, wurden im Rahmen des Projektes politikprognosen.de generiert. In diesem Zusammenhang möchten wir uns bei Kjetil Thuen für die Programmierung und bei Lucas Rachow für die Hilfe bei der Rekrutierung der Prognosemarktteilnehmer bedanken. Schließlich gilt Stephanie Baruth, Saskia Mestern und von Seiten des Verlages Frau Katharina Gonsior und Herrn Dr. Jan Treibel herzlichen Dank für das Lektorat.

Universität Hamburg   Oliver Strijbis
                                                         Kai-Uwe Schnapp

Inhaltsverzeichnis

1 Einleitung: Aktivierung und Überzeugung im
   Bundestagswahlkampf 2013 1
   Oliver Strijbis und Kai-Uwe Schnapp

Teil I Theoretischer Rahmen

2 Aktivierung und Überzeugung durch Wahlkampfereignisse 15
   Oliver Strijbis

3 Aktivierung und Überzeugung auf Prognosemärkten und
   in Umfragen 33
   Sveinung Arnesen

4 Die Bundestagswahl 2013 im historischen Vergleich 55
   Kamil Marcinkiewicz und Michael Jankowski

Teil II Empirische Analysen

5 Das deutsche Wirtschaftswunder und der Amtsinhaberbonus 81
   Marcus Lauter, Marcus Nendel und Carl Tobias Reichert

6 Die Kommunikation der Parteien im Wahlkampf: Eine Analyse
   anhand von Pressemitteilungen 99
   Harry Horstmann, Moritz Thalmann und Arne Zillmer

7 Der Einfluss von Kandidatenimages 117
   Nadine Drolshagen und Leonie Spandau

8 Wenn Kandidat und Partei nicht zusammenpassen 143
   Michael Dietel, Kevin Knackstedt, Maximilian Matthies
   und Dennis Thering

9 Das TV-Duell 159
   Tobias Claßen, Lisa Guckel und Marvin Kuhn

10 Haben die Umfragen das Wahlergebnis beeinflusst? Strategisches
   Wählen und Mitläufereffekte bei der Bundestagswahl 2013 177
   Oliver Strijbis, Tom Paltins und Aguibou Bouare

Teil III   Schluss 195

11 Fazit: Aktivierung oder Überzeugung? 197
   Kai-Uwe Schnapp und Oliver Strijbis

Mitarbeiterverzeichnis

Sveinung Arnesen Department of Comparative Politics, University of Bergen, Bergen, Norwegen

Aguibou Bouare Hamburg, Deutschland

Tobias Claßen Norderstedt, Deutschland

Michael Dietel Hamburg, Deutschland

Nadine Drolshagen Hamburg, Deutschland

Lisa Guckel Hamburg, Deutschland

Harry Horstmann Hamburg, Deutschland

Michael Jankowski Institut für Sozialwissenschaften, Universität Oldenburg, Hamburg, Deutschland

Kevin Knackstedt Hamburg, Deutschland

Marvin Kuhn Hamburg, Deutschland

Marcus Lauter Erfurt, Deutschland

Maximillian Matthies Lüneburg, Deutschland

Kamil Marcinkiewicz Institut für Politikwissenschaft, Universität Hamburg, Hamburg, Deutschland

Marcus Nendel Erfurt, Deutschland

Tom Paltins Hamburg, Deutschland

Carl Tobias Reichert Erfurt, Deutschland

Kai-Uwe Schnapp Institut für Politikwissenschaft, Universität Hamburg, Hamburg, Deutschland

Leonie Spandau München, Deutschland

Oliver Strijbis Institut für Politikwissenschaft, Universität Hamburg, Wissenschaftszentrum Berlin, Berlin, Deutschland

Moritz Thalmann Berlin, Deutschland

Dennis Thering Lüneburg, Deutschland

Arne Zillmer Himmelpforten, Deutschland

Einleitung: Aktivierung und Überzeugung im Bundestagswahlkampf 2013

Oliver Strijbis und Kai-Uwe Schnapp

1.1 Einleitung

Die Bundestagswahl 2013 darf mit Recht als „historisch" bezeichnet werden. Die FDP erreichte zum ersten Mal überhaupt die Fünf-Prozent-Hürde nicht und schied damit aus dem Bundestag aus. CDU und CSU gewannen die Wahl deutlich, erzielten den größten Vorsprung auf die SPD seit über 50 Jahren und verfehlten nur knapp eine absolute Mehrheit im Berliner Parlament. Mit der Partei Alternative für Deutschland (AfD) scheiterte eine Partei knapp an der Fünf-Prozent-Klausel, welche die Ausnahmestellung Deutschlands als westeuropäisches Land ohne bedeutende rechtspopulistische Partei aufzuheben droht.

Kaum jemand bezweifelt, dass der Wahlkampf eine wichtige Rolle beim Zustandekommen dieses historischen Wahlergebnisses spielte. Dies war lange Zeit anders, galt doch über Jahrzehnte die von Paul Lazarsfeld et al. (1948) in *The People's Choice* aufgestellte These, wonach Wahlkämpfe einen geringen Effekt auf den Wahlausgang ausüben, als gültig. Noch Anfang der 1990er Jahre verteidigten Andrew Gelman und Gary King in einem bedeutenden Artikel die Ansicht, dass Wahlkämpfe für das Wahlverhalten wenig bedeutsam sind (Gelman und King

---

O. Strijbis (✉)
Institut für Politikwissenschaft, Universität Hamburg, Wissenschaftszentrum Berlin, Berlin, Deutschland
E-Mail: oliver.strijbis@wzb.eu

K.-U. Schnapp
Institut für Politikwissenschaft, Universität Hamburg, Hamburg, Deutschland
E-Mail: kai-uwe.schnapp@wiso.uni-hamburg.de

© Springer Fachmedien Wiesbaden 2015
O. Strijbis, K.-U. Schnapp (Hrsg.), *Aktivierung und Überzeugung im Bundestagswahlkampf 2013*, DOI 10.1007/978-3-658-05050-4_1

1993). Wahlkämpfe galten damit in der Politikwissenschaft vor allem als Rituale, welche den Parteien dazu dienen, ihnen bereits zugeneigte Wähler an die Urne zu bringen; sie wurden also in erster Linie als Mittel der Parteien zur *Aktivierung* der „eigenen" Wählerschaft verstanden. Dies hat sich in den letzten zwei Jahrzehnten rapide geändert. Eine rasant wachsende Literatur zeigt nun, dass Wahlkämpfe heute Wähler auch in bedeutender Zahl zu einer Änderung ihrer Wahlabsicht bringen können (insbesondere Holbrook 1996; Farrell und Schmitt-Beck 2002). Plischke (2014) geht in einer aktuellen Analyse sogar so weit zu sagen, dass das alte Verständnis den realen Verhältnissen nicht angemessen war und zum Teil auf verzerrenden Operationalisierungen beruhte. Wahlkämpfe werden in dem sich ändernden Verständnis also nicht nur als Mobilisierungsinstrument verstanden, sondern auch als ein Mittel zur *Überzeugung* der Wählerschaft.[1]

Das Ziel dieses Bandes ist es, theoretisch herzuleiten und empirisch zu überprüfen, wann es zur Aktivierung und Überzeugung von Wählern während eines Wahlkampfes kommt. Untersuchungsgegenstand ist der Wahlkampf zu den Bundestagswahlen 2013. Das Buch leistet dabei keine umfassende Analyse des Bundestagswahlkampfes, sondern fokussiert ausgewählte Beispiele. Indem es versucht, einen Beitrag zur Dokumentation und Analyse der Bundestagswahlen 2013 zu leisten, schließt es an eine in Deutschland bedeutende Tradition der Dokumentation und der fallspezifischen Analysen von Bundestagswahlen an (Brettschneider et al. 2004, 2007; Falter et al. 2005; Gabriel et al. 2009; Güllner et al. 2005; Jesse und Sturm 2006; Kaase und Klingemann 1980; Korte 2010; Padgett und Saalfeld 2000; Rattinger et al. 2011; Pickel et al. 2000).

Dieses Buch kommt zu dem Schluss, dass der Bundestagswahlkampf 2013 nicht nur zur Aktivierung der Wähler beigetragen hat, sondern dass Wahlkampfereignisse auch zur Überzeugung von Wählern geführt haben. Damit hatte der Wahlkampf einen bedeutenden Einfluss auf das Wahlergebnis. Die vorgelegten Ergebnisse wurden unter anderem unter Nutzung zweier Innovationen für die Wahlforschung entwickelt. Dieses Buch stellt erstens die Wirkung von Wahlkampfereignissen in den analytischen Vordergrund. Zweitens wird in diesem Buch zum ersten Mal die Wirkung eines deutschen Wahlkampfes nicht nur mit Umfrage- sondern auch mit Prognosemarktdaten analysiert.

Der Band entstand aus einem Seminar an der Universität Hamburg heraus; die Mehrzahl der Beiträge wurde von Studierenden geschrieben. Das Buch richtet sich daher zunächst an Studierende, darüber hinaus aber auch an die politikinteressierte Öffentlichkeit. Politikwissenschaftlern kann es als Ausgangspunkt für komplexere Analysen von Wahlkämpfen dienen. Außerdem empfiehlt das Buch die Ergänzung rein umfragebasierter Wahl(kampf)forschung durch die Nutzung von Prognosemarktdaten.

---

[1] Wir wählen hier den Begriff „Überzeugung" als Übersetzung von „conversion", welche Lazarsfeld et al. (1994) in *The People's Choice* verwenden und jenem der „activation" gegenüberstellen.

1.2 Die Bedeutung von Wahlkampfereignissen für die Aktivierung und Überzeugung von Wählern

Die Wahlforschung interessiert sich vor allem für verallgemeinerbare kausale Zusammenhänge. Sie versucht also Erkenntnisse vorzulegen, die über den jeweiligen Forschungskontext, sei dies eine einzelne Wahl oder auch ein ganzes Land, hinausweisen. Sie fokussiert dabei unter anderem die Einflüsse von Wahlkämpfen auf die Wahlentscheidung, da diese – wie eben dargestellt – zumindest nach neueren Erkenntnissen einen wichtigen Teil des Wahlgeschehens ausmachen.

Wer das Wahlverhalten bei einer spezifischen Wahl möglichst umfassend verstehen will, kommt nicht umhin, die Dynamik des jeweiligen Wahlkampfes genau zu untersuchen. Bei dieser Aussage legen wir folgendes Verständnis von Wahlkampf zugrunde: Ein Wahlkampf ist eine dichte Abfolge von stark mediatisierten, inhaltlich auf eine kommende Wahl ausgerichteten und in der Regel bewusst inszenierten Ereignissen, welche Einfluss auf die Wahlentscheidung der Bürger nehmen sollen. Daher sollte bei der Analyse eines Wahlkampfes der Fokus auf Effekte von bedeutenden Wahlkampfereignissen gerichtet werden. Um herauszufinden, ob spezifische Ereignisse während eines Wahlkampfes einen Effekt auf das Wahlverhalten hatten, wird dabei meist induktiv vorgegangen. Das heißt in der bisherigen Praxis, dass zuerst Veränderungen in der Wahlabsicht während eines Wahlkampfes auf der Basis von Umfragedaten betrachtet werden. Für jene Zeitpunkte, zu denen substantielle Änderungen beobachtet werden, wird sodann geprüft, ob gleichzeitig bzw. zeitlich vorgelagert ein Ereignis stattgefunden hat, dem diese Veränderung als Wirkung zugeschrieben werden kann. Dieses induktive Vorgehen ist allerdings problematisch, weil es oft zu ad-hoc Erklärungen und zu inkonsistenten Interpretationen von Beobachtungen führt. So nimmt man bei diesem Vorgehen zum Beispiel nicht wahr, wenn mehrere zeitgleich stattfindende Wahlkampfereignisse zwar jedes für sich eine Wirkung entfalten, sich diese Wirkungen aber in der Summe neutralisieren. Um die Wirkung von Wahlkampfereignissen untersuchen zu können, braucht es also einen theoretischen Rahmen, der von den Wahlkampfereignissen selbst ausgeht und aus dem Erwartungen darüber abgeleitet werden können, welche Effekte ein Wahlkampfereignis auf das Wahlverhalten ausübt.

Eine Typologie von Wahlkampfereignissen nach ihrem Einfluss auf das Wahlverhalten fehlt zwar noch, doch gibt es eine wachsende Literatur, welche sich mit dem Einfluss eines spezifischen Typus von Wahlkampfereignissen auf das Wahlverhalten auseinandersetzt. Typischerweise handelt es sich dabei um Wahlkampfereignisse wie Parteikonvente oder TV-Duelle, die stark von den Parteien beeinflusst werden können. Zunehmend werden aber auch Effekte von Ereignissen analysiert, deren Eintreffen nicht erwartet werden kann, wie Umweltkatastrophen oder Wirtschaftskrisen. Solche Ereignisse können zweifelsohne eine Wirkung im Laufe eines Wahlkampfes entfalten. So wird unterstellt, dass Gerhard Schröder die Bundestagswahl im Jahre 2002 auch Dank des Elbehochwassers und seiner Reaktion auf dieses Hochwasser gewinnen konnte. Gleichzeitig fällt diese Art externer Ereignisse selbst nicht unter unsere oben formulierte Definition von Wahlkampfereignissen. Die politischen Reaktionen auf diese Ereignisse können jedoch zumindest bedingt als Wahlkampfereignisse gefasst werden. Denn selbst wenn die eigentliche Reaktion auf einen externen Schock (Flut, Krise) im Zentrum des Regierungshandelns in einer solchen Situation steht, wird man kaum bestreiten wollen, dass in Zeiten bevorstehender Wahlen wahlkämpfende Politiker bei der Krisenreaktion immer auch ihre Wirkung auf die Wählerschaft als Krisenmanager im Auge haben.

Es ist ein Ziel dieses Buches einen theoretischen Rahmen zu schaffen, welcher Erwartungen über die Auswirkungen von unterschiedlichen Typen von Wahlkampfereignissen auf die Aktivierung und Überzeugung der Wähler herleitet. Außerdem soll hier ein erster Versuch unternommen werden, die Plausibilität solcher Erwartungen empirisch zu überprüfen. Um diese empirische Analyse gewährleisten zu können, wurde im Rahmen dieses Projektes ein „Wahlkampftagebuch" geführt, welches einen Überblick über die wichtigsten Wahlkampfereignisse im Vorfeld der Bundestagswahlen 2013 gibt. Dazu wurden seit den Landtagswahlen in Niedersachsen am 20. Januar 2013 wöchentlich stark mediatisierte Ereignisse, welche in Zusammenhang mit der Bundestagswahl 2013 gebracht werden konnten, aufgelistet (siehe Tab. 1.1).[2]

Bereits vor den Landtagswahlen in Niedersachsen, welche den eigentlichen Bundestagswahlkampf einläuteten, nahm vor allem die Nominierung von Peer Steinbrück als Spitzenkandidat der SPD und die Debatte um von ihm vereinnahmte hohe Referatshonorare in der Öffentlichkeit einen breiten Raum ein. Diese Debatte hatte nach verbreiteter Meinung einen negativen Einfluss auf das Wahlresultat der SPD bei den Landtagswahlen in Niedersachsen (Meyer und Müller-Rommel 2013). Die Diskussion des Wahlergebnisses der Parteien in Niedersachsen selbst stellte dann das erste bedeutende Wahlkampfereignis in der Periode dar, die von der Politik im engeren Sinne als Wahlkampfperiode definiert wird.

Ein weiteres wichtiges Wahlkampfereignis war die Gründung der Alternative für Deutschland (AfD) sowie ihre ersten Versammlungen und Parteitage. Auch die Parteitage der anderen Parteien gehörten zu den vielbeachteten Ereignissen

---

[2] Als stark mediatisierte Ereignisse betrachten wir solche, welche in den wichtigsten nationalen Medien besonders prominent und/oder über einen längeren Zeitraum thematisiert werden. Die Aufstellung in Tab. 1.1 basiert auf der Analyse von Printmedien.

1 Einleitung: Aktivierung und Überzeugung im Bundestagswahlkampf 2013

Tab. 1.1 Wahlkampfereignisse zwischen der Landtagswahl in Niedersachsen und der Bundestagswahl, 20. Januar – 21. September 2013

Woche	1. Wahlkampfereignis	2. Wahlkampfereignis	3. Wahlkampfereignis
4	Diskussion um Resultat Landtagswahlen in NI	Brüderle statt Rösler Spitzenkandidat für die FDP, Sexismus-Debatte um Brüderle	
5			Plagiatsverfahren gegen Schavan (CDU)
6	Stasi-Vorwürfe an Gysi (Die Linke)	Gründung AfD	
7			
8		Parteitag CDU	Besuch von Merkel in der Türkei
9	CDU-interne Debatte um Homo-Ehe/ Familiensplitting		
10		Parteitag FDP	
11	Versammlung AfD	Diskussion um NPD-Verbotsantrag	
12			Diskussion um Finanzhilfe für Zypern
13			
14		Kein Platz für türkische Medien im Gerichtssaal beim Prozess gegen den Nationalsozialistischen Untergrund (NSU)	
15	Parteitag und Umfragewerte AfD		Außerordentlicher Parteitag der SPD
16			
17		Bekanntwerden von Steuerhinterziehung durch Ulli Hoeneß	Parteitag Grüne
18	Vertagung des Prozesses gegen den Nationalsozialistischen Untergrund (NSU)		FDP-Parteitag
19			
20			
21		Kritik an Verteidigungsminister de Maiziere (CDU) im Zusammenhang mit dem Drohnen-Projekt „Euro-Hawk"	Debatte um Gewinnung von Erdgas in Deutschland durch Fracking
22			
23	Hochwasser an Elbe und Donau		
24			Parteitag der Linken
25			

Tab. 1.1 (Fortsetzung)

26			
27		NSU-Prozess	
28			
29	Skandal um die bekannt gewordenen Spionagemethoden der NSA	Parteitag CSU	Demokratische Revolution in Ägypten
30		Kritik an Verteidigungsminister de Maiziere (CDU) im Zusammenhang mit dem Drohnen-Projekt	
31			
32			
33			
34			
35		Debatte um Unterstützung der syrischen Opposition nach Giftgaseinsatz	
36	TV-Duell der Kanzlerkandidaten		
37			Debatte um Verhältnis von Grünen zu Pädophilie
38	Ergebnisse Bayern-Wahl und Umfragen	Börsenhausse	

und dienten, ablesbar an ihrer zeitlichen Platzierung, in erster Linie dem Wahlkampf für die Bundestagswahlen. Ausschließlich ein Wahlkampfereignis war das TV-Duell zwei Wochen vor der Bundestagswahl, das der amtierenden Kanzlerin und Kanzlerkandidatin der Union Angela Merkel sowie Peer Steinbrück als Kanzlerkandidaten der SPD die Möglichkeit bot, sich einem großen Publikum zu präsentieren.

Es gab jedoch auch Ereignisse, die durch die politischen Akteure nicht beeinflusst werden konnten. Dies trifft in besonderem Maße für die Überschwemmungen an der Elbe zu. Im Gegensatz zur Flut von 2002, welcher Gerhard Schröder wahrscheinlich einen Teil seines Wahlerfolges zu verdanken hatte (siehe oben), lag das Elbehochwasser des Jahres 2013 jedoch vom Wahltermin weiter entfernt und war daher weniger wahlkampfwirksam. Weitere Ereignisse, welche während des Wahlkampfes die Medienberichterstattung dominierten, die aber durch die politischen

1 Einleitung: Aktivierung und Überzeugung im Bundestagswahlkampf 2013

Entscheidungsträger kaum beeinflusst werden konnten, waren der Skandal um die Spionagemethoden des US-Geheimdienstes NSA, das Bekanntwerden der Steuerhinterziehung durch den Präsidenten des Fußballvereins FC Bayern München Uli Hoeneß und die Börsenhausse in der Woche vor der Bundestagswahl. Schließlich kreieren in einem Wahlkampf auch die Wahlforscher selbst Medienereignisse. Dies ist dann der Fall, wenn Umfragewerte oder Wahlvorhersagen von Demoskopen medienwirksam veröffentlicht werden.

1.3 Die Analyse von Wahlkämpfen mit Prognosemärkten

Zur Analyse der Wirkung von Wahlkämpfen werden typischerweise Umfragedaten verwendet. Vor allem die allgegenwärtige Sonntagsfrage ist ein bewährtes Instrument, um die jeweilige politische Stimmung zu eruieren. Umfragen sind also ein wichtiges Instrument zur Beobachtung des Entscheidungsprozesses der Wähler im Vorfeld einer Wahl. Allerdings misst die Sonntagsfrage, wie Wähler zum jeweiligen Umfragezeitpunkt abstimmen würden, nicht, wie sie am Wahltag selbst abstimmen werden. In diese Lücke stoßen Prognosemärkte, die versuchen, alle zu einem beliebigen Zeitpunkt vor einer Wahl verfügbaren Informationen zu nutzen, um das Wahlergebnis vorherzusagen. Sie versuchen sozusagen, über den Erhebungszeitpunkt hinaus zu schauen. Wir möchten mit diesem Buch Prognosemärkte allerdings nicht nur vorrangig als Instrument der Vorhersage von Wahlen einführen, sondern als Datenquelle für die Analyse von Wahlverhalten, insbesondere für die Analyse von Mobilisierungs- und Überzeugungsprozessen in Wahlkämpfen.

Prognosemärkte werden etabliert, um eine optimale kollektive Vorhersage zukünftiger Ereignisse zu erstellen. Bei Wahlen werden Prognosemärkte, die dann auch als „Wahlmärkte" bezeichnet werden, also mit dem Ziel eingerichtet, alle zu einem beliebigen Zeitpunkt vor einer Wahl verfügbaren Informationen zu nutzen, um das Wahlergebnis vorherzusagen. Die Einbringung und Nutzung dieser Informationen erfolgt, analog dem Aktienmarkt, durch die Teilnehmer des Prognosemarktes. Die Erwartung ist, dass diese Marktteilnehmer alle verfügbaren Informationen über vergangene und künftige Ereignisse im eigenen ökonomischen Interesse so effizient nutzen, dass durch den Markt sehr präzise Prognosen des Wahlergebnisses entstehen. Im Idealfall entstehen bessere Prognosen als die, welche durch Umfragen gewonnen werden.

Prognosemärkte verfügen in der Regel über mehrere Verträge. Jeder dieser Verträge ist eine „Wette" („Future" in der Sprache von Aktienmärkten) auf ein zukünftiges Ereignis. Im Fall eines Wahlmarktes sind die Verträge Wetten auf die Wahlergebnisse der Parteien. Die Preise der gehandelten Verträge hängen direkt von den Erwartungen über zukünftige Ereignisse, hier von dem erwarteten Wahlergebnis, ab. Das tatsächliche Wahlergebnis determiniert den finanziellen Gewinn eines Marktteilnehmers nach Eintritt des Ereignisses. Vermittelt über die Erwartungen der Händler beinhalten die Preise im Wahlmarkt daher, so die Theorie, alle den Händlern verfügbaren Informationen über den wahrscheinlichsten Wahlausgang (Berg et al. 2008).

Von den heute aktiven Prognosemärkten ist der Iowa Electronic Markets (IEM) vielleicht am bekanntesten. Der IEM wurde 1988 für Experimentalstudien im Zusammenhang mit den US Präsidentschaftswahlen desselben Jahres an der Universität von Iowa eingerichtet. Die politischen Märkte des IEM sind elektronische „Live-Märkte", auf denen Händler wie eben beschrieben „Futures" kaufen und verkaufen. Die Schlusspreise dieser „Futures" basieren auf den tatsächlichen Wahlresultaten. Da im IEM echtes Geld genutzt wird, sind die Händler direkt mit den monetären Risiken ihres Handelns konfrontiert. Sie „diskutieren" Wahrscheinlichkeiten von Wahlausgängen durch das Anbieten und Akzeptieren von Preisen. Die Preise sind also das Produkt von Angebot und Nachfrage und spiegeln die auf vorhandenen Informationen aufbauenden kollektiven Erwartungen über das noch in der Zukunft liegende Wahlergebnis wider.

Wie unterscheiden sich also Prognosemärkte von Umfragen? Ähnlich wie Umfragen zielen Prognosemärkte darauf ab, das Stimmergebnis bei einer Wahl vorherzusagen. Im Gegensatz zu Umfragen messen Wahlmärkte jedoch nicht in erster Linie die momentanen Wahlabsichten; vielmehr korrigieren sie das aktuelle Bild auf Basis der Erwartungen über den Effekt der weiteren Ereignisse bis zum Wahltag. Die Händler versuchen also auch, die Wirkung des noch vor ihnen liegenden Wahlkampfes zu antizipieren und so exakte Vorhersagen zu machen und ihren Gewinn zu maximieren. Vorhersehbare Änderungen in der politischen Stimmung, zum Beispiel aufgrund von bereits absehbaren Wahlkampfereignissen wie Parteitagen, TV-Duellen usw., werden daher von den Teilnehmern am Prognosemarkt in ihre Erwartungen einbezogen. Wenn solche zuvor erwarteten Ereignisse stattfinden, zeigen sich deren Effekte daher auch nicht als plötzliche Veränderungen in den Marktprognosen. Diese Effekte sind von den Händlern bereits erwartet worden und daher vorab in die Preisbildung eingegangen, sie sind, in der Sprache der Börsen, „eingepreist" (Shaw und Roberts 2000; Arnesen 2011). Umfragen bilden diese momentanen Schwankungen der politischen Stimmung dagegen relativ direkt ab. Den Unterschied zwischen den eher kurzfristigen Prognosen der Umfragen und den längerfristigen Prognosen der Wahlmärkte versuchen wir uns in den Analysen dieses Bandes zu Nutze zu machen.

Die dazu benötigten Prognosemarktdaten haben wir für dieses Projekt selbst generiert. Dazu wurde auf der Webseite politikprognosen.de ein internetbasierter

1 Einleitung: Aktivierung und Überzeugung im Bundestagswahlkampf 2013   9

Echtgeld-Prognosemarkt durchgeführt. In der Zeit zwischen Januar 2013 und dem Wahltag am 22. September 2013 registrierten sich 133 Teilnehmer, um „Aktien" von sieben verschiedenen Verträgen zu handeln. Damit machten sie fortlaufend Vorhersagen über den Wahlausgang bei der Bundestagswahl. Zusammen mit Umfragedaten bilden diese Vorhersagen aus dem Prognosemarkt unsere Datenbasis, um die Aktivierung und Überzeugung der Wähler während des Wahlkampfes zu analysieren.

1.4 Inhalt des Buches

Dieses Buch besteht aus zwei Teilen. Der erste Teil umfasst drei Kapitel, welche die theoretische und empirische Herangehensweise sowie den Kontext der Bundestagswahl 2013 beschreiben.

In Kapitel 2 wird näher auf die Unterscheidung zwischen Aktivierung und Überzeugung in Wahlkämpfen eingegangen. Es wird außerdem hergeleitet, unter welchen Umständen bedeutende Theorien der Wahlforschung Prozesse der Aktivierung und/oder Überzeugung während eines Wahlkampfes erwarten lassen. Diese Erwartungen werden in einem zweiten Argumentationsschritt mit der Perspektive, wonach Wahlkämpfe als eine Abfolge von Wahlkampfereignissen verstanden werden können, verknüpft. Das Resultat ist eine Typologie von Wahlkampfereignissen, auf deren Basis Hypothesen über die Effekte von Wahlkampfereignissen abgeleitet werden können.

Kapitel 3 erläutert die Untersuchungsmethoden dieser Studie und die verwendeten Daten. Zuerst wird erklärt, wie Prognosemärkte für Wahlen funktionieren. Anschließend wird hergeleitet, wie sich die Informationen, welche Prognosemärkten entnommen werden können, von Umfragen unterscheiden und wie Unterschiede in den Prognosemarkt- und Umfragewerten zu interpretieren sind. Zentral ist hier das Argument, dass sich die Vorhersagen eines Prognosemarktes nur dann ändern, wenn erhebliche Erschütterungen der Informationslage auftreten, so dass die Marktakteure zu einer Neubewertung der Wahlchancen der Parteien kommen. Umfragewerte ändern sich dagegen auch dann, wenn Wähler bloß aktiviert werden, wie dies etwa bei TV-Duellen geschieht. Prognosemärkte haben dagegen, so die Annahme, die Aktivierungseffekte solcher Ereignisse bereits „eingepreist", weil sie ja nicht unerwartet kommen. Schließlich werden die Durchführung eines Prognosemarktes für die Bundestagswahl 2013 und die dabei gewonnenen Daten beschrieben.

Kapitel 4 skizziert den Kontext des Wahlkampfes zu den Bundestagswahlen 2013 und stellt die Wahl in einen historischen Vergleich. Zuerst wird auf die Veränderung des Wahlrechts vor den Bundestagswahlen 2013 eingegangen.

Danach werden die Wahlbeteiligung, das Wahlresultat und die Parteienkonstellation während des Wahlkampfs erläutert und historisch verglichen. Das Kapitel schließt mit einer Beschreibung der Spitzenkandidaten der wichtigsten Parteien. Der zweite Teil des Buches besteht aus empirischen Arbeiten zum Effekt des Wahlkampfes auf das Wahlverhalten.

Kapitel 5 untersucht, inwiefern die Wirtschaftskonjunktur einen Einfluss auf das Wahlverhalten hatte. Mit Umfragedaten wird zuerst gezeigt, dass die Bürger die Bundesregierung tatsächlich für die Wirtschaftslage verantwortlich machen. Aufbauend auf diesem Resultat wird auf aggregierter Ebene der Zusammenhang von Börsenkursen und Wahlpräferenz für die Regierungsparteien betrachtet, um zu untersuchen, ob Veränderungen der Wirtschaftslage während des Wahlkampfes einen Einfluss auf das Wahlverhalten hatten. Das Kapitel kommt zu dem bemerkenswerten Ergebnis, dass die Regierungsparteien besonders profitiert haben, wenn sich die deutsche gegenüber der europäischen Konjunktur verbesserte.

Kapitel 6 analysiert die Kommunikation der Parteien im Wahlkampf anhand von Pressemitteilungen. Zuerst wird dargestellt, welche Themen von Parteien im Wahlkampf kommuniziert werden. Danach wird am Beispiel von Bündnis 90/Die Grünen die Wirkung der Themenkommunikation auf das Wahlverhalten untersucht. Die empirische Analyse findet dabei keine Hinweise darauf, dass Bündnis 90/Die Grünen, wie vielfach behauptet, aufgrund falscher Themensetzung das als enttäuschend wahrgenommene Wahlergebnis erzielten.

Kapitel 7 ist der Erforschung des Einflusses von Kandidatenimages auf das Wahlverhalten gewidmet. Basierend auf einer ausführlichen Zusammenfassung der Literatur über die Personalisierung des Wahlverhaltens in Deutschland geht das Kapitel von einem bedeutenden Einfluss der Kandidaten auf den Wahlentscheid bei den Bundestagswahlen 2013 aus. Diese Erwartung bestätigt sich: Es findet sich z. B. deutliche Evidenz dafür, dass die Debatte um Peer Steinbrücks Vertragshonorare der SPD erheblich geschadet hat.

Kapitel 8 erörtert den Zusammenhang von Kanzlerkandidat und Partei, indem es analysiert, ob die Kanzlerkandidaten eher auf den Kerngebieten ihrer Partei bei den Wählern als kompetent galten oder ob ihre Kompetenzen eher auf dem Kerngebiet des politischen Gegners lagen. Diese Kompetenzwerte werden dann in einen Zusammenhang mit den Kanzler- und Parteipräferenzen gestellt, um zu untersuchen, ob Kandidaten vor allem bei den Kernthemen ihrer eigenen Partei als kompetent gelten müssen, um Wähler mobilisieren zu können, oder ob auch Kompetenzen in den Kernthemen der politischen Konkurrenz Mobilisierungseffekte haben.

Kapitel 9 thematisiert den Effekt des TV-Duells auf das Wählerverhalten. Um zu überprüfen, ob das TV-Duell selbst oder eher die Nachberichterstattung einen

1 Einleitung: Aktivierung und Überzeugung im Bundestagswahlkampf 2013

Einfluss auf das Wahlverhalten ausübte, werden zuerst Individualdaten zum TV-Duell 2009 ausgewertet. Diese Untersuchung ergibt, dass die Individuen im Zusammenhang mit dem TV-Duell und der Nachberichterstattung in erheblichem Umfang ihre Wahlpräferenz änderten. Auf dieser Beobachtung basierend wird angenommen, dass das TV-Duell auch bei der Bundestagswahl 2013 einen relevanten Effekt auf das Wählerverhalten hatte. Dies wiederum wird mit Hilfe von Umfrage- und Prognosemarktdaten auf der aggregierten Ebene untersucht. Für die Bundestagswahl 2013 finden die Autoren, ähnlich wie für die Wahl im Jahre 2009, einen positiven Effekt des TV-Duells für die SPD von mehreren Prozentpunkten.

In Kapitel 10 wird schließlich untersucht, ob die Umfragen selbst das Wahlergebnis beeinflusst haben, beziehungsweise ob die durch diese beeinflussten Erwartungen über den Wahlausgang einen Einfluss auf das Wahlverhalten hatten. Gestützt auf Prognosemarkt- und Umfragedaten wird geprüft, ob es bei den Bundestagswahlen 2013 zu strategischem Wählen und/oder Mitläufereffekten gekommen ist. Die Resultate deuten darauf hin, dass das im Vergleich zur Vorwahl schwache Ergebnis der Grünen dadurch erklärt werden kann, dass mit zunehmender Dauer des Wahlkampfes eine rot-grüne Mehrheit immer unwahrscheinlicher wurde. Das hatte in dieser Interpretation zur Folge, dass Linksparteiwähler, die strategisch Grün gewählt hätten, zu ihrer eigentlichen Wahlpräferenz zurückkehrten. Im Gegensatz dazu konnten weder Anzeichen dafür gefunden werden, dass die FDP in relevantem Umfang von sogenannten Leihstimmen profitiert hat, noch dass die SPD unter einem Mitläufereffekt gelitten hat.

Den Schluss des Bandes bildet ein Kapitel, das die zentralen Ergebnisse der einzelnen Beiträge zusammenführt.

Literatur

Arnesen, Sveinung. 2011. How prediction markets help us understand events' impact on the vote in US Presidential Elections. *The Journal of Prediction Markets* 5 (3): 42–63.

Berg, Joyce, Robert Forsythe, Forrest Nelson, und Thomas Rietz. 2008. Results from a dozen years of election futures markets research. In *Handbook of experimental economic results, Vol. 1*, Hrsg. Charles Plott und Vernon Smith, 742–751. Amsterdam: Elsevier.

Brettschneider, Frank, Jan van Deth, und Edeltraud Roller, Hrsg. 2004. *Die Bundestagswahl 2002: Analysen der Wahlergebnisse und des Wahlkampfes.* Schriftenreihe des Arbeitskreises „Wahlen und politische Einstellungen" der Deutschen Vereinigung für Politische Wissenschaft (DVPW) 10. Wiesbaden: VS Verlag für Sozialwissenschaften.

Brettschneider, Frank, Oskar Niedermayer, und Bernhard Weßels, Hrsg. 2007. *Die Bundestagswahl 2005: Analysen des Wahlkampfes und der Wahlergebnisse.* Wiesbaden: VS Verlag für Sozialwissenschaften.

Falter, Jürgen W., Oscar W. Gabriel, und Bernhard Weßels, Hrsg. 2005. *Wahlen und Wähler: Analysen aus Anlass der Bundestagswahl 2002*. Wiesbaden: VS Verlag für Sozialwissenschaften.
Farrell, David M., und Rüdiger Schmitt-Beck. 2002. Do political campaigns matter? Campaign effects in elections and referendums. London; New York: Routledge.
Gabriel, Oscar W., Bernhard Weßels, und Jürgen W. Falter, Hrsg. 2009. *Wahlen und Wähler: Analysen aus Anlass der Bundestagswahl 2005*. Wiesbaden: VS Verlag für Sozialwissenschaften.
Gelman, Andrew, und Gary King. 1993. Why are American presidential election campaign polls so variable when votes are so predictable? *British Journal of Political Science* 23 (4): 409–451.
Güllner, Manfred, Hermann Dülmer, Markus Klein, Dieter Ohr, Markus Quandt, Ulrich Rosar, und Hans-Dieter Klingemann. 2005. *Die Bundestagswahl 2002: Eine Untersuchung im Zeichen hoher politischer Dynamik*. VS Verlag für Sozialwissenschaften.
Holbrook, Thomas M. 1996. *Do campaigns matter?* Contemporary American politics. Thousand Oaks: Sage.
Jesse, Eckhard, und Roland Sturm, Hrsg. 2006. *Bilanz der Bundestagswahl 2005: Voraussetzungen, Ergebnisse, Folgen*. Wiesbaden: VS Verlag für Sozialwissenschaften.
Kaase, Max, und Hans-Dieter Klingemann. 1980. *Wahlen und politisches System: Analysen aus Anlass der Bundestagswahl*. Opladen: Westdeutscher Verlag.
Korte, Karl-Rudolf. 2010. *Die Bundestagswahl 2009: Analysen Der Wahl-, Parteien-, Kommunikations- Und Regierungsforschung*. Wiesbaden: VS Verlag für Sozialwissenschaft.
Lazarsfeld, Paul Felix, Bernard Berelson, und Hazel Gaudet. 1948. *The people's choice: How the voter makes up his mind in a presidential campaign*. New York: Columbia University Press.
Meyer, Holger, und Ferdinand Müller-Rommel. 2013. Die niedersächsische Landtagswahl vom 20. Januar 2013: Hauchdünne Mehrheit für neues rot-grünes Regierungsbündnis. *Zeitschrift für Parlamentsfragen* 2:247–263.
Padgett, Stephen, und Thomas Saalfeld, Hrsg. 2000. *Bundestagswahl '98: End of an Era?* Frank Cass, London: Psychology Press.
Pickel, Gert, Dieter Walz, und Wolfram Brunner. 2000. *Deutschland nach den Wahlen: Befunde zur Bundestagswahl 1998 und zur Zukunft des deutschen Parteiensystems*, Hrsg. Gert Pickel. Opladen: Leske + Budrich.
Plischke, Thomas. 2014. Fällt die Wahlentscheidung immer später? Die Entwicklung des Zeitpunkts der Wahlentscheidung bei den Bundestagswahlen 1969 bis 2009. *Politische Vierteljahresschrift* 55 (1): 118–144. doi:10.5771/0032-3470-2014-1-118.
Rattinger, Hans, Sigrid Roßteutscher, Rüdiger Schmitt-Beck, und Bernhard Weßels. 2011. *Zwischen Langeweile und Extremen: Die Bundestagswahl 2009*. Nomos.
Shaw, Daron R., und Brian D. Roberts. 2000. Campaign events, the media and the prospect of victory: The 1992 and 1996 US Presidential Elections. *British Journal of Political Science* 30:259–289.

Teil I
Theoretischer Rahmen

Aktivierung und Überzeugung durch Wahlkampfereignisse

2

Oliver Strijbis

2.1 Einleitung

In der Politikwissenschaft war lange das Paradigma dominant, dass Wahlkämpfe nur minimale Effekte auf das Wahlergebnis haben. Grund dafür ist, dass in Wahlkämpfen hauptsächlich die Prädispositionen von Wählerinnen aktiviert oder verstärkt werden (Lazarsfeld et al. 1948). *Aktivierung* heißt dabei, dass Wählerinnen während eines Wahlkampfes dazu motiviert werden, eine Partei zu wählen, welche aufgrund ihrer Prädispositionen als „logische" Wahl erscheint. Es ist diese Dimension des Wählens, welche als die „normale Wahlentscheidung" betrachtet wird (Campbell et al. 1960). Gelman und King (Gelman und King 1993, S. 433) argumentieren in diesem Zusammenhang, dass Wählerinnen während eines Wahlkampfes informiert werden und sich in diesem Prozess über ihre eigentlichen Präferenzen bewusst werden. Es ist dies also, die Bewusstwerdung über die eigenen Prädispositionen, welche eine wichtige Form der Aktivierung darstellt. Die *Überzeugung* hingegen ist das Gegenstück zur Aktivierung und meint, dass Wählerinnen während eines Wahlkampfes ihre Parteipräferenz ändern (siehe die Einleitung in diesem Band).[1]

---

[1] Im Original von Lazarsfeld et al. (1948) wird der Ausdruck „conversion" verwendet.

O. Strijbis (✉)
Institut für Politikwissenschaft, Universität Hamburg, Wissenschaftszentrum Berlin, Berlin, Deutschland
E-Mail: oliver.strijbis@wzb.eu

© Springer Fachmedien Wiesbaden 2015
O. Strijbis, K.-U. Schnapp (Hrsg.), *Aktivierung und Überzeugung im Bundestagswahlkampf 2013*, DOI 10.1007/978-3-658-05050-4_2

Um die Relevanz von Wahlkämpfen und ihre Wirkung zu untersuchen, ist die Unterscheidung zwischen überzeugenden und aktivierenden Effekten von großer Bedeutung, gibt sie doch darüber Aufschluss, inwiefern Wahlkämpfe Wahlen entscheiden können und ob Parteien während eines Wahlkampfes in erster Linie versuchen sollten, „ihre" Wählerinnen an die Urne zu bringen oder ob sie versuchen sollten, auch unter jenen Wählerinnen zu mobilisieren, welche nicht zu ihrem typischen Elektorat gehören. Bisher haben erst wenige Studien versucht, den Umfang von Überzeugungs- und Aktivierungseffekten während deutscher Wahlkampagnen zu untersuchen. Insbesondere zwei Studien lassen aber Rückschlüsse auf den Umfang von Überzeugungs- und Aktivierungseffekten bei Bundestagswahlen zu.

Kuhn (2011) untersucht mit den Daten aus dem sozio-ökonomischen Panel (SOEP) Aktivierungs- und Überzeugungseffekte bei Bundestagswahlen für den ganzen Zeitraum zwischen 1984 und 2011. Nach dieser Studie werden in Deutschland während einer Legislatur 10% der Wählerinnen überzeugt und 25% aktiviert. Aufgrund der wenigen Zeitpunkte, bei denen die Befragten vor einer Wahl befragt werden, ist die Wahrscheinlichkeit eines beobachteten Wechsels der Parteipräferenz geringer, als wenn in kürzeren Abständen gefragt würde. Daher dürften Kuhns Schätzungen eher die Untergrenze an tatsächlichen Überzeugungs- und Mobilisierungseffekten für ganze Legislaturen wiedergeben. Aufgrund der Auswertung eines Panels, bei welchem die Befragten im letzten Halbjahr vor einer Wahl mehrfach befragt werden, kommt Plischke (2014) denn auch auf höhere Werte. So findet er für die Bundestagswahlen zwischen 1969 und 2009 typischerweise einen Anteil von 10 bis 25% des Elektorates, das alleine während eines Wahlkampfes seine Präferenz ändert. Der Anteil der während eines Wahlkampfes aktivierten Wähler dürfte je nach historischem Zeitpunkt zwischen 10 und 30% gelegen haben.[2] Besonders hoch ist dabei der Anteil der Wähler, welcher sich bei den Bundestagswahlen 1990 überzeugen ließ, was aufgrund der außergewöhnlichen historischen Umstände bei dieser Wahl plausibel ist (siehe auch Finkel und Schrott 1995).[3] Insgesamt kann davon ausgegangen werden, dass in Deutschland nur eine knappe Mehrheit der Wählerinnen über stabile Wählerpräferenzen verfügen und sich von Wahlkämpfen in ihrer Entscheidung nicht beeinflussen lassen. Auf eine bedeutende Minderheit

---

[2] Zu den aktivierten Wählern zähle ich hier diejenigen, welche in einer frühen Befragungswelle angaben, nicht wählen zu wollen, nach der Wahl aber angaben, dies getan zu haben sowie die unentschlossenen Wähler. Dabei habe ich berücksichtigt, dass die Telefonbefragungen für die Wahlen 2005 und 2009 ohne Erinnerungshilfe gegenüber den Face-to-Face Befragungen mit Erinnerungshilfe aus früheren Untersuchungen den Anteil Untenschlossener über- und den Anteil mit stabiler Parteipräferenz überschätzen dürfte. Siehe dazu Plischke (2014, S. 124–130).

[3] Finkel und Schrott finden aber bloß für 14% der Wählerschaft einen Überzeugungseffekt.

wirken Wahlkämpfe aber aktivierend oder überzeugend, weshalb der Wahlkampf bei den meisten Bundestagswahlen durchaus entscheidend ist.

Die Untersuchung von Überzeugung und Aktivierung in Wahlkämpfen interessiert sich vor allem für kausale Zusammenhänge, welche verallgemeinerbar sind. Sie fokussiert daher insbesondere Einflüsse eines Wahlkampfes auf die Wahlentscheidung, die typischerweise einen wichtigen Teil eines jeden Wahlkampfes ausmachen. Auf Seiten der Parteien gehören dazu insbesondere die thematische Positionierung und ihre personelle Aufstellung, während auf Seiten der Wählerinnen deren Kognitionen, Motivationen und strategische Überlegungen eine bedeutende Rolle spielen. Weil diesbezügliche kausale Zusammenhänge relativ unabhängig vom spezifischen Kontext eines Wahlkampfes erwartet werden können, nehmen sie zu Recht eine besondere Stellung innerhalb der Wahlforschung ein. Wer jedoch das Wahlverhalten bei einer spezifischen Wahl möglichst umfassend verstehen will, der kommt nicht umhin, die Dynamik eines Wahlkampfes genauer zu untersuchen. Dabei stößt man schnell auf Wahlkampfereignisse, welche bis anhin aber meist als singulär und dementsprechend als theoretisch uninteressant wahrgenommen werden. Aus der Makroperspektive stellt sich aber die Frage, ob nicht viele dieser Ereignisse über so viel Ähnlichkeit miteinander verfügen, dass für sie Generalisierungen möglich sind. Es erstaunt, dass es keine bedeutende allgemeine Theorie darüber gibt, welche Wahlkampfereignisse was für Effekte auf das Wahlverhalten erzeugen.

Es ist daher das Ziel dieses Kapitels, einen theoretischen Rahmen abzustecken, welcher die Herleitung von Erwartungen über die Auswirkungen von unterschiedlichen Typen von Wahlkampfereignissen auf die Aktivierung und Überzeugung der Wählerinnen ermöglicht. Dazu wird in diesem Kapitel zuerst näher auf die Bedeutung von Wahlkampfereignissen eingegangen. Danach wird hergeleitet, unter welchen Umständen etablierte Theorien der Wahlforschung Prozesse der Aktivierung und/oder Überzeugung während eines Wahlkampfes erwarten lassen. Diese Erwartungen werden in einem nächsten Schritt mit der Perspektive, wonach Wahlkämpfe als eine Abfolge von Wahlkampfereignissen verstanden werden können, verknüpft. Das Resultat ist eine Typologie von Wahlkampfereignissen, von welcher sich Hypothesen über den Effekt spezifischer Wahlkampfereignisse ableiten lassen.

2.2 Die Relevanz von Wahlkampfereignissen

Ein Wahlkampf ist eine dichte Abfolge von stark mediatisierten, inhaltlich auf eine kommende Wahl ausgerichteten und in der Regel bewusst inszenierten Ereignissen, welche Einfluss auf die Wahlentscheidung der Bürger nehmen sollen (siehe die Einleitung in diesem Band).[4] Wahlkämpfe beinhalten dabei nicht nur geplante pro-aktive Ereignisse der Parteien und ihrer Kandidatinnen (Shaw und Roberts 2000, S. 265), weshalb auch Ereignisse, welche von diesen nicht beeinflusst werden, als Wahlkampfereignisse verstanden werden sollten, wenn die Kandidatinnen auf diese in einer Form reagieren, welche ihnen bei der Wählermobilisierung helfen soll. Dies entspricht einer breiten Definition von Wahlkampfereignissen, was es umso anspruchsvoller macht, die Ähnlichkeiten dieser auf den ersten Blick sehr unterschiedlichen Ereignisse in einer Typologie herauszuarbeiten.

Um herauszufinden, ob spezifische Ereignisse während eines Wahlkampfes einen Effekt auf das Wahlverhalten hatten, wird meist induktiv vorgegangen. Das heißt in der bisherigen Praxis, dass zuerst Veränderungen in der Wahlabsicht während eines Wahlkampfes betrachtet werden und man für jene Zeitpunkte, bei welchen man eine substantielle Änderung beobachtet, prüft, ob sie gleichzeitig mit einem bestimmten Ereignis stattgefunden haben. Dieses induktive Vorgehen ist allerdings aus zwei Gründen problematisch. Erstens führt es leicht zu „ad-hoc Erklärungen", das heißt man läuft Gefahr, falsche oder zumindest inkonsistente Interpretationen zu erzeugen, weil man nicht auf eine kohärente Theorie zurückgreift. Problematisch ist es insbesondere, wenn zeitgleich mit einer beobachteten Veränderung in der Wahlabsicht mehrere Wahlkampfereignisse stattgefunden haben. Ohne eine theoretische Herleitung hat man in diesem Fall keine Anhaltspunkte dafür, welches Wahlkampfereignis was für einen Effekt auf die Wählermobilisierung hatte. Bei den Bundestagswahlen 2013 hat zum Beispiel ein Zuwachs bei der Partei Die Linke gleichzeitig mit einer Diskussion um eine allfällige Intervention in Syrien und die Veröffentlichung von Umfragedaten, welche die Wahrscheinlichkeit für einen Wahlsieg von Rot-Grün für zunehmend unwahrscheinlich erscheinen ließen, stattgefunden. Ohne theoretische Herleitung ist es schwierig zu eruieren, ob die Partei Die Linke aufgrund des Konfliktes in Syrien oder eher aufgrund einer abnehmenden Neigung linker Wählerinnen für eine strategische Stimmabgabe zugunsten einer rot-grünen Koalition Wählerstimmen gewonnen hat (siehe Kapitel 10 in diesem Band).

Zweitens besteht die Gefahr der „Fallauswahl auf der abhängigen Variable". Mit Bezug auf Wahlkämpfe heißt dies, dass der Effekt eines Typs Wahlkampfereignis nur für jene Zeitpunkte untersucht wird, bei denen man eine Veränderung in den Umfragewerten der Parteien beobachtet. Dies wäre zum Beispiel der Fall, wenn man für jene Zeitpunkte, bei denen die Umfragewerte einer Partei sinken, untersucht, ob dies mit einem Fehltritt der Spitzenkandidatinnen einhergeht, ohne umgekehrt zu untersuchen, ob Fehltritte von Spitzenkandidatinnen immer zu einem Einbruch der Umfragewerte führen.

---

[4] Die Bedeutung der Massenmedien in Wahlkämpfen wird durch eine umfangreiche Literatur zum „priming", „framing", und „agenda-setting" der Medien dokumentiert (eine klassische Referenz ist Iyengar und Kinder 2010).

2 Aktivierung und Überzeugung durch Wahlkampfereignisse

Um ad-hoc Interpretationen und verzerrte Resultate aufgrund einer Fallauswahl auf der abhängigen Variable auszuschließen, ist es also notwendig, eine Theorie über die Effekte von Wahlkampfereignissen zu formulieren. Auf der Ebene einzelner Typen von Wahlkampfereignissen, welche sich in ähnlicher Form öfters wiederholen, hat die Literatur mittlerweile Ergebnisse vorzuweisen. Unter den Ereignissen, welche von den Kandidatinnen und ihren Parteien nur sehr bedingt beeinflusst werden können, welche aber während Wahlkämpfen thematisiert und politisiert werden können, wurde zum Beispiel der Einfluss von Kriegen (Norpoth 1987; Karol und Miguel 2007), terroristischen Anschlägen (Berrebi und Klor 2008) oder Umweltkatastrophen (Gasper und Reeves 2011; Healy und Malhotra 2009) untersucht. Zu den durch die Kandidierenden direkt beeinflussbaren Ereignistypen, welche analysiert wurden, gehören vor allem Parteikonvente (Campbell et al. 1992) und TV-Debatten (Klein 2005; Klein et al. 2005; Maier et al. 2011; Holbert 2005; Fridkin et al. 2007). Diese Ereignisse sind insofern zur Analyse prädestiniert, da sie einfach kategorisierbar sind und mehr oder weniger häufig wiederkehren und daher Generalisierungen für die entsprechenden Ereignistypen erlauben. Sie erlauben aber keine Aussagen über die Effekte von Wahlkampfereignissen, welche weniger deutlich kategorisierbar sind.[5]

Aber auch Wahlkampfereignisse, welche auf den ersten Blick singulär erscheinen, sind sich bei näherer Betrachtung oftmals in wichtigen Eigenschaften ähnlich und damit vergleichbar. Um systematische Ähnlichkeiten zwischen Wahlkampfereignissen erfassen zu können, ist es notwendig, eine Typologie zu erstellen. Meines Wissens gibt es nur einen Versuch, Wahlkampfereignisse zu typologisieren und somit systematisch Erwartungen über ihre Effekte herzuleiten. So identifiziert Shaw (1999) vier Typen von Wahlkampfereignissen: Mitteilungen, Parteiaktivitäten, Fehler und externe Ereignisse. Shaw unterscheidet diese vier Typen, weil er annimmt, dass von ihnen unterschiedliche Formen der Kommunikation und damit Effekte auf die Wählerinnen ausgehen. Allerdings sagt er nicht die Wirkung auf den Wahlentscheid, sondern nur jene auf die Kandidatenpräferenz voraus. Zur Vorhersage der Effekte auf den Wahlentscheid ist diese Typologie auch deshalb kaum geeignet, da die Effekte von Wahlkampfereignissen nicht in erster Linie auf die Form der Kommunikation zurückgeführt werden dürften, sondern auf deren Inhalte.[6] Auch sagt sie kaum etwas über die Art des Effektes, das heißt über ihre aktivierende oder überzeugende Wirkung aus.

---

[5] Für die Problematik der Generalisierung bei schwer kategorisierbaren Phänomenen siehe Strijbis (2013).

[6] Einen Schritt in diese Richtung macht Shaw (1999, S. 393) mit seinen Subkategorien „prospektiv", und „retrospektiv", da es hier um die Unterscheidung zwischen Positions- vs. Valenzthemen geht (siehe unten).

Im Gegensatz zu Shaw schlage ich vor, eine Typologie von Wahlkampfereignissen nicht aus der Kommunikationsforschung, sondern aus der Wahlforschung herzuleiten. Anstatt einer Theorie den Vorzug zu geben, soll die Typologie auf verschiedenen etablierten Erklärungen zum Wahlverhalten, welche Theorien über Veränderungen in der Wahlentscheidung während eines Wahlkampfes bieten, basieren. Dieser Eklektizismus hat den Vorteil, dass er zu einer größeren gesamthaften Erklärungskraft beiträgt und es uns damit ermöglicht, einen Großteil der Varianz im Wählerverhalten zu erklären. Der Nachteil dieser Herangehensweise ist, dass er zumindest auf der Ebene der Mikrofundierungen nicht besonders elegant ist. Das heißt, dieser eklektische Ansatz muss von einem heterogenen Elektorat ausgehen, in welchem verschiedene Wählerinnen auf dieselben Stimuli unterschiedlich reagieren.

Die Annahme, dass die Wählerschaft heterogen ist und dass die gleichen gesamtgesellschaftlichen Bedingungen somit bei unterschiedlichen Segmenten der Wählerschaft unterschiedliche Prozesse auslösen, ist aber mit makrotheoretischen Ansätzen sehr gut vereinbar. Aus makrotheoretischer Sicht viel relevanter als einheitliche Annahmen über das Verhalten der einzelnen Wählerinnen ist, ob verschiedene Wählerschaften auf die gleichen Bedingungen in ihrer Gesamtheit gleich reagieren. Diese Annahme scheint mir zumindest im Kontext westlicher Demokratien der letzten Jahrzehnte wenig problematisch.

2.3 Die Aktivierung der Wählerinnen und der minimale Effekt von Wahlkämpfen

Das Paradigma der minimalen Effekte von Wahlkämpfen geht davon aus, dass die Prädispositionen stark sozio-strukturell geprägt sind (Lazarsfeld et al. 1948). Das heißt, Unterschiede im Wahlverhalten können an sozialen Positionen der Individuen innerhalb einer Gesellschaft festgemacht werden (Lipset et al. 1967). So wird zum Beispiel erwartet, dass linke Parteien eher von der Arbeiterschicht gewählt werden, während liberale und konservative Parteien ihre Wählerschaft im (Klein-)Bürgertum finden. Ähnlich wird erwartet, dass Katholiken eher christdemokratische Parteien wählen, während Säkulare linken und liberalen Parteien zugeneigt sind. Ebenso wird davon ausgegangen, dass Mitglieder von ethnischen Minderheiten ethnische Parteien wählen.[7]

---

[7] Welche sozialen Strukturmerkmale für das Wählerverhalten in einem Land langfristig entscheidend sind, hängt gemäß der Cleavage-Theorie aber von den spezifischen historischen Konfliktlinien in einem Land ab. Während der Klassenkonflikt sich in allen westeuropäischen Gesellschaften manifestierte und zur Gründung von Arbeiterparteien geführt hat (Bartolini 2000), kann der Konflikt zwischen ethnischen Minderheiten und Mehrheiten

2 Aktivierung und Überzeugung durch Wahlkampfereignisse

Es gibt zwei dominante Ansätze für die Erklärung der Übersetzung sozialer Konfliktlinien im Wählerverhalten. Einerseits kann man sozio-strukturelle Ansätze mit der Theorie räumlichen Wählens verbinden (Bornschier 2010). Die Theorie räumlichen Wählens besagt, dass Wahlentscheide auf der Übereinstimmung der Präferenzen der Wählerinnen mit der Programmatik der Parteien basieren. Die klassische Theorie räumlichen Wählens geht davon aus, dass Wählerinnen jene Partei wählen, deren Programmatik mit ihren Präferenzen am ehesten übereinstimmt (Downs 1957). Geht man nun davon aus, dass die Präferenzen von den sozio-strukturellen Merkmalen abhängen, so hat man eine Erklärung dafür, wie sich sozio-strukturelle Unterschiede in das Wahlverhalten übersetzen. Gleichzeitig kann man aus diesem Zusammenhang ableiten, wie sich Parteien programmatisch verhalten, um ihren Wähleranteil zu maximieren. Diese versuchen sich nämlich inhaltlich so zu positionieren, dass sie einem möglichst großen Anteil der Wählerschaft programmatisch am nächsten stehen. Während eines Wahlkampfes ist es für Parteien aber nur schwer möglich, ihre inhaltlichen Positionen zu ändern. Daher kann die klassische Theorie räumlichen Wählens nur sehr bedingt Veränderungen in den Parteipräferenzen während eines Wahlkampfes erklären. Besser kann sie die Aktivierung von Wählerinnen erklären: Da die Wählerinnen nach inhaltlichen Gesichtspunkten wählen, kann man davon ausgehen, dass Parteien „ihre" Wählerinnen dann aktivieren, wenn sie ihre inhaltlichen Lösungen in den Vordergrund stellen und sich die Wählerinnen über die Verschiedenheit dieser Lösungen gegenüber jener anderer Parteien bewusst sind.

Gemäß dem einflussreichen *Ann-Arbor-Modell* wiederum, binden sich in Zeiten bedeutender politischer Konflikte soziale Milieus an Parteien (Campbell et al. 1960). Mitglieder dieser Milieus teilen daraufhin eine gemeinsame Parteiidentifikation, welche weitgehend stabil bleibt, da sie über Generationen sozialisiert wird. Diese Parteiidentifikationen haben sowohl einen bedeutenden direkten als auch indirekten Einfluss auf die Wahlentscheidung. Während beim direkten Effekt die Wählerinnen ihre Wahlentscheidung aus der Parteiidentifikation ableiten, wirken beim indirekten Effekt die Parteipräferenzen auf die Wahrnehmung von Kandidatinnen und programmatischen Positionierungen von Parteien. So nehmen gemäß dem Ann-Arbor-Ansatz zum Beispiel Sympathisanten von sozialdemokratischen

---

zum Beispiel nur in einigen Ländern wie Spanien oder Großbritannien beobachtet werden (Caramani 2004; Strijbis 2011). Zu den vier Cleavages nach Lipset et al. (1967) gehört auch der Stadt-Land-Konflikt, welcher in verschiedenen Ländern zur Mobilisierung von Bauernparteien geführt hat (Urwin 1980). Als Cleavages neueren Datums werden jene zwischen Materialisten und Postmaterialisten, welche zur Herausbildung der Grünen und anderer Parteien der „neuen Linken" geführt hat (Inglehart 1990), und jene zwischen Gewinnern und Verlierern der Globalisierung, welche für den Aufstieg rechtspopulistischer Parteien verantwortlich zeichnet (Kriesi et al. 2008), gezählt.

Parteien Kandidatinnen dieser Partei als kompetenter und deren programmatische Positionierungen als eher ihren Präferenzen entsprechend wahr als jene von anderen Parteien, und dies unabhängig von deren „objektiven" Charaktermerkmalen und inhaltlichen Positionierungen. Aufgrund dieser überragenden Bedeutung von Parteiidentifikationen geht diese Theorie davon aus, dass es die Hauptfunktion eines Wahlkampfes ist, die Wählerinnen an ihre Parteiidentifikation zu erinnern und sie somit zu einer entsprechenden Wahl zu aktivieren.

Der sozio-strukturalistische Ansatz und seine Annahmen über die kausale Wirkung inhaltlicher Positionierungen und Parteiidentifikation sprechen also für einen minimalen Effekt von Wahlkämpfen auf die Wahlentscheidung der Bürger.[8] Der Ansatz spricht eher dafür, dass Parteien im Wahlkampf den Bürgern ihre inhaltlichen Präferenzen und Parteiidentifikationen bewusst machen und diese dazu bringen, eine „normale" Wahlentscheidung zu treffen. Nimmt man an, dass während eines Wahlkampfes allen Wählerinnen ihre Präferenzen und Parteiidentifikationen bewusst sind, sollte über die gesamte Zeit eines Wahlkampfes keine Verschiebung in den aggregierten Wählerpräferenzen stattfinden. Aus der Perspektive von Wahlkampfereignissen heißt dies aber nicht, dass in der kurzen Frist die Wahlabsichten stabil bleiben. Da die Parteien zu unterschiedlichen Zeitpunkten die Öffentlichkeit und somit „ihre" Wählerinnen erreichen, wird viel mehr davon ausgegangen, dass sich in den Umfragewerten während eines Wahlkampfes Veränderungen bemerkbar machen können. Es wird aber angenommen, dass diese Veränderungen nur kurzfristiger Natur sind, weil sie auf zeitlichen Unterschieden in der Aktivierung der Wählerschaften begründet liegen (Gelman und King 1993).

2.4 Die Überzeugung der Wählerinnen und der maximale Effekt von Wahlkämpfen

Die Beobachtung, dass das Wahlverhalten zu einem wichtigen Teil durch sozio-strukturelle Faktoren bestimmt ist, sowie die Erklärung durch die räumliche Theorie des Wählens und das Ann-Arbor-Modell lassen also darauf schließen, dass die Wirkung von Wahlkämpfen hauptsächlich auf die Aktivierung der „eigenen" Wählerschaft beschränkt ist. Allerdings lassen sowohl die räumliche Theorie als auch das Ann-Arbor-Modell Möglichkeiten offen, wie Parteien im Wahlkampf Wählerinnen nicht nur aktivieren, sondern auch überzeugen können.

---

[8] Wir verstehen hier inhaltliche Präferenzen und Parteiidentifikationen als zwei voneinander relativ unabhängige Größen, welche zwischen sozio-strukturellen Merkmalen und Wahlentscheid mediieren.

2 Aktivierung und Überzeugung durch Wahlkampfereignisse

Gemäß der Theorie des räumlichen Wählens kann eine Wählerin von einer anderen als der ihr inhaltlich am nächsten liegenden Partei überzeugt werden, wenn sie erwartet, dass dies eher zur Folge hat, dass eine Politik umgesetzt wird, welche ihren Präferenzen entspricht (siehe Kapitel 10 in diesem Band). Mit diesem taktischen oder strategischen Wählen versuchen Wählerinnen also, mit ihrer Wahl einen möglichst großen Einfluss auf die Politik auszuüben, indem sie die Regierungsbildung beeinflussen. In einem Mehrparteiensystem mit Wahlhürde wie in Deutschland kann dies zum Beispiel heißen, dass eine Wählerin, welche als erste Präferenz eine Grosspartei wählen würde, eine Kleinpartei wählt, damit diese über die Wahlhürde kommt und somit mit der Großpartei eine Koalition eingehen kann. Diese in Deutschland als „Leihstimme" bekannte Wahlentscheidung ist aber nur eine unter vielen Möglichkeiten, wie strategische Überlegungen dazu führen können, dass eine Wählerin nicht die Partei ihrer ersten Präferenz wählt. So kann es für eine Wählerin auch rational sein, eine Partei mit extremeren Positionen zu wählen, als es den eigenen Präferenzen entspricht, wenn dies zur Folge hat, dass Policies beschlossen werden, welche ihren eigenen Präferenzen entsprechen (Kedar 2005). Die Neigung strategisch zu wählen, wird also stark durch die Erwartungen über den Wahlausgang und das Koalitionsverhalten der Parteien geprägt. Weil sich die Erwartungen darüber während eines Wahlkampfes verändern können, kann nun auch gemäß der räumlichen Theorie des Wählens erwartet werden, dass Wählerinnen ihre Parteipräferenz ändern.

Nicht nur die Theorie des räumlichen Wählens, sondern auch der Ann-Arbor-Ansatz lassen eine Hintertür für eine veränderte Wahlpräferenz während des Wahlkampfes offen. So sind Parteiidentifikationen über die Zeit zwar stabil und nehmen einen starken Einfluss auf die Wahrnehmung von Kandidaten, doch sind die Wahrnehmungen von Kandidatinnen nicht vollständig von der Parteiidentifikation determiniert. Wenn also trotz des Einflusses der Parteiidentifikation auf die Wahrnehmung von Kandidatinnen die Präferenz für eine Kandidatin nicht mit der Parteiidentifikation übereinstimmt, dann ist es möglich, dass sich eine Wählerin während eines Wahlkampfes überzeugen lässt und im Widerspruch zu ihrer Parteiidentifikation wählt. Dies ist vor allem dann wahrscheinlich, wenn die Parteiidentifikation nicht besonders stark ausgeprägt ist (siehe auch Kapitel 7 in diesem Band).

Die Möglichkeit strategischen Wählens und einer Wahlentscheidung entgegen der Parteiidentifikation bei stark abweichender Kandidatensympathie können als Ausnahmen in den Theorien, welche zum Paradigma des minimalen Effektes von Wahlkämpfen passen, gesehen werden. Neuere Ansätze der Wahlforschung hingegen sagen stärkere Effekte des Wahlkampfes auf das Wahlverhalten voraus. Zu diesen Ansätzen gehört zum Beispiel die „ökonomische" Theorie des Wählens

(Lewis-Beck und Stegmaier 2000; siehe auch Kapitel 5 in diesem Band). Diese Theorie geht davon aus, dass Wählerinnen bei Wahlen in erster Linie die Amtsinhaber bestrafen oder belohnen. Da die Wählerinnen bei der Evaluation von Amtsinhabern oftmals die wirtschaftliche Entwicklung im Sinn haben, wird die Theorie als „ökonomisch" bezeichnet. Doch eigentlich ist diese Bezeichnung etwas irreführend, denn Belohnung oder Bestrafung von Amtsinhabern muss nicht unbedingt auf Basis der Wirtschaftskonjunktur geschehen. Da Ereignisse, welche für die Evaluation einer Regierungsarbeit bedeutend sind, während eines Wahlkampfes geschehen können, spricht diese Theorie durchaus für starke Effekte von Wahlkämpfen.

Eine weitere etablierte Erklärung für bedeutende Überzeugungseffekte in Wahlkämpfen ist die Theorie der Themenführerschaft (Petrocik 1996). Diese Theorie geht davon aus, dass Wählerinnen die Hauptaufgabe der Politik darin sehen, Probleme zu lösen. Je nach Themenbereich halten sie die Kandidatinnen für mehr oder weniger kompetent, Lösungen für die von ihnen wahrgenommenen Probleme zu finden. Jene Kandidatin, welcher auf einem Themengebiet die höchste Lösungskompetenz attestiert wird, kann auf diesem Gebiet Themenführerschaft beanspruchen. Die Themenführerschaften erhalten die Kandidatinnen aufgrund ihrer Parteizugehörigkeit und aufgrund der wahrgenommenen Leistung der Amtsinhaberin. Entscheidend dafür, wie viel Unterstützung eine Kandidatin und ihre Partei bei Wahlen erhält, ist, ob sie bei Themen, die Wählerinnen für besonders wichtig halten, Themenführerschaft beanspruchen können. Themen, welche auf der öffentlichen Agenda stehen und somit als vorrangig betrachtet werden, können sich während eines Wahlkampfes rapide ändern. Einerseits können von den politischen Akteuren nur schwer zu beeinflussende Ereignisse wie Naturkatastrophen, Wirtschaftskrisen oder internationale Konflikte einen starken Einfluss darauf ausüben, welche Themen den Wählern wichtig sind und in der Öffentlichkeit debattiert werden. Anderseits können Medien, Kandidatinnen und ihre Parteien durch Thematisierungsstrategien versuchen, einen Einfluss darauf zu nehmen, welche Themen als wichtige Problembereiche betrachtet werden. Dabei gilt immer, dass Kandidatinnen und Parteien danach streben, Probleme in den Vordergrund zu rücken, für deren Lösung sie in der öffentlichen Wahrnehmung als besonders kompetent gelten.

Während also der sozialstrukturelle Ansatz und mit Ausnahmen auch die räumliche und sozialpsychologische Theorie des Wählens uns erwarten lassen, dass Parteien in Wahlkämpfen nur die ihnen zugeneigten Wählerinnen aktivieren können, sagen uns die Theorien der Themenführerschaft und des ökonomischen Wählens, dass unter bestimmten Bedingungen in der kurzen Frist eines Wahlkampfes auch Überzeugungsprozesse bei der Wählerschaft stattfinden können.

2.5 Eine Typologie von Wahlkampfereignissen

In den letzten Abschnitten haben wir hergeleitet, welch bedeutende Rolle Wahlkampfereignisse während eines Wahlkampfes haben und wie Aktivierungs- und Überzeugungsprozesse erklärt werden können. In diesem Abschnitt versuchen wir, diese beiden Perspektiven zusammenzubringen, indem wir Hypothesen darüber aufstellen, welche Wahlkampfereignisse eine aktivierende beziehungsweise überzeugende Wirkung auf die Wählerinnen entfalten. Damit werden wir der Kritik von Shaw (1999, S. 389) gerecht, dass es die bisherige Untersuchung der Wirkung von Wahlkampfereignissen vernachlässigt hat, ein klares Verständnis dafür zu entwickeln, was unter einer Wirkung verstanden werden soll.

Wie wir hergeleitet haben, können Wählerinnen vor allem über ihre Policy-Präferenzen und Parteiidentifikationen aktiviert werden, wenn es gelingt, sie durch Themensetzung, Kandidatenimages und Performanz der Regierungsparteien zu erreichen. Die Frage ist nun, was die Mechanismen, welche „nur" zu Aktivierung führen, von jenen unterscheidet, welche zu Überzeugung führen. Ein erster systematischer Unterschied dürfte darin liegen, dass die Ursachen für eine reine Aktivierung der Wählerinnen eher mit grundlegenden gesellschaftlichen Konflikten zu tun haben als jene, welche zu überzeugen vermögen. Denn der sozio-strukturelle Ansatz und seine theoretische Fundierung im sozialpsychologischen Ann-Arbor Modell sowie die räumliche Theorie des Wählens verweisen auf strukturelle Spaltungen in der Wählerschaft, welche die Einstellungen und Präferenzen der Wählerinnen beeinflussen und somit ihr Wahlverhalten bestimmen. Große Unterschiede in den Präferenzen zu Positionsthemen, also zu Themen, für welche Konflikte über die Herangehensweisen bestehen, sind dann eine Manifestation eines grundlegenden gesellschaftlichen Konfliktes, wenn sie politisiert sind. Auch starke Parteiidentifikationen verweisen auf bedeutende gesellschaftliche Konfliktlinien, da sie langfristige emotionale Verankerungen politischer Konflikte darstellen. Wird dieser strukturell hervorgerufene, in Form von Präferenzen und Identitäten subjektiv wahrgenommene Konflikt durch politische Organisationen im Allgemeinen und politische Parteien im Besonderen institutionalisiert oder „eingefroren", so können wir davon ausgehen, dass eine Mobilisierung entlang dieses Konfliktes die Wählerinnen nicht dazu bringen wird, ihre Wahlabsicht zu ändern.[9] Daraus können wir ableiten, dass Wählerinnen nicht dazu bewegt werden, ihre Wahlabsicht zu ändern, wenn Wahlkampfereignisse solche Themen in den Mittelpunkt rücken, zu denen

---

[9] Eine gesellschaftliche Spaltung mit einer sozio-strukturellen, identitären und organisatorischen Dimension entspricht der Defintion von „Cleavage" nach Bartolini und Mair (1990). Eine langfristig stabile Cleavage wird als „frozen cleavage" bezeichnet (Lipset et al. & Rokkan 1967).

es stark konkurrierende Positionen gibt oder die in einem Zusammenhang mit bestehenden Parteiidentifikationen stehen. Da es sich aber um bedeutende soziale Konfliktlinien handelt, können wir davon ausgehen, dass diese Wahlkampfereignisse bei den Wählern Präferenzen bei Positionsthemen in Erinnerung rufen oder Parteiidentifikationen bewusst machen und damit zu ihrer Aktivierung beitragen.[10]

Während also Wahlkampfereignisse, die sich auf grundlegende gesellschaftliche Konflikte beziehen, aktivierend wirken, können wir das Gegenteil bei Wahlkampfereignissen, welche in keinem direkten Zusammenhang mit bedeutenden sozialen Konfliktlinien stehen, erwarten. Wie wir im letzten Abschnitt gezeigt haben, wird die Überzeugung von Wählern vor allem mit einer Veränderung der Problemwahrnehmung, Einschätzung der Kandidatinnen, der Bewertung der Regierung oder strategischem Wählen begründet. All diese Mechanismen stehen in keinem direkten Zusammenhang mit bedeutenden sozialen Konfliktlinien. Sie drängen damit jene Themen, welche die Unterschiede in den Parteien besonders deutlich machen, in den Hintergrund.[11] Somit werden die Unterschiede zwischen den Parteien als weniger grundsätzlich wahrgenommen, was es den Wählerinnen erlaubt, die Wahlabsichten zu ändern, das heißt sich durch eine Partei überzeugen zu lassen.

Wir haben also hergeleitet, dass Wahlkampfereignisse um so mehr zur Aktivierung und umso weniger zur Überzeugung von Wählenden beitragen, je stärker sie gesellschaftliche Konfliktlinien in den Vordergrund rücken. Unsere Herleitung geht bisher aber davon aus, dass alle Bürger den Wahlkampf und damit auch Wahlkampfereignisse in ähnlicher Weise wahrnehmen. Wie oben ausgeführt macht das Ann-Arbor Modell jedoch deutlich, dass dies nicht der Fall ist. Die Parteiidentifikationen der Wählerinnen entfalten ihre Wirkung auch, indem sie die Wahrnehmung von Kandidatinnen und ihrer thematischen Positionierungen beeinflussen. So nehmen zum Beispiel Sympathisantinnen der Regierungsparteien die Leistung der Regierung und deren Kandidatinnen gewöhnlich positiver und ihre Präferenzen als mehr in Übereinstimmung mit diesen wahr als Wählerinnen, die sich eher mit Oppositionsparteien identifizieren. Gehen wir davon aus, dass

---

[10] Eine bedeutende Ausnahme bilden Konfliktlinien, welche noch nicht durch Parteien mobilisiert wurden. Wenn neue oder bestehende Konfliktlinien neu von Parteien mobilisiert werden, dann kann dies zu einer langfristigen Überzeugung führen. Dieser Mobilisierungsprozess ist typischerweise ein langfristiger Prozess, weshalb er nur in Ausnahmefällen einen bedeutenden Effekt auf den Wahlkampf hat. Im Fall der Bundestagswahlen 2013 könnte aber die Mobilisierung der Europa- und Migrationspolitik durch die AfD genau ein solcher Fall gewesen sein.

[11] Dies heißt nicht, dass die Priorisierung von Themen, Kandidateneigenschaften oder die Wertung einer Regierungsleistung nicht durch einen starken Konflikt gekennzeichnet sein können, sondern dass sich diese Konflikte nicht auf langfristige gesellschaftliche Konfliktlinien beziehen.

2 Aktivierung und Überzeugung durch Wahlkampfereignisse

die Wahrnehmung eines Wahlkampfereignisses ebenfalls durch die vorhandenen Parteiidentifikationen beeinflusst wird, hängt nun vieles davon ab, wie direkt dieses Ereignis in einem Zusammenhang mit einer Partei steht. Wahlkampfereignisse, welche durch eine Partei inszeniert werden, dürften demnach durch die Sympathisantinnen dieser Partei positiv gewertet werden, während die anderen Wählerinnen diesen indifferent oder negativ gegenüberstehen. Wahlkampfereignisse hingegen, die in keinem direkten Zusammenhang mit einer Partei stehen, dürften parteipolitisch neutraler betrachtet werden.

Typische Beispiele für von einer Partei geschaffene Wahlkampfereignisse, also solche, die in höchst möglichem Grad mit einer Partei in Zusammenhang stehen, sind Parteitage. Bei einem Parteitag nehmen Personen, welche sich mit dieser Partei identifizieren, die bei dieser Gelegenheit gehaltenen Reden und getroffenen Entscheide mehrheitlich positiv wahr, und dies aufgrund der Identifikation mit der Absenderin auch relativ unabhängig von deren Inhalten. Während es ein Parteitag schafft, die Parteisympathisantinnen an ihre Parteiidentifikation zu erinnern, schafft dieser es aber typischerweise nicht, Personen, die sich nicht mit der entsprechenden Partei identifizieren, zu überzeugen. Denn die vorhersehbaren Positionsbezüge und Inszenierungen von Kandidatinnen eines Parteitages dürften von Letzteren ebenfalls nicht unabhängig von ihrer Gleichgültigkeit oder Abneigung gegenüber der entsprechenden Partei wahrgenommen werden. Endogene, das heißt stark von den Parteien beeinflusste Ereignisse wie eben Parteitage, dienen also vor allem dazu, die eigene Wählerschaft zu aktivieren, entfalten aber keine überzeugende Wirkung auf die Sympathisanten anderer Parteien.

Das Gegenteil können wir für stärker exogene, das heißt mit den Parteien weniger direkt in Bezug stehende Ereignisse, erwarten. In diesen Fällen dürfte die Wahrnehmung des Ereignisses weniger stark von den politischen Prädispositionen der Rezipienten abhängig sein. Im extremen Fall einer Naturkatastrophe zum Beispiel kann nur sehr indirekt eine Verbindung zu den Parteien hergestellt werden. Dies weil niemand Naturkatastrophen will und weil die Regierung für diese kaum verantwortlich gemacht werden kann. Ein solches Ereignis dürfte jedoch die Umweltpolitik stärker in den Vordergrund rücken. Dies wird einige Wählerinnen davon überzeugen, eine Partei zu wählen, welche der Umweltpolitik eine hohe Priorität beimisst und in diesem Themenbereich als kompetent gilt. So dürften zum Beispiel auch Personen mit einer anderen Parteiidentifikationen die Grünen wählen, wenn sie diese für besonders kompetent in der Umweltpolitik halten und das Umweltthema aufgrund einer Naturkatastrophe als besonders wichtig wahrnehmen. Auch rückt eine Naturkatastrophe das Krisenmanagement der Regierung in den Vordergrund. Letzteres schadet den Regierungsparteien, wenn die Wählerinnen mit ihrem Katastrophenmanagement unzufrieden sind und nützt ihnen im gegenteiligen Fall. Da das Krisenmanagement wenig mit den Konflikten, welche Parteiidentifikationen verursachen, zu tun hat, wird die Wahrnehmung des Krisenmanagements weniger stark durch diese beeinflusst als zum Beispiel eine politische Rede an einem Parteitag. Insgesamt dürften also exogene Ereignisse eher zu einer Überzeugung der Wählerschaft führen als endogene.

Zusammenfassend gehen wir davon aus, dass je stärker der Bezug zu einem gesellschaftlichen Konflikt und je endogener ein Wahlkampfereignis ist, desto mehr Wählerinnen werden aktiviert. Im Umkehrschluss stellen wir die These auf, dass je exogener und „konfliktfreier" ein Wahlkampfereignis ist, desto mehr Wählerinnen werden überzeugt. Parteitage sind ein gutes Beispiel für Ereignisse, welche sich auf gesellschaftliche Konflikte beziehen und endogen sind. Auf Konflikt verweisen sie, weil bei Parteitagen eine Partei sich typischerweise von anderen Parteien in ihrer kollektiven Identität abgrenzt und jene Themen in den Vordergrund rückt, welche sie von anderen Parteien unterscheidet. Damit erwarten wir, dass Parteitage in erster Linie aktivierend wirken. Naturkatastrophen hingegen sind ein gutes Beispiel für exogene Ereignisse, die nicht mit einem gesellschaftlichen Konflikt verbunden sind, weshalb wir erwarten, dass viele Wählerinnen durch solche Ereignisse von einer Änderung des Wahlentscheids überzeugt werden können.

Wie in diesen zwei Beispielen können der Bezug auf einen gesellschaftlichen Konflikt und die Endogenität bei Wahlkampfereignissen miteinander einhergehen. Dies muss aber nicht der Fall sein. Ein exogenes Ereignis, das gleichzeitig in einem starken Bezug zu einem gesellschaftlichen Konflikt steht, stellt zum Beispiel die Debatte um die Bekämpfung einer Wirtschaftskrise dar. Denn bei einer Debatte um die Bekämpfung einer Wirtschaftskrise geht es typischerweise um unterschiedliche Positionen, welche mit einem grundlegenden gesellschaftlichen Konflikt verbunden sind. So steht dabei jeweils die für den Klassenkonflikt so bedeutende Frage, ob der Staat intervenieren soll und wenn ja, ob er dies tun soll, indem er die Einkommen der Arbeitnehmer erhöht oder bei diesen einspart, im Mittelpunkt. Gleichzeitig handelt es sich bei einer Wirtschaftskrise jedoch um ein exogenes Ereignis, da dieses – ganz im Gegensatz zu den damit verbundenen Lösungsvorschlägen – in aller Regel nicht direkt mit einer Partei in Verbindung gebracht werden kann. Da es sich um ein exogenes, aber zugleich auf einen Konflikt verweisendes Ereignis handelt, erwarten wir gemäß vorheriger Argumentation eine teilweise aktivierende und überzeugende Wirkung.

Analog dazu stellt ein Fehltritt einer Kandidatin ein Beispiel für ein konfliktfreies endogenes Wahlkampfereignis dar. Denn ein Fehlverhalten einer Kandidatin steht im Normalfall nicht in einem direkten Zusammenhang mit einem gesellschaftlichen Konflikt und da es sich um ein Verhalten einer Kandidatin und damit direkt einer Parteivertreterin handelt, ist es als endogen zu kategorisieren. Auch in

Abb. 2.1 Aktivierung und Überzeugung durch Wahlkampfereignisse

diesem Beispiel spricht ein Aspekt des Ereignisses also für eine überzeugende Wirkung, während ein anderes Charakteristikum eine aktivierende Wirkung entfaltet.

Wie in Abb. 2.1 dargestellt, können wir also Wahlkampfereignisse entlang zweier voneinander unabhängiger Dimensionen verstehen, wobei ihre diesbezügliche Position unterschiedliche Erwartungen über ihren aktivierenden oder überzeugenden Effekt zulässt. Je endogener und stärker auf einen gesellschaftlichen Konflikt verweisend ein Ereignis ist, desto eher kommt es zur Mobilisierung der Wählerschaft, während es stärker zur Überzeugung kommt, je exogener und „konfliktfreier" das Ereignis ist.[12]

2.6 Schluss

Ein Wahlkampf ist eine dichte Abfolge von stark mediatisierten, inhaltlich auf eine kommende Wahl ausgerichteten und in der Regel bewusst inszenierten Ereignissen, welche Einfluss auf die Wahlentscheidung der Bürger nehmen sollen. Dennoch fehlte es bis anhin an einem theoretischen Rahmen, welcher Hypothesen über den Effekt von Wahlkampfereignissen herleiten lässt. In diesem Kapitel haben wir versucht, einen solchen theoretischen Rahmen zu schaffen. Wir haben

---

[12] Die Stärke des Effektes blende ich insofern aus, als dass ich nur intensive Ereignisse überhaupt als Wahlkampfereignisse verstehe. Unter den Wahlkampfereignissen dürften aber wiederum jene eine stark aktivierende oder überzeugende Wirkung entfalten, die intensiv sind, das heißt sich durch eine umfangreiche Medienpräsenz und lange Dauer kennzeichnen.

hergeleitet, dass Ereignisse, welche in einer direkten Verbindung mit Parteien und gesellschaftlichen Konflikten stehen, in erster Linie einen aktivierenden Effekt auf die Wählerinnen haben. Exogene, das heißt von den Parteien weitgehend unabhängige Ereignisse hingegen, welche in keinem direkten Zusammenhang mit gesellschaftlichen Konflikten stehen, können einen überzeugenden Effekt auf die Wählerinnen ausüben.

Während die hier erarbeitete Typologie von Wahlkampfereignissen Vorhersagen darüber macht, ob Wahlkampfereignisse eher aktivierend oder überzeugend wirken, trifft sie keine Annahmen darüber, in welche Richtung diese Effekte wirken. In vielen Situationen dürfte dies keine Probleme bereiten. Der Parteitag einer Partei, zum Beispiel, dürfte nur unter deren Sympathisanten eine aktivierende Wirkung haben und somit nur dieser Partei zugute kommen. Bei anderen Wahlkampfereignissen hingegen, ist die Richtung des Effektes weniger deutlich. Bei einer Naturkatastrophe, zum Beispiel, ist es viel schwieriger, vorherzusagen, in welche Richtung das Ereignis wirkt. So kann gleichzeitig eine durch dieses Ereignis hervorgerufene allgemeine Unzufriedenheit dazu führen, dass Wählerinnen zur Opposition hinüberwechseln, während jene Wählerinnen, die mit dem Krisenmanagement der Regierung zufrieden sind, überzeugt werden, die Amtsinhaberin zu wählen (Gasper und Reeves 2011).

Besonders komplex wird die Vorhersage der Richtung, in welche Wahlkampfereignisse wirken, in einem Mehrparteiensystem mit mehreren Regierungs- und Oppositionsparteien. In diesem Fall muss man nicht nur Annahmen darüber treffen, ob die Regierung oder die Opposition von durch Wahlkampfereignisse hervorgerufenen Aktivierungs- und/oder Überzeugungseffekten profitiert, sondern welche Regierungs- beziehungsweise Oppositionspartei. Eine wichtige Herausforderung ist es also, die hier hergeleitete Theorie über die aktivierende und überzeugende Wirkung von Wahlkampfereignissen um Hypothesen über deren Richtung zu ergänzen.

Neben der theoretischen Weiterentwicklung bedarf es auch einer empirischen Überprüfung der hier aufgestellten Erwartungen bezüglich der Wirkung von Wahlkampfereignissen. Einen ersten Schritt in diese Richtung machen die empirischen Kapitel in diesem Band. Neben diesen beispielhaften Analysen wird es in Zukunft aber weitere systematischere Untersuchungen zum Zusammenhang zwischen der Endogenität von Wahlkampfereignissen, ihrer Verankerung in gesellschaftlichen Konfliktlinien und dem Wählerverhalten brauchen, um die Theorie zu validieren. Eine wichtige Frage dabei ist, wie man empirisch Überzeugungs- und Aktivierungseffekte über den Zeitraum eines Wahlkampfes untersuchen kann. Dieser Problematik widmet sich das nächste Kapitel.

Literatur

Bartolini, Stefano. 2000. *The political mobilisation of the European Left, 1860-1980; The class cleavage.* Cambridge: Cambridge University Press.
Bartolini, Stefano, und Peter Mair. 1990. *Identity, competition and electoral availability: The stabilisation of European electorates, 1885-1985.* Cambridge: Cambridge University Press.
Berrebi, Claude, und Esteban F. Klor. 2008. Are voters sensitive to terrorism? Direct evidence from the Israeli electorate. *The American Political Science Review* 102 (3): 2793–2801.
Bornschier, Simon. 2010. *Cleavage politics and the populist right: the new cultural conflict in Western Europe.* Philadelphia: Temple University Press.
Campbell, Angus, Phillip E. Converse, Warren E. Miller, und Donald E. Stokes. 1960. *The American voter.* New York: Wiley.
Campbell, James E., Lynna L. Cherry, und Kenneth A. Wink. 1992. The convention bump. *American Politics Research* 20 (3): 2873–2907. doi:10.1177/1532673.×9202000302
Caramani, Daniele. 2004. *The nationalization of politics; The formation of national electorates and party systems in Western Europe.* Cambridge: Cambridge University Press.
Downs, Anthony. 1957. *An economic theory of democracy.* New York: Harper and Row.
Finkel, Steven E., und Peter R. Schrott. 1995. Campaign effects on voter choice in the German election of 1990. *British Journal of Political Science* 25 (3): 3493–3577. doi:10.1017/S0007123400007249.
Fridkin, Kim L., Patrick J. Kenney, Sarah Allen Gershon, Karen Shafer, und Gina Serignese Woodall. 2007. Capturing the power of a campaign event: The 2004 Presidential debate in Tempe. *Journal of Politics* 69 (3): 7707–7785. doi:10.1111/j.1468-2508.2007.00574.x.
Gasper, John T., und Andrew Reeves. 2011. Make It rain? Retrospection and the attentive electorate in the context of natural disasters. *American Journal of Political Science* 55 (2): 3403–3455. doi:10.1111/j.1540-5907.2010.00503.x.
Gelman, Andrew, und Gary King. 1993. Why are American Presidential election campaign polls so variable when votes are so predictable? *British Journal of Political Science* 23 (4): 4094–4151.
Healy, Andrew, und Neil Malhotra. 2009. Myopic voters and natural disaster policy. *American Political Science Review* 103 (3): 3874–3906.
Holbert, R. Lance. 2005. Debate viewing as mediator and partisan reinforcement in the relationship between news use and vote choice. *Journal of Communication* 55 (1): 851–902. doi:10.1111/j.1460-2466.2005.tb02660.x.
Inglehart, Ronald. 1990. *Culture shift in advanced industrial society.* Princeton: Princeton University Press.
Iyengar, Shanto, und Donald R. Kinder. 2010. *News that matters: Television and American opinion, updated edition.* Chicago: University of Chicago Press.
Karol, David, und Edward Miguel. 2007. The electoral cost of war: Iraq casualties and the 2004 U.S. Presidential election. *The Journal of Politics* 69 (3): 6336–6348.
Kedar, Orit. 2005. When moderate voters prefer extreme parties: Policy balancing in parliamentary elections. *American Political Science Review* 99 (2): 1851–1899. doi:10.1017/S0003055405051592.
Klein, Markus. 2005. Der Einfluss der beiden TV-Duelle im Vorfeld der Bundestagswahl 2002 auf die Wahlbeteiligung und die Wahlentscheidung. Eine log-lineare Pfadanalyse auf der Grundlage von Paneldaten. *Zeitschrift für Soziologie* 34 (3): 2072–2122.

Klein, Markus, und Manuela Pötschke. 2005. Haben die beiden TV-Duelle im Vorfeld der Bundestagswahl 2002 den Wahlausgang beeinflusst? Eine Mehrebenenanalyse auf der Grundlage eines 11-Wellen Kurzfristpanels. In *Wahlen und Wähler: Analysen aus Anlass der Bundestagswahl 2002*, Hrsg. Von Jürgen W. Falter, Oscar W. Gabriel, und Bernhard Wessels, 1 Aufl., 3573–3670. Wiesbaden: VS Verlag für Sozialwissenschaften.

Kriesi, Hanspeter, Grande Edgar, Lachat Romain, Dolezal Martin, Simon Bornschier, und Timotheos Frey. 2008. *West European politics in the age of globalization*. Cambridge: Cambridge University Press.

Kuhn, Ursina. 2011. Persuasion effects in electoral campaigns—A comparative analysis of household panel data. *Schmollers Jahrbuch* 131 (2): 4094–4118. doi:10.3790/schm.131.2.409.

Lazarsfeld, Paul Felix, Bernard Berelson, und Hazel Gaudet. 1948. The people's choice: How the voter makes up his mind in a presidential campaign. New York: Columbia University Press.

Lewis-Beck, Michael S., und Mary Stegmaier. 2000. Economic determinants of electoral outcomes. *Annual Review of Political Science* 3 (1): 1832–1919. doi:10.1146/annurev.polisci.3.1.183.

Lipset, Seymour M., und Stein Rokkan 1967. Cleavage structures, party systems, and voter alignments. An introduction. In *Party systems and voter alignments: Cross-National perspectives*, Hrsg. Stein Rokkan, und M. Lipset Seymour, 16–24. Washington, DC: Free.

Maier, Jürgen, und Thorsten Faas. 2011. Das TV-Duell 2009 -langweilig, wirkungslos, nutzlos? Ergebnisse eines Experiments zur Wirkung der Fernsehdebatte zwischen Angela Merkel und Frank-Walter Steinmeier. In *Am Ende der Gewissheiten: Wähler, Parteien und Koalitionen in Bewegung*, Hrsg. Heinrich Oberreuter, 1471–1566. Munchen: Olzog.

Norpoth, Helmut. 1987. The Falklands war and government popularity in Britain: Rally without consequence or surge without decline? *Electoral Studies* 6 (1): 31–46. doi:10.1016/02613-794(87)90047-3.

Petrocik, John R. 1996. Issue ownership in presidential elections, with a 1980 case study. *American Journal of Political Science* 40 (3): 8258–8350. doi:10.2307/2111797.

Plischke, Thomas. 2014. Fällt die Wahlentscheidung immer später? Die Entwicklung des Zeitpunkts der Wahlentscheidung bei den Bundestagswahlen 1969 bis 2009. Politische Vierteljahresschrift: 1181–1244. doi:10.5771/00323-470-2014-1-118.

Shaw, Daron R. 1999. A study of presidential campaign event effects from 1952 to 1992. *The Journal of Politics* 61 (2): 3874–3922. doi:10.2307/2647509.

Shaw, Daron R., und Brian D. Roberts. 2000. Campaign events, the media and the prospect of victory: The 1992 and 1996 US Presidential elections. *British Journal of Political Science* 30:2592–2689.

Strijbis, Oliver. 2011. From Native to Immigrant Minorities: Ethnic Mobilization in Western Europe since World War I. Unpublizierte Promotionsarbeit, Universität St.Gallen.

Strijbis, Oliver. 2013. Prototypical weighting: Toward a solution for macrosociological comparisons of fuzzy cases. *Sociological Methods & Research* 42 (4): 4584–4682. doi:10.1177/0049124113500478.

Urwin, Derek W. 1980. From ploughshare to ballotbox: *The politics of Agrarian defence in Europe*. Oslo: Universitetsforlaget.

Aktivierung und Überzeugung auf Prognosemärkten und in Umfragen

3

Sveinung Arnesen

3.1 Einleitung

Können Ereignisse, die während eines Wahlkampfes stattfinden, das Ergebnis am Wahltag tatsächlich verändern? Oder sind sie nur Teil eines erwarteten Prozesses, bei dem das Ergebnis im Voraus absehbar ist? In diesem Kapitel zeigen wir, wie das Studium der Veränderungen in Umfrage- und Prognosemarktwerten Antworten auf diese Fragen liefern kann. Veranschaulicht durch Beispiele aus den US-Präsidentschaftswahlen 2004 und 2008 argumentieren wir, dass Umfrage- und Prognosemarktwerte zwei unterschiedliche Prozesse reflektieren, und dass wir unser Verständnis darüber, ob und wie Wahlkampfereignisse einen Einfluss auf das Wahlergebnis haben, durch gemeinsames analysieren dieser beiden Indikatoren verbessern können.

Das Kapitel beginnt mit einer Diskussion darüber, wie sich Umfragen und Prognosemärkte unterscheiden. Die historischen Ursprünge von Umfragen und Prognosemärkten werden kurz vorgestellt, bevor der Abschnitt mit einer Typologie von Ereignissen, die durch die Analyse von Umfragewerten in Verbindung mit Marktprognosen ermittelt werden können, abschließt. Wir ziehen Beispiele aus zwei US-Präsidentschaftswahlen heran, um zu zeigen, wie man mit Hilfe der gleichzeitigen Betrachtung von Umfragen und Prognosemärkten die Wirkung von einigen wichtigen Ereignissen im Wahlkampf verstehen kann. Die Swift Boat Veteranen Kam-

S. Arnesen (✉)
Department of Comparative Politics, University of Bergen, Bergen, Norwegen
E-Mail: sveinung.arnesen@isp.uib.no

pagne 2004 war ein Ereignis, das George W. Bush half, seine Umfragewerte auf ein Niveau zu heben, das der Prognosemarkt bereits vorausgesagt hatte. Im Jahr 2008 hingegen kam die Finanzkrise als unerwarteter Schock in den Wahlkampf und veränderte sowohl Umfragewerte als auch Marktvorhersagen zu Ungunsten des Kandidaten der amtierenden Republikanischen Partei.

Der zweite Abschnitt stellt den deutschen Prognosemarkt für die Wahl 2013 vor. Der Aufbau des Marktes wird mit einer kurzen Diskussion über die Vor- und Nachteile der Benutzung des in der Software integrierten automatisierten Kursmachers, der Entscheidung, die Händler echtes Geld im Prognosemarkt investieren zu lassen, und der Festsetzung der Startpreise, begonnen. Anschließend werden Daten über die Teilnehmer und deren Beteiligung präsentiert. Schließlich werden Zeitreihen-Grafiken mit wöchentlichen Marktprognosen und Umfragewerten für alle sieben Parteien, für die im Rahmen des Projektes Vorhersagen gemacht wurden, beschrieben.

3.2 Wie unterscheiden sich Umfragen und Prognosemärkte?

Vor einer wichtigen Wahl erhöht sich die Anzahl von Umfragen normalerweise deutlich (Wlezien und Erikson 2002). Das steigende Interesse an Umfragen in der Zeit vor einer Wahl resultiert aus dem Glauben, dass sie wertvolle Informationen darüber liefern, wie die Wahl ausgehen wird. Obwohl einige Wissenschaftler betonen, dass Umfragen vor der Wahl nicht als Vorhersagewerkzeug geeignet sind (Worcester 1996), werden sie von den Medien, Wissenschaftlern und selbst von den Umfrageinstituten zu diesem Zweck genutzt (Buchanan 1986; Traugott 2001). In der Tat hatten die aktuellen Umfrageverfahren ihren Durchbruch vor 70 Jahren, weil sie schon 1936 in der Lage waren, die US-Präsidentschaftswahl besser als damals gängige Verfahren vorherzusagen. Dennoch trifft es zu, dass Umfragen vor der Wahl die aktuellen politischen Präferenzen der potenziellen Wähler messen, nicht aber, wie diese am Wahltag abstimmen werden. Daher können ohne weiteres Zutun Umfragewerte das Ergebnis zwar nicht vorhersagen, sie sind aber ein gutes Werkzeug, um den Entscheidungsprozess der Wähler im Vorfeld einer Wahl zu beobachten.[1]

Prognosemärkte, wie von Berg et al. (2008) definiert, sind auf dem Internet basierende Finanzmärkte, ausgeführt mit dem Ziel, Informationsinhalte in Marktprei-

---

[1] Allerdings wird die Frage, inwieweit Umfragen tatsächlich die Meinung der Bevölkerung widerspiegeln in den Sozialwissenschaften kontrovers diskutiert (Beck et al. 2006; Crespi 1988; Croves 1989; Wlezien und Erikson 2002).

3 Aktivierung und Überzeugung auf Prognosemärkten und in Umfragen

sen zu nutzen, um Prognosen über bestimmte zukünftige Ereignisse zu machen. Die Absicht dieser Märkte ist es, die besten kollektiven Vermutungen der Händler über den Ausgang zukünftiger Ereignisse ans Tageslicht zu bringen. In unserem Fall sind dies Ergebnisse von Parlamentswahlen. In diesem Prognosemarkt hängen die Werte gehandelter Verträge direkt von zukünftigen Ergebnissen ab, und daher informieren die Preise dieser Verträge über die Ergebnisse (Berg et al. 2008,S. 79).

Im Grunde sieht ein Prognosemarkt für eine politische Wahl ähnlich wie ein Aktienmarkt aus. Händler in einem Prognosemarkt sind Teilnehmer, die sich selbst in den Markt selektiert haben und eine direkte wirtschaftliche Motivation haben, relevante Informationen über die Wahl zu erhalten. Wenn sie von ihrer Teilnahme profitieren sollen, müssen sie in der Lage sein, politische Nachrichten, die für das Wahlergebnis relevant sind, von denen zu trennen, die es nicht sind. Wenn sie eindeutige Erkenntnisse besitzen oder wenn sie auf neue öffentliche Informationen schneller als andere Händler reagieren, können sie im Prognosemarkt Geld verdienen.

Kou und Sobel (2004) argumentieren, dass Prognosemärkte Wahlergebnisse genauer vorhersagen als Umfragen, weil die Händler die Umfragen kennen und diese Informationen nutzen, wenn sie auf dem Prognosemarkt handeln. Ihre Annahme, dass die Marktvorhersagen sowohl auf lange als auch auf kurze Sicht genauer als grobe Umfragen sind, wird von empirischer Evidenz über 20 Jahre Erfahrung mit Prognosemärkten gestützt (Berg et al. 2003, 2008). Allerdings treten Erikson und Wlezien in zwei Arbeiten der Behauptung, dass Prognosemärkte genauere Vorhersagen machen als Umfragen, entgegen (2008, 2012). Ihre Gegenargumentation richtet sich gegen die anderen Studien, die zu diesem Thema durchgeführt wurden. Sie geben zu bedenken, dass wenn Umfragewerte so angepasst werden, dass sie prognostizierten Kampagnenmustern gerecht werden, sie die Marktprognosen übertreffen. Der Haupteinwand zu Eriksons und Wleziens Vergleich ist, dass alle Marktprognosen erstellt wurden, bevor die Wahl stattgefunden hat, während ihre Umfrage-Projektionen, auf welchen ihre Evidenz basiert, im Nachhinein erstellt wurden. Vergleicht man Umfragen und Marktprognosen auf diese Weise, liefert dies den Umfragen einen ungerechtfertigten Vorteil, denn man läuft Gefahr, die Daten im Nachhinein aufgrund des Wissens über das eingetroffene Resultat anzupassen.

Während für den amerikanischen Kontext die Prognosemärkte die Umfragen in Präzision deutlich übertreffen, sind im europäischen Kontext die diesbezüglichen Ergebnisse etwas gemischter. Bei der norwegischen Parlamentswahl 2009 zum Beispiel waren die Prognosemärkte im Allgemeinen genauer als es die Wahlumfragen waren (Arnesen 2011a). Jacobsen et al. (2000) hingegen beobachteten, dass ihr niederländischer Prognosemarkt schlechter funktionierte als es die US-Märkte taten. Doch wie steht es um Prognosemärkte in Deutschland? Prognosemärkte für Bundestagswahlen in Deutschland hatten 1990 Premiere. Diese geriet zum Erfolg, lagen die deutschen Prognosemärkte doch bereits bei ihrer ersten Anwendung in etwa auf der Linie der Umfragen. Bis zur Jahrtausendwende wurden mindestens weitere 15 Prognosemärkte durchgeführt, darunter fünf für die Bundestagswahlen von 1994 und 1998. Berlemann und Schmidt (2001) zeigen in ihrer Meta-Analyse der deutschen Prognosemärkte bis 2001, dass sie schon in dieser ersten Phase etwas näher am tatsächlichen Resultat lagen als der Umfragedurchschnitt. Auch für die Bundestagswahlen 2005 wurden mehrere Prognosemärkte durchgeführt (Schaffer und Schneider 2005). In diesem Jahr, welches für die Umfrageinstitute zum „Prognosedesaster" wurde, waren die Prognosemärkte eindeutig treffsicherer. Bei den letzten Bundestagswahlen wurden mindestens fünf Prognosemärkte durchgeführt (Groß 2012; Linhart und Hedtrich 2012). Bei dieser Wahl waren die Vorhersagen sowohl der Umfrageinstitute als auch der Prognosemärkte recht präzise, die Umfrageinstitute stachen aber die Prognosemärkte mit leichtem Abstand aus.

In der Diskussion darüber, welches Verfahren der Wahlvoraussage genauer ist, ist das letzte Wort wohl noch nicht gesprochen. Klar ist jedoch, dass je nach Verfahren die Erwartungen über den Wahlausgang auf verschiedenen Informationsquellen beruhen. Daher haben Prognosemärkte und Umfragen wichtige sich ergänzende Eigenschaften. Umfragen spiegeln die aktuellen Stimmungen der Wähler wider und zeigen, wie die Wähler wahrscheinlich gestimmt haben würden, wenn die Wahl zum Zeitpunkt der Befragung abgehalten worden wäre (oder entsprechend der in Deutschland häufigsten Frageformulierung am folgenden Sonntag). Im Rückblick betrachtet versetzen uns diese Umfragen in die Lage, den Prozess zu identifizieren, den die Wähler im Laufe einer Wahlkampagne durchlaufen. Gelman und King (1993) argumentieren, dass dieser Prozess eine Art „Erwachen" oder *Aktivierung* ihrer politischen Präferenzen sei.[2] Die Hypothese ist, dass die Wählerpräferenzen von einigen fundamentalen Faktoren wie dem Zustand der Wirtschaft und der Parteiidentifikation bestimmt werden, dass die Wähler aber dem Wahlkampf ausgesetzt sein müssen, damit diese Präferenzen aktiviert werden (siehe auch Kapitel 2 in diesem Band).

Prognosemärkte bieten einen zu Umfragen ergänzenden Blick auf den Verlauf von Wahlkampagnen. Die Markthändler repräsentieren nicht die Wähler, wie es Befragte in einer Umfrage tun, sondern sie interpretieren die Wähler und sehen deren Verhalten voraus. Sie haben ein offensichtliches Interesse an dem Thema und sie sind durch monetäre Anreize oder durch den Wunsch, ihre Fähigkeiten in den Voraussagen des Wahlergebnisses zu testen, motiviert. Denn die Teilnehmer an Prognosemärkten beschließen aus eigenem Antrieb, sich an diesen zu beteiligen.

---

[2] Gelman und Kings eigener Begriff müsste man wörtlich als „Aufklärungsprozess" übersetzen.

Shaw und Roberts (2000) argumentieren für die Vorteile der Analyse von Prognosemärkten in Bezug auf die Wahlkampagnen, weil „Bewegung im [Prognosemarkt]… die unabhängigen (nicht vorhersehbaren) Auswirkungen der Kampagnen und Wahlveranstaltungen reflektieren" (Shaw und Roberts 2000, S. 264; eigene Übersetzung).[3] Dies entspricht der Grundannahme der ökonomischen Theorie von effizienten Märkten, wonach alle vorhandene Information in die Preisgestaltung einfließt. Was Shaw und Roberts mit diesem Zitat sagen wollen ist, dass, wenn es Entwicklungen im Wahlkampf gibt, die zuvor erwartet werden können, sich diese Entwicklungen nicht als Veränderungen in den Marktprognosen zeigen, weil sie bereits von den Händlern erwartet worden und daher in die Preise eingegangen sind.

Aktivierungsprozesse, die wie oben beschrieben Veränderungen der Umfragewerte im Wahlkampf vorantreiben, werden in den Zeitreihen der Marktprognosen also nicht sichtbar, weil sie vorhersehbar sind. Auf dem Prognosemarkt wird jedoch sichtbar, wenn die Wähler davon *überzeugt* werden, ihre politischen Präferenzen aufgrund von Veränderungen in den grundlegenden Variablen, die ihre Präferenzen bestimmen, *zu ändern*. Solche Veränderungen grundlegender Variablen können beispielsweise wirtschaftliche Schocks wie der Beginn einer Finanzkrise sein. Die Unterscheidung zwischen dem Aktivierungsprozess, den die Umfragen reflektieren, und dem Überzeugungsprozess, der die Prognosemärkte repräsentiert, ist zwar gering, aber bedeutend: Der Aktivierungsprozess deckt die politischen Präferenzen auf, die der Wähler bereits vor dem Wahlkampf hat, während der Überzeugungsprozess politische Präferenzen verändert (siehe dazu Kapitel 2 in diesem Band).

3.3 Eine Typologie von Wahlkampfereignissen

Umfragen und Prognosemärkte reflektieren somit zwei unterschiedliche Prozesse, die unterschiedliche Informationen über die Wirkung des Wahlkampfes reflektieren. Indem man sie zusammen analysiert, können wir lernen, wie Ereignisse die Wahl des Wählers am Wahltag beeinflussen. Tabelle 3.1 veranschaulicht die vier Kategorien von Ereignissen, die darunter fallen können. Ein Ereignis wird

---

[3] Shaw und Roberts verwenden tägliche Preise, welche die erwartete Wahrscheinlichkeit des Sieges in der Präsidentschaftswahl abbilden, um die Wirkung von Wahlkampfveranstaltungen in den letzten Monaten vor den Wahlen 1992 und 1996 zu untersuchen. Ein weiteres Beispiel ist Malhotra und Snowberg (2009), die konditionelle Verträge verwenden, um den Einfluss der Primär- und Vorwahl-Ergebnisse auf die Chancen der Kandidaten bei der Präsidentschaftswahl zu analysieren. Sie untersuchen damit, ob Staaten mit frühen Vorwahlen einen unverhältnismäßigen Einfluss auf den Nominierungsprozess haben.

Tab. 3.1 Typologie von Wahlkampfereignissen auf Basis von Umfrage- und Prognosemarktwerten

		Reaktion der Prognosemarktwerte?	
		Ja	Nein
Reaktion der Umfragewerte?	Ja	Überzeugendes Ereignis	Aktivierendes Ereignis
	Nein	Frühe Marktreaktion auf überzeugendes Ereignis (oder Fehler/Manipulation)	Irrelevantes Ereignis (oder die Methode ist nicht in der Lage, eine Reaktion festzustellen)

als Aktivierung klassifiziert, wenn es eine Auswirkung auf die Umfragewerte, aber nicht auf die Marktvorhersagen hat. Falls das Ereignis beides, sowohl Auswirkungen auf die Umfragewerte als auch auf die Marktprognosen, hat (in gleicher Richtung), dann ist es ein überzeugendes Ereignis. Wenn das Ereignis nur Auswirkungen auf die Marktprognosen hat, dann könnte der Markt früh auf ein Ereignis reagieren, das sich nicht in der gleichen Art und Weise in den Umfragewerten niederschlägt oder die Wirkung auf die Vorhersage ist ein Markt-Fehler beziehungsweise eine Manipulation. Falls ein Ereignis weder Auswirkungen auf Umfragewerte noch auf Marktprognosen hat, dann ist das Ereignis für das Wahlergebnis nicht relevant.

Den Unterschied zwischen einem aktivierenden und einem überzeugenden Wahlkampfereignis illustrieren wir mit zwei Beispielen aus den Wahlkampagnen zu den US-Präsidentschaftswahlen, der Swift Boat Veteranen Kampagne 2004 und dem Zusammenbruch von Lehman Brothers 2008. Die Swift Boat Veteranen waren eine Gruppe von Vietnamkriegs-Veteranen, die mit einer Reihe von Anzeigen, welche ab dem 5. August 2004 geschaltet wurden, die Leistungen des Präsidentschaftskandidaten John Kerry während des Vietnamkriegs infrage stellten (Caesar und Busch 2005). Unter anderen Vorwürfen bestritten sie die Legitimität einer Auszeichnung, welche Kerry erhalten hatte, und sie diskreditierten seine Leistungen im Militärdienst generell. Bevor die Swift Boat Veteranen in die Kampagne eintraten, hatte Kerry seinen Dienst in Vietnam hervorgehoben, um den Wählern die von seinen Gegnern in Frage gestellte Führungsstärke zu zeigen. Die Kampagne zielte also auf den Kern seiner Persönlichkeit und diese wurde für die folgenden Wochen das Hauptthema in den Medien. Bush hingegen hatte den Vorteil, der amtierende Präsident zu sein, weshalb die Wähler wussten, was sie an ihm hatten, während sie sich nicht im Klaren darüber waren, was sie mit Kerry bekommen würden.

Abbildung 3.1 gibt die Werte für Bush und Kerry, die beiden wichtigsten Konkurrenten in der US-Präsidentschaftswahl 2004, wieder. Die beiden Linien zeigen für die gesamte Kampagne die Umfragewerte (gestrichelte Linie) und den

3 Aktivierung und Überzeugung auf Prognosemärkten und in Umfragen

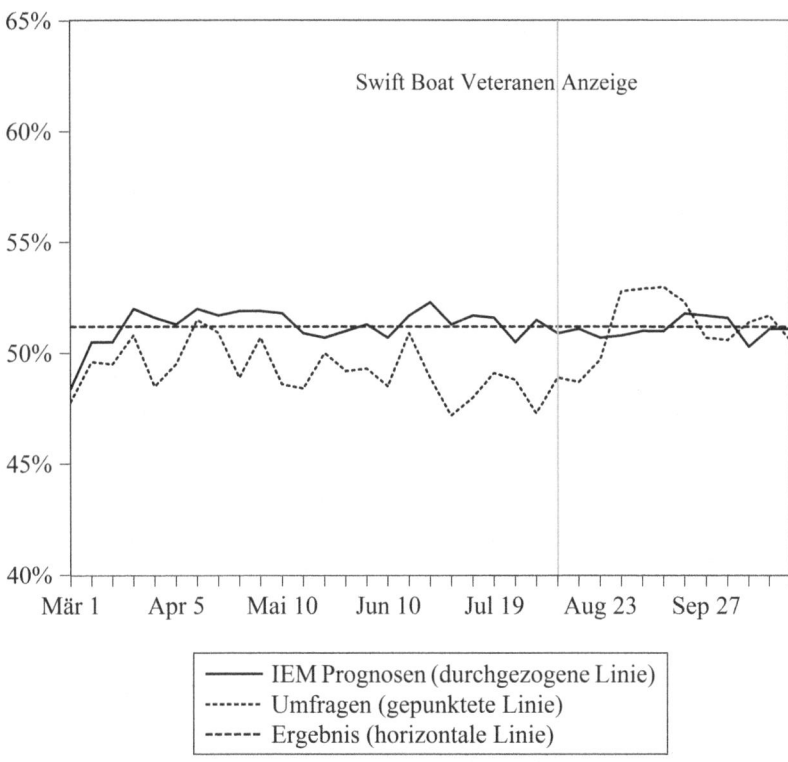

Abb. 3.1 Wöchentliche Umfragewerte und IEM Prognosen für den Stimmenanteil von Bush bei der US Präsidentschaftswahl 2004. (Eigene Darstellung©; Quelle: Arnesen 2011)

prognostizierten Stimmenanteil des Iowa Electronic Market (durchgezogene Linie) des amtierenden Präsidenten Bush. Die horizontale gepunktete Linie zeigt sein tatsächliches Wahlergebnis. Die durchgezogene vertikale Linie markiert die Woche, als die Swift Boat Veteranen ihre Werbekampagne gegen John Kerry starteten. Zu diesem Zeitpunkt waren die Umfragewerte für den amtierenden Kandidaten Präsident Bush ungünstig. Viele strukturelle Faktoren waren jedoch zu seinem Vorteil und sprachen für eine Wiederwahl. So haben amtierende Präsidenten normalerweise einen Vorteil gegenüber Herausforderern, und Präsident in Kriegszeiten zu sein, erhöht in der Regel auch die Wahrscheinlichkeit, dass die Wähler sich „um die Flagge scharen" und ihren Präsidenten im Wahlgang unterstützen (Fair 2002). Die Umfragewerte gaben aber noch keine Hinweise auf eine Änderung in der Wählergunst zwischen Bush und Kerry, und der Trend während des Sommers war für den Amtierenden sogar leicht negativ.

Auf der anderen Seite rechneten die Marktpreise durchweg mit einem höheren Stimmenanteil für Bush als es die gleichzeitigen Umfragewerte andeuteten, und hielten ihn ab Mitte März bereits für den siegreichen Kandidaten. Wenn man beide Trends zusammen betrachtet, findet man ein klares Beispiel für die Hypothese, dass Umfragen zeigen, wie Wähler während des Wahlkampfs in einem Entscheidungsfindungsprozess sind, während die Prognosemarkt-Händler diesen Prozess erwarten und deshalb voraussehen, dass eine größere Anzahl Wähler am Ende für den amtierenden Präsidenten stimmen wird, als in den Umfragen angegeben. Als die Anzeigen der Swift Boat Veteranen Anfang August geschaltet wurden, könnte dies der Katalysator gewesen sein, der die strukturellen Potentiale, die bereits zu Bushs Nutzen latent vorhanden waren, freisetzte. Die Abb. 3.1 zeigt, wie seine Umfragewerte in ein paar Wochen aufholten, kurzfristig die Vorhersagen des Prognosemarktes übertrafen und schließlich mit diesen und dem Wahlergebnis konvergierten.

Das Beispiel des Zusammenbruchs von Lehmann Brothers stammt aus dem US-Präsidentschaftswahlkampf 2008. Es ist ein Beispiel für ein überzeugendes Ereignis, bei dem das Ereignis für beide – Teilnehmer des Prognosemarktes und Befragte – überraschend kam. Im ganzen Zeitraum 2008 und während der gesamten Wahlkampagne wirkte im Hintergrund die desolate Wirtschaftslage. Mit dem Zusammenbruch der Investmentbank Lehman Brothers aber dominierte die Wirtschaftslage die Schlagzeilen der Medien und die Kampagnen-Aufmerksamkeit vollständig. Der Zusammenbruch von Lehman Brothers bedeutete in vielerlei Hinsicht das Ereignis, bei dem die USA und die übrige Welt erkannten, dass die Finanzkrise, die bereits etwa ein Jahr gedauert hatte, sowohl breiter als auch schwerer war, als zuerst angenommen. Was zuerst eine isolierte Krise war, die auf faulen amerikanischen Hypothekenkrediten basierte, entwickelte sich zu einer Diskussion über die Nachhaltigkeit der bestehenden Form der Marktwirtschaft. Es wurde deutlich, dass das Wachstum der USA – und in gewissem Maße im Rest der (vor allem westlichen) Welt – im vergangenen Jahrzehnt weitgehend auf kreativen Finanzinnovationen basiert hatte, die nicht wie angenommen das Risiko verringerten, sondern es hinter einem Schleier von Finanzpaketen versteckten. Hypothekenkredite wurden aufgeteilt und über die zunehmend integrierte Finanzwelt verbreitet, aber niemand wusste genau, wo die faulen Äpfel lagen. Das Ergebnis war ein Mangel an Vertrauen in das Finanzsystem als solches. Obwohl das Erkennen des Ausmaßes der Krise ein längerer Prozess war, markierte der Zusammenbruch der renommierten Bank Lehman Brothers ein kollektives Erwachen über den tatsächlichen Umfang der wirtschaftlichen Probleme. Das Datum des Konkurses von

Lehman Brothers, der 15. September 2008, markierte den Zeitpunkt, an dem die Wähler erkannten, dass die Finanzkrise in einen wirtschaftlichen Abschwung umschlagen würde, der in den kommenden Jahren sowohl in die Wall Street als auch in die Mittelschicht einschlagen würde.
In der Abb. 3.2 ist der Zusammenbruch von Lehman Brothers durch die gestrichelte vertikale Linie gekennzeichnet. Wie in der vorherigen Abb. 3.1 zeigt die durchgezogene Linie wöchentliche Durchschnittswerte für die Prognosen des Iowa Electronic Market (IEM) über den Stimmenanteil, die gestrichelte vertikale Linie die Umfragewerte, und die gestrichelte horizontale Linie die tatsächlichen Ergebnisse.

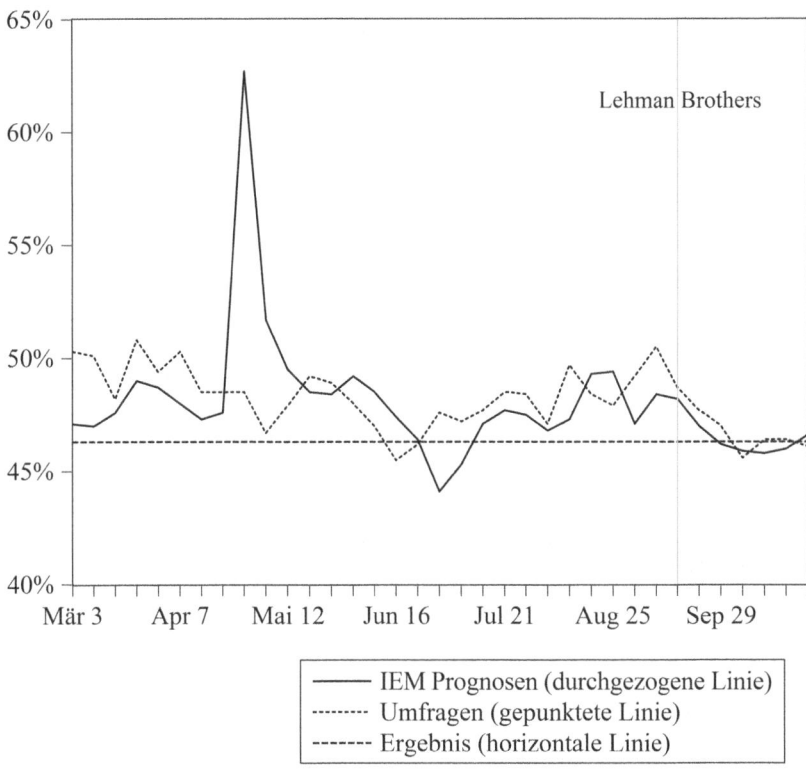

Abb. 3.2 Wöchentliche Umfragewerte und IEM Prognosen für den Stimmenanteil von McCain bei der US Präsidentschaftswahl 2008. (Eigene Darstellung©; Quelle: Arnesen 2011)

Gegenüber der Wahl 2004 ist die Wirkung unseres ausgewählten Ereignisses allein durch visuelle Beobachtung nicht ganz so offensichtlich.[4] Jedoch zeigt die statistische Analyse der Auswirkungen des Zusammenbruchs von Lehman Brothers, dass sowohl die Umfragen als auch der Prognosemarkt rasch reagierten, und das deutlich zu Ungunsten des republikanischen Kandidaten John McCain.[5] Als Vertreter der amtierenden Partei machten ihn die Wähler für die Finanzkrise verantwortlich und bestraften ihn in den Umfragen. Obama könnte unabhängig von der Finanzkrise gewonnen haben, aber der Zusammenbruch von Lehmann Brothers bedeutete eine Wende im Wahlkampf, von der niemand vorausgesehen hatte, dass sie in diesem Moment kommen würde. Die Wirtschaft dominierte fortan als Thema die Kampagne und überzeugte die Wähler davon, dass sie im Weißen Haus einen Wechsel wollten.

Nach dieser Einführung dazu, wie Prognosemärkte verwendet werden können, um Wahlkämpfe zu analysieren, gehen wir nun dazu über, den Prognosemarkt, welchen wir für die Bundestagswahl 2013 aufgesetzt haben, vorzustellen. Dazu beschreiben wir die Implementierung des Prognosemarktes, dessen Teilnehmer und die Prognosen, welche der Markt während seiner Laufzeit hervorgebracht hat.

3.4 Der Prognosemarkt und seine Teilnehmer bei der Bundestagswahl 2013

Auf der Webseite von politikprognosen.de führten wir einen Prognosemarkt für die Bundestagswahl 2013 durch. Der Prognosemarkt, welchen wir aufsetzten, war ein internetbasierter Echtgeld-Prognosemarkt, der einen logarithmischen automatisierten Kursmacher benutzte (Hanson 2007). In der Zeit zwischen Januar 2013 und dem Wahltag am 22. September 2013 registrierten sich 143 Teilnehmer, um „Aktien" von sieben verschiedenen Verträgen zu handeln. Diese Verträge waren die deutschen Parteien CDU/CSU, SPD, Die Linke, Bündnis 90/Die Grünen, FDP, Piratenpartei, und „Andere Parteien".[6]

Wie in Arnesen (2012) diskutiert, hat es in der Literatur zu Prognosemärkten eine Debatte darüber gegeben, wie wichtig es ist, echtes Geld einzusetzen, um

---

[4] Der große Ausreißer im Iowa Electronic Market (IEM) im Frühling ist das optisch auffälligste Ereignis. Dieses Ereignis führt von irrationalem Handel her, der ein paar Tage andauerte, bevor er korrigiert wurde.

[5] Für genauere Einzelheiten der statistischen Analyse siehe Arnesen (2011b), auf dem Teile dieses Kapitels basieren.

[6] Für die Partei Alternative für Deutschland wurde kein Vertrag aufgesetzt, weil diese Partei beim Marktstart noch nicht existierte.

genaue Prognosen zu machen. Sind Echtgeldmärkte genauer als Spielgeldmärkte? Die empirische Evidenz zu dieser Frage ist bis jetzt noch gemischt (Servan-Schreiber et al. 2004; Rosenbloom und Notz 2006; Luckner und Weinhardt 2007). Dennoch war es für das Einstellungsverfahren und die weitere Aktivität auf dem Markt wichtig, dass es einen wirtschaftlichen Anreiz zur Teilnahme auf unserem Prognosemarkt gab. Die Teilnehmer konnten also mit echtem Geld, das sie vom Veranstalter erhalten hatten, auf dem Prognosemarkt handeln.[7] Jeder Teilnehmer erhielt einen festen Beitrag von 10 € und zusätzliche 20 €, die er im Markt investieren konnte. Auf diese Weise mussten die Teilnehmer nicht ihr eigenes Geld einsetzen, konnten aber trotzdem mit echtem Geld handeln.

Um den Handel im Prognosemarkt zu erleichtern, wurde Robin Hansons logarithmische Marktbewertungs-Regel (LMSR) als automatisierter Kursmacher in die Software implementiert. Ein automatisierter Kursmacher ist ein Algorithmus, der automatisch einen neuen Preis für den Vertrag bietet, nachdem eine Transaktion durchgeführt wurde. Der Veranstalter gewährleistet damit, dass es für jeden Händler ein Preisangebot gibt, das er zu jeder Zeit annehmen kann. Der offensichtliche Vorteil ist, dass die Liquidität im Markt unendlich ist. Ein Nachteil ist, dass der Veranstalter sich an der Preisgestaltung beteiligen muss und sich damit finanziellen Risiken aussetzt, falls auf dem Markt echtes Geld eingesetzt wird.

Die von Robin Hanson (2003) erfundene logarithmische Marktbewertungs-Regel ist zum beliebtesten automatisierten Kursmacher bei Prognosemarkt-Organisatoren geworden. Der Grund dafür ist sein einfaches und gleichzeitig passendes Design. Auf einer logarithmischen Skala zwischen 0 und 100 gleitend (siehe Abb. 3.3), funktioniert Hansons Bewertungs-Regel wie ein Kursmacher auf beiden Seiten, der Händlern erlaubt, wunschgemäß Verträge sowohl zu kaufen als auch zu verkaufen. Um eine Transaktion durchzuführen, müssen die Händler vom aktuellen Preis abweichen. Sie können, abhängig von der gegenwärtigen Höhe, den Preis soweit in beide Richtungen verschieben, wie sie Geld besitzen und den neuen Preis festgelegt haben möchten.

Ein weiteres Kriterium für die Entscheidung, einen automatisierten Kursmacher zu verwenden, ist, inwiefern er die Möglichkeiten der Händler, ihre wirklichen Erwartungen über den Wahlausgang im Markt auszudrücken, beeinflusst (Pennock und Sami 2007). Es ist offensichtlich, dass der Kursmacher einen Einfluss auf die Preisgestaltung ausübt, weil er mechanisch neue Preisangebote nach der Anzahl der Verträge berechnet, die gekauft und verkauft werden. Auch muss unter Anwendung des LMSR für jeden Vertrag ein Startwert festgelegt werden. Der Startwert

---

[7] Der Markt wurde nicht von einer interessierten Organisation finanziert, sondern für Marketingzwecke von der *Principe Consulting GmbH*.

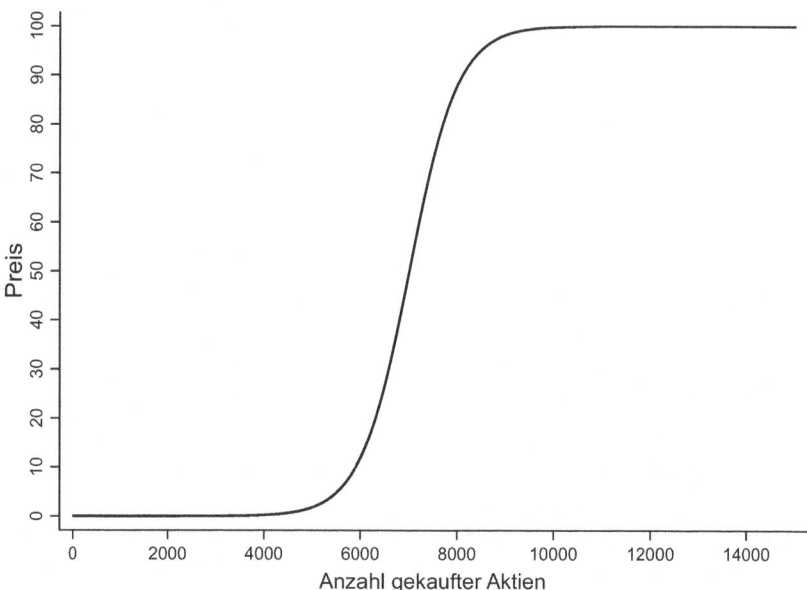

Abb. 3.3 Die Preis-Funktion der logarithmischen Marktbewertungsregel des Prognosemarktes zu den Bundestagswahlen 2013. (Eigene Darstellung©)

könnte einen gewissen Einfluss auf die Prognosen haben, beispielsweise indem er durch einen Ankerungseffekt auf die Händler wirkt, das heißt die Teilnehmer sich in ihrer Einschätzung über das zu erwartende Wahlergebnis zu stark vom Startpreis beeinflussen lassen. Aus diesem Grund müssen die Startpreise so neutral wie möglich gesetzt werden. Auf Basis von Umfragewerten wurden die Startpreise für die sieben Verträge wie in Abb. 3.4 dargestellt festgelegt.

Insgesamt wurden 133 Händler für den Prognosemarkt zu den Bundestagswahlen rekrutiert. Die Teilnehmer waren vor allem Studierende, insbesondere der Sozialwissenschaften. Die Hälfte von ihnen – 67 Personen – waren Politikwissenschaftler (in Ausbildung) und etwa eine von sechs Teilnehmerinnen war Studentin der Wirtschaftswissenschaften (siehe Abb. 3.5). Für acht Teilnehmende verfügen wir über keine Angaben, die übrigen waren auf andere Disziplinen verteilt. Es ist unnötig zu erwähnen, dass diese Gruppe der Teilnehmer nicht die Bevölkerung der deutschen Wähler als Gesamtheit repräsentiert. Vielmehr ist sie politisch informierter, höher gebildet und jünger als der Durchschnitt der Wähler.

Eine Umfrage, welche wir unter den Teilnehmern durchführten, brachte zusätzliche Informationen über ihre sozio-demographische Zusammensetzung, ihre

3 Aktivierung und Überzeugung auf Prognosemärkten und in Umfragen   45

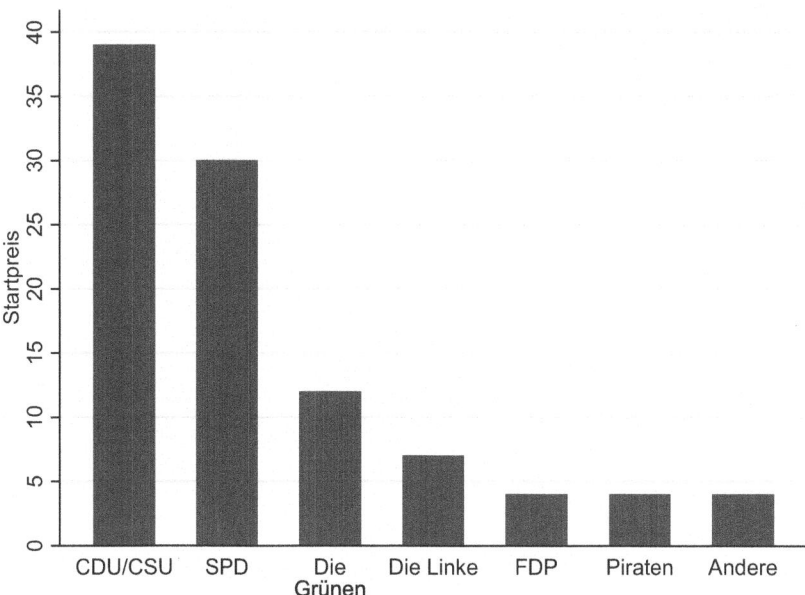

Abb. 3.4 Startpreise der sieben Prognosemarkt-Verträge für die Bundestagswahl 2013 als Stimmenanteile in Prozent. (Eigene Darstellung©; Quelle: Eigene Daten)

Motivationen und Überzeugungen.[8] Bei den Teilnehmern, die auf die Umfrage antworteten, zeigte sich, dass das Durchschnittsalter 35 Jahre war, dass zwei von drei männlich waren, und dass das durchschnittliche monatliche Bruttoeinkommen mehr als 2.500 € betrug. Die am häufigsten genannte Motivation für die Teilnahme am deutschen Prognosemarkt war „aus politischem Interesse" und „aus Neugier an der Methode". Annähernd neun von zehn markierten diese beiden Argumente als Beweggründe für die Teilnahme. Sechs von zehn kreuzten außerdem die finanzielle Belohnung als Anreiz an, weitere sechs von zehn nahmen teil, um die Sozialforschung zu unterstützen, und mehr als ein Drittel sagte, die Teilnahme sei erfolgt „um einen Gefallen zu erweisen".

Während der Zeit, in welcher der Prognosemarkt lief, das heißt von Januar bis September 2013, gaben 55 % der Befragten an, sie hätten sich wöchentlich auf der Webseite politikprognosen.de eingeloggt. Einer von sieben loggte sich nur einmal ein, und war damit de facto kein aktiver Teilnehmer. Abbildung 3.6 zeigt die

---

[8] Die Antwortrate lag aber nur bei 16,5 %, weshalb man nur bedingt von den Antworten der Befragten Schlussfolgerungen auf den Charakter aller Teilnehmer ableiten kann.

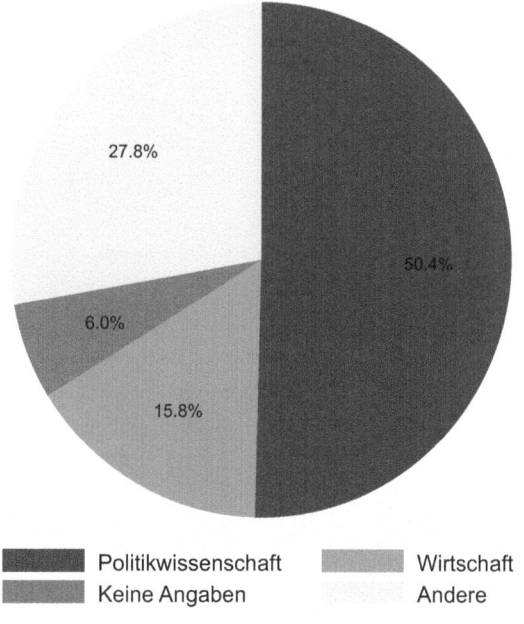

Abb. 3.5 Teilnehmer und registrierte Studienfächer ($N = 133$). (Eigene Darstellung©; Quelle: Eigene Daten)

tägliche Anzahl von Verträgen, bei welchen mindestens eine Transaktion durchgeführt wurde. Die Grafik zeigt, dass am Anfang und am Schluss beinahe jeden Tag Transaktionen bei allen sieben Verträgen durchgeführt wurden, während in der Mitte des Wahlkampfes im Durchschnitt pro Tag bei weniger als der Hälfte der Parteien eine Transaktion durchgeführt wurde. Die höchste Aktivität fand also am Anfang statt, als der Markt für die Händler noch neu war, und gegen Ende, als sich der Wahltag näherte.

3.5 Wöchentliche Marktprognosen und Umfragewerte

Im folgenden Abschnitt sollen die wöchentlich ermittelten durchschnittlichen Umfragewerte und Marktprognosen für jede Partei, für die ein Vertrag auf dem Prognosemarkt aufgesetzt wurde, verglichen werden. Die Prognosemarktwerte sind wöchentliche Durchschnittswerte der täglichen Schlusspreise. Diese sind dabei so angepasst worden, dass sie in der Summe 100% des Wähleranteils ergeben. Die Anpassungsprozedur besteht darin, die Differenz zu 100% gleichmäßig auf die sieben Kontrakte zu verteilen und diesen Betrag zu dem Wert der Marktprognose zu addieren oder zu subtrahieren.

3 Aktivierung und Überzeugung auf Prognosemärkten und in Umfragen 47

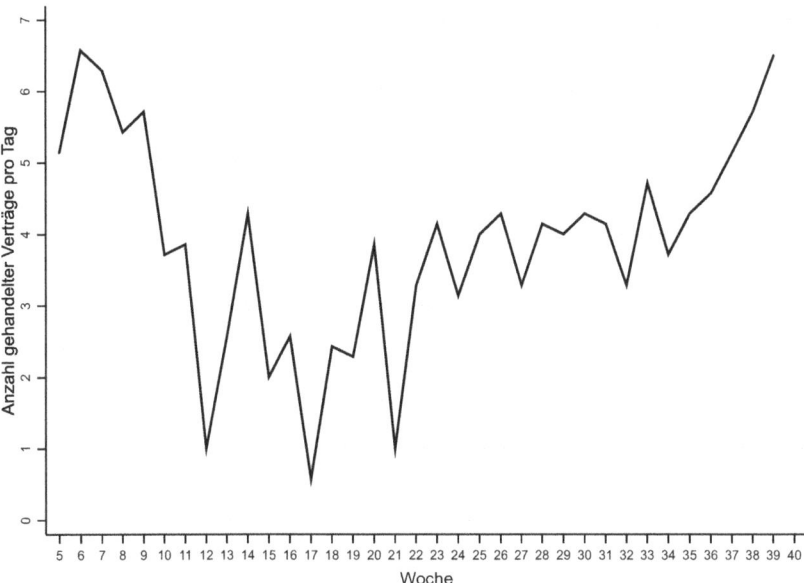

Abb. 3.6 Anzahl der Verträge mit täglichen Transaktionen im Prognosemarkt (wöchentlicher Durchschnitt). (Eigene Darstellung©; Quelle: Eigene Daten)

Im Zeitabschnitt zwischen dem 21. Januar und 22. September 2013 wurden die Umfragewerte der Meinungsforschungsinstitute Forsa, Infratest dimap und Emnid gesammelt. Diese Unternehmen veröffentlichen Umfragen auf wöchentlicher Basis. Die Daten wurden der Webseite wahlrecht.de entnommen. Die wöchentlichen Umfragewerte der Parteien CDU/CSU, SPD, Grüne, Die Linke, FDP, Piratenpartei und der übrigen Parteien wurden gemittelt.[9] Als Stichtag galt der letzte Erhebungstag wie er von den Meinungsforschungsinstituten ausgewiesen wurde.[10]

Das allgemeine Bild der Umfrage- und Prognosemarktwerte ist, dass sich beide typischerweise in die gleiche Richtung bewegten (siehe Abb. 3.7). Die Umfragewerte scheinen auch etwas stabiler, obwohl das Bild nicht eindeutig ist. Allerdings

---

[9] Die Meinungsforschungsinstitute haben den Wert für die Piratenpartei nicht angezeigt, wenn die Anzahl der Befragten, welche eine entsprechende Wahlabsicht angab, sehr gering war. Daher haben wir den Stimmenanteil der Piratenpartei als 100 – die Summe des Wähleranteils aller anderen Parteien (inkl. Residualkategorie und Alternative für Deutschland) berechnet.

[10] Es gibt zwei fehlende Werte: Forsa veröffentlichte keine Umfrage in Woche 31 und Infratest dimap tat dies nicht in der letzten Woche vor der Wahl.

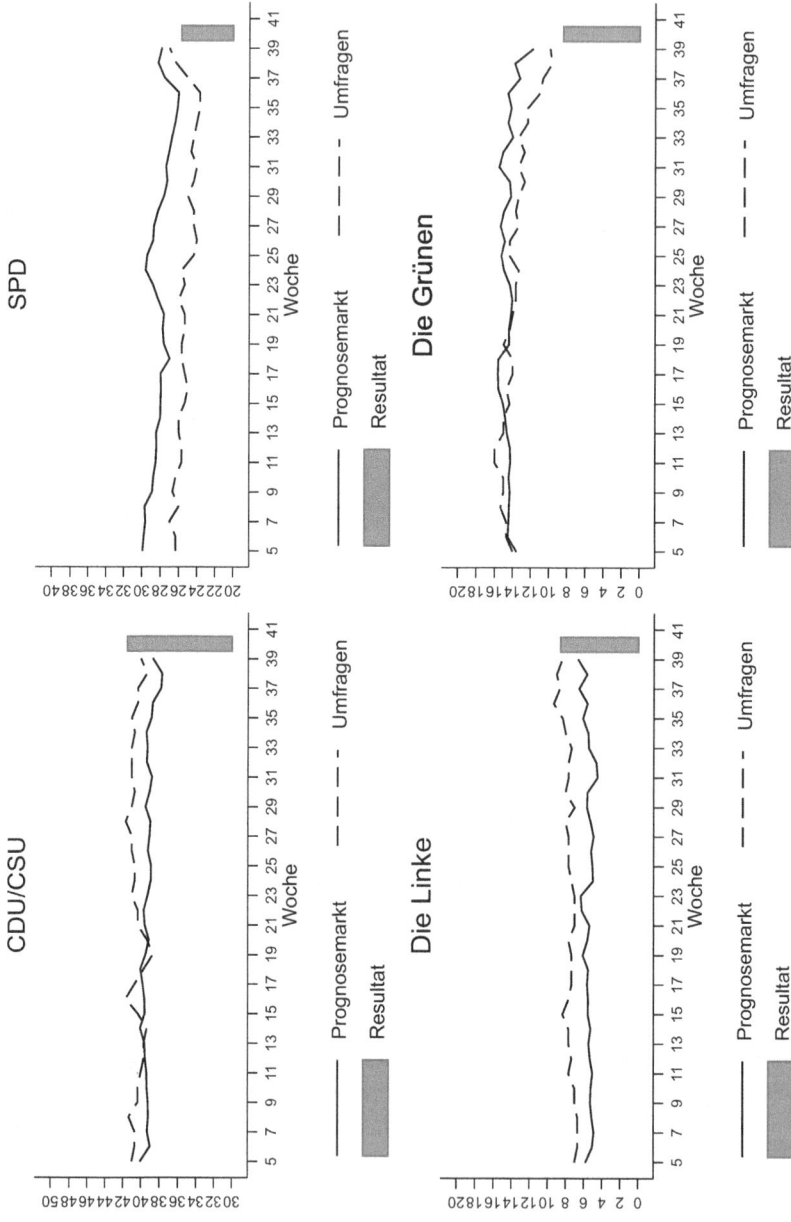

Abb. 3.7 Wähleranteile in Prozent, 21. Januar bis 22. September 2013 (kont.). (Eigene Darstellung©; Quellen: Eigene Daten, wahlrecht.de)

3 Aktivierung und Überzeugung auf Prognosemärkten und in Umfragen

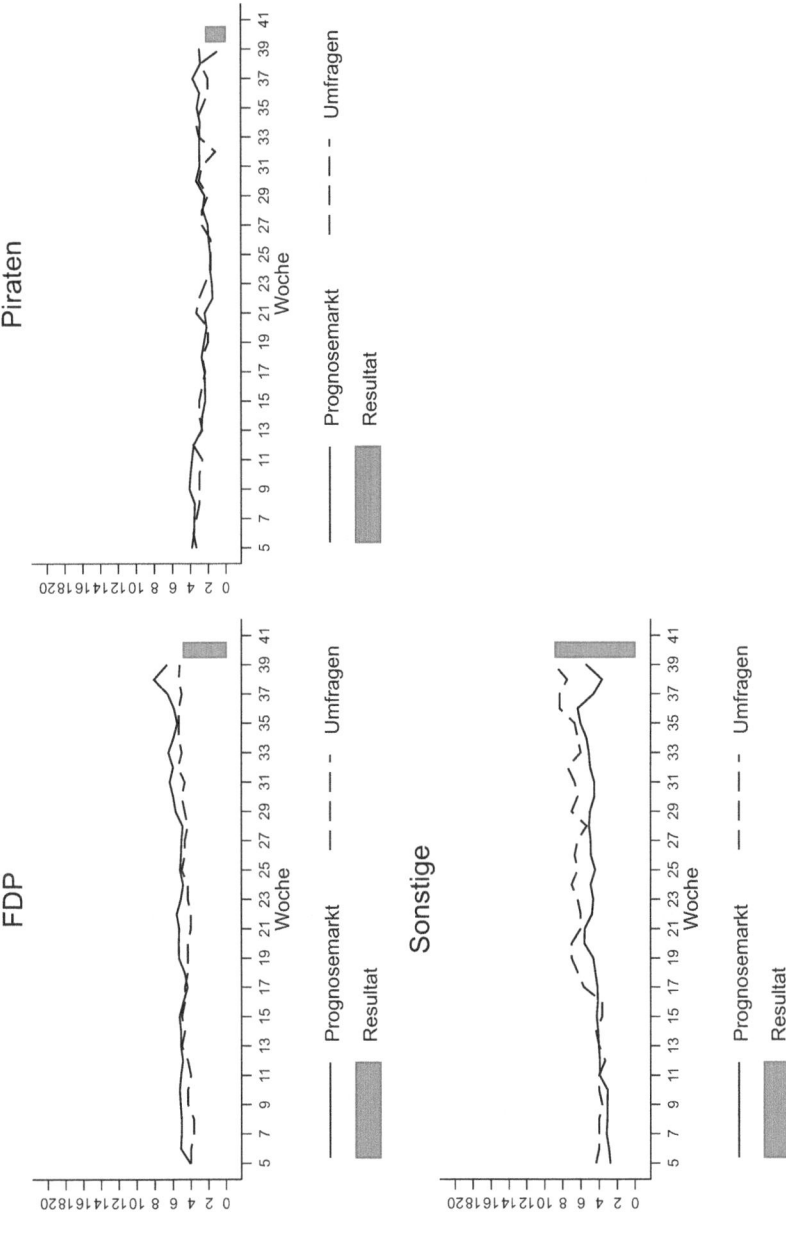

Abb. 3.7 (Fortsetzung)

gibt es systematische Unterschiede in den Niveaus der Umfragen und Marktwerte. So unterschätzte der Markt systematisch die CDU/CSU, Die Linke und die „Sonstigen", während sie die SPD und die Grünen überschätzte. Da es sich dabei aber um systematische, das heißt über die Zeit nicht variierende Abweichungen handelt, haben sie keinen Einfluss auf die Analyse von Veränderungen in den Prognosemarkt-Vorhersagen gegenüber den Umfragedaten über die Zeit.[11]

Für die CDU/CSU lagen die Marktprognosen und die Umfragewerte auf ziemlich ähnlichem Niveau. Die Marktprognosen waren etwas volatiler als die Umfragen. Eine Ausnahme bildet der Zeitraum um die Wochen 14 bis 19, in welchem die Umfragewerte von CDU/CSU zuerst stiegen, um danach unter das Niveau der Prognosemarktwerte zu fallen. Letzteres steht womöglich im Zusammenhang mit einer Steuerbetrugsaffäre um den Fußballmanager Ulli Hoeneß (siehe dazu Kapitel 8 in diesem Band).

Die SPD-Umfragewerte waren während der gesamten Wahlkampagne durchweg niedriger als die Marktprognosen. Abgesehen von ihren unterschiedlichen Niveaus folgen sich die Werte recht eng. Auf einen längeren Abschwung, welcher mit einer Debatte um Vortragshonorare von Spitzenkandidat Peer Steinbrück zusammenhängen dürfte (siehe Kapitel 7 in diesem Band), folgte ein abrupter Anstieg nach dem TV-Duell (siehe Kapitel 9 in diesem Band).

Ähnlich wie bei den SPD-Zeitreihen waren die Marktprognosen für die Grünen deutlich höher als die Umfragewerte. Die Änderungen in den Prognosemarkt- und Umfragewerten während des Wahlkampfs gingen aber in dieselbe Richtung, wobei der deutliche Abschwung nur schwer zu erklären ist (siehe dazu Kapitel 6 und 10 in diesem Band).

In Bezug auf die Zeitreihen für die Partei Die Linke weisen die Umfragen konstant einen höheren Stimmenanteil aus als der Prognosemarkt, mit Bezug auf die Veränderungen über die Zeit waren sie sich aber sehr ähnlich.

Die FDP erlebte steigende Beliebtheit sowohl in den Prognosemärkten als auch in den Umfragewerten währen des Wahlkampfs, wenn auch von einem niedrigeren Niveau aus als in früheren Wahlen. Der Prognosemarkt speziell erwartete als Ergebnis einen höheren Stimmenanteil für die FDP als die Umfragen, was darauf zurück zu führen sein könnte, dass die Teilnehmer auf dem Prognosemarkt einen positiven Effekt der „Zweitstimmenkampagne" erwarteten (siehe Kapitel 10 in diesem Band).

---

[11] Die systematische Verzerrung der hier analysierten Prognosemarktwerte ist möglicherweise auf die Preisfunktion der logarithmischen Markt-Bewegungsregel zurück zu führen. Siehe dazu Arnesen und Strijbis (2014).

Die Piratenpartei erfuhr ein deutliches Abfallen und eine leichte Erholung sowohl in den Wahlumfragen als auch auf dem Prognosemarkt. Auch hier entwickelten sich die Werte für die beiden Indikatoren sehr ähnlich. Sowohl in den Umfragen als auch im Prognosemarkt stieg während des Wahlkampfs die Kategorie „Sonstige" ständig an. Der Motor dieser Entwicklung war die Alternative für Deutschland, die erst während des Wahlkampfes gegründet wurde und es schaffte, Wähler hinzuzugewinnen, als sich der Wahltag näherte.

3.6 Fazit

Dieses Kapitel hat für die Analyse einer Kombination von Umfrage- und Prognosemarkt-Daten argumentiert. Umfragen und Prognosemärkte stützen sich auf Informationen aus unterschiedlichen Quellen und spiegeln damit unterschiedliche Prozesse wider: Umfragewerte zeigen eine Momentaufnahme von dem, was die Wähler über die politischen Parteien zu einem bestimmten Zeitpunkt denken und nicht unbedingt, wie sie am Wahltag abstimmen. Vorhersagen von Prognosemärkten hingegen werden von ihren Teilnehmern erstellt, die sich selbst als Händler ausgewählt haben und mit echtem Geld auf den Ausgang der Wahl wetten. Wie die Beispiele aus den US-Präsidentschaftswahlen gezeigt haben, kann man daher sagen, dass Umfragen die aktuellen Stimmungen der Wähler signalisieren, während Marktprognosen die Interpretationen der Händler von diesen Umfragen in Verbindung mit anderen Signalen, die sie für den Wahlausgang für relevant halten, widerspiegeln. Daraus folgt: Während Umfragen den Aktivierungsprozess des Wählers reflektieren, reflektieren die Prognosemärkte ihren Überzeugungsprozess.

Der zweite Abschnitt des Kapitels hat den Prognosemarkt vorgestellt, der für die Bundestagswahl 2013 organisiert worden war. Zusammen mit den Umfragewerten liefert dieser reichhaltige Daten, welche die Analyse der Wählermobilisierung während des Wahlkampfes ermöglichen und im zweiten Teil dieses Buches verwendet werden. Zuerst soll im nächsten Kapitel aber der Bundestagswahlkampf 2013 in seinen historischen Kontext gestellt werden.

Literatur

Arnesen, Sveinung. 2011a. Informasjon, motivasjon, prediksjon–Eit forsøk med prediksjonsmarknad før Stortingsvalet 2009. *Tidsskrift for samfunnsforskning* 52 (1): 99–121 20, 340–353..

Arnesen, Sveinung. 2011b. How prediction markets help us understand events' impact on the vote in US presidential elections. *Journal of Prediction Markets* 5 (3): 42–63.

Arnesen, Sveinung. 2012. *Leaping into the unknown: Comparing, testing, and applying methods of predicting elections*. Promotionsarbeit, Bergen: Universität Bergen.
Arnesen, Sveinung, und Oliver Strijbis. 2014. The score is wrong: How vote share forecasts in prediction markets get skewed by the logarithmic market scoring rule. *Unpubliziertes Arbeitspapier*.
Berg, Joyce, Forrest, Nelson, und Thomas, Rietz. 2003. Accuracy and forecast standard error of prediction markets. Tippie College of Business Administration, University of Iowa. http://www.biz.uiowa.edu/faculty/trietz/papers/forecasting.pdf.
Beck, Nathaniel, Simon Jackman, und Howard Rosenthal. 2006. Presidential approval: The case of George W. Bush. Annual meeting of the society for political methodology, Davis, CA. http://polmeth.wustl.edu/media/Paper/BeckJackmanRosenthalPolMeth06.pdf. Zugegriffen: 27. November 2014.
Berg, Joyce, Robert, Forsythe, Forrest, Nelson, und Thomas, Rietz. 2008. Results from a Dozen years of election futures markets research. In *Handbook of experimental economic results*, vol. 1, Hrsg. Charles Plott und Vernon Smith, 742–751. Elsevier.
Berlemann, Michael, und Carsten, Schmidt. 2001. Predictive accuracy of political stock markets: Empirical evidence from a European perspective. Discussion Papers, Interdisciplinary Research Project 373: Quantification and Simulation of Economic Processes. http://www.econstor.eu/handle/10419/62722 Zugegriffen: 19. April 2013.
Buchanan, William. 1986. Election predictions: An empirical assessment. *The Public Opinion Quarterly* 50:222–227.
Caesar, James W., und Busch Andrew E. 2005. *Red over blue: The 2004 elections and American politics*. Okford: Rownman & Littlefield.
Crespi, Irving. 1988. *Pre-election polling: Sources of accuracy and error*. New York: Russell Sage Foundation.
Croves, Robert M. 1989. *Survey errors and survey costs*. New York: Wiley.
Erikson, Robert S., und Christopher Wlezien. 2008. Are political markets really superior to polls as election predictors? *Public Opinion Quarterly* 72 (2): 190–215. doi:10.1093/poq/nfn010
Erikson, Robert S, und Christopher Wlezien. 2012. Markets vs. polls as election predictors: An historical assessment. *Electoral Studies* 31 (3): 532–539. doi:10.1016/j.electstud.2012.04.008.
Fair, Ray C. 2002. *Predicting presidential elections and other things*. Standford, CA: Stanford University Press.
Gelman, Andrew, und Gary, King. 1993. Why are American presidential election campaign polls so variable when votes are so predictable? *British Journal of Political Science* 23 (4): 409–451.
Groß, Jochen. 2012. Ansätze zur Prognose von Wahlergebnissen. In *Wirtschaftssoziologie II: Anwendungen*, Hrsg. Norman Braun, Marc Keuschnigg, und Tobias Wolbring, 111–126. München: Oldenburg Verlag.
Hanson, Robin. 2003. Combinatorial information markets. *Information Systems Frontiers* 5 (1): 107–119.
Hanson, Robin. 2007. Logarithmic market scoring rules for modular combinatorial information aggregation. *Journal of Prediction Markets* 1 (1): 1–15.
Jacobsen, Ben, Potters, Jan, Schram, Arthur, Frans van Winden, und Jörgen Wit. 2000. (In)accuracy of a European political stock market: The influence of common value structures. *European Economic Review* 44: 205–230.

3 Aktivierung und Überzeugung auf Prognosemärkten und in Umfragen

Kou, Steven G., und Michael, Sobel E. 2004. Forecasting the vote: A theoretical comparison of election markets and public opinion polls. *Political Analysis* 12: 277–295.

Linhart, Eric, und Friedrich Hedtrich. 2012. Prognosemärkte als Mittel zur Messung von Eintrittswahrscheinlichkeiten politischer Entscheidungen im Zusammenhang mit der Bundestagswahl 2009. In *Jahrbuch für Handlungs- und Entscheidungstheorie, 7,* Hrsg. von Thomas Bräuninger, André Bächtiger, und Susumu Shikano, 165–193. Wiesbaden: VS Verlag für Sozialwissenschaften.

Luckner, Stefan, und Christof, Weinhardt. 2007. How to pay traders in information markets: Results from a field experiment. *The Journal of Prediction Markets* 1 (2): 147–156.

Malhotra, Neil, und Erik Snowberg. 2009. The 2008 Presidential Primaries through the Lens of Prediction Markets. Research Papers on Election Administration and Voting Technology (RPEAVT), California Institute of Technology, Pasadena, CA. http://resolver.caltech.edu/CaltechAUTHORS:20120530-091743524. Zugegriffen: 17. Feb. 2014.

Pennock, David, und Rahul Sami. 2007. Computational Aspects of Prediction Markets. In *Algorithmic Game Theory,* Hrsg. von Noam Nisan, Tim Roughgarden. Vazirani, Éva Tardos, und V. Vijay, 651–676. Cambridge University Press.

Rosenbloom, Earl S., und William Notz. 2006. Statistical tests of real-money versus play-money prediction markets. *Electronic Markets* 16 (1): 63–69.

Schaffer, Lena-Maria, und Gerald Schneider. 2005. Die Prognosegüte von Wahlbörsen und Meinungsumfragen zur Bundestagswahl 2005. *Politische Vierteljahresschrift* 46 (4): 674–681. doi:10.1007/s11615-005-0307-9.

Servan-Schreiber, Emile, Wolfers, Justin, David Pennock, und Brian Galebach. 2004. Does money matter? *Electronic Markets* 14 (3): 243–251.

Shaw, Daron R., und Brian D. Roberts. 2000. Campaign events, the media and the prospect of victory: The 1992 and 1996 US presidential elections. *British Journal of Political Science* 30:259–289.

Traugott, Michael W. 2001. Assessing poll performance in the 2000 campaign. *Public Opinion Quarterly* 65:389–419.

Wlezien, Christopher, und Erikson Robert S. 2002. The timeline of presidential election campaigns. *Journal of Politics* 64:969–993.

Worcester, Robert. 1996. Political polling: 95 % expertise and 5 % luck. *Journal of the Royal Statistical Society* 159 (1): 5–20.

Die Bundestagswahl 2013 im historischen Vergleich

4

Kamil Marcinkiewicz und Michael Jankowski

4.1 Einleitung

Dieses Kapitel vergleicht zentrale Aspekte der Bundestagswahl 2013 mit allen vorangegangenen Bundestagswahlen. Zunächst wird auf das vor der Bundestagswahl reformierte Wahlrecht eingegangen. Wir zeigen dabei, welche Schwächen das alte Wahlrecht hatte und beschreiben welche Kritikpunkte am reformierten Wahlrecht erhalten bleiben. Anschließend wird die historische Entwicklung der Wahlbeteiligung analysiert, die auch bei der Bundestagswahl 2013 auf historisch niedrigem Niveau verblieben ist. Danach widmen wir uns dem Vergleich des Ergebnisses der Bundestagswahl 2013 mit jenen sämtlicher Bundestagswahlen seit dem zweiten Weltkrieg. Dabei wird auch die Parteienkonstellation während des Wahlkampfes in einen historischen Vergleich gesetzt. Neben einigen Aspekten die schon aus vorangegangen Wahlen bekannt sind, wie zum Beispiel die zunehmende Personalisierung des Wahlkampfes, zeigen wir insbesondere auf, dass sich das Parteiensystem zunehmend pluralisiert hat. Insgesamt haben kleine Parteien zwar an Stimmen verloren, es gibt aber zunehmend mehr kleine Parteien, die sich links und rechts von den beiden Volksparteien positionieren. Schließlich folgt eine kurze Beschreibung der Spitzenkandidaten

K. Marcinkiewicz (✉)
Institut für Politikwissenschaft, Universität Hamburg, Hamburg, Deutschland
E-Mail: Kamil.Marcinkiewicz@wiso.uni-hamburg.de

M. Jankowski
Institut für Sozialwissenschaften, Universität Oldenburg, Hamburg, Deutschland
E-Mail: michael.jankowski@uni-oldenburg.de

© Springer Fachmedien Wiesbaden 2015
O. Strijbis, K.-U. Schnapp (Hrsg.), *Aktivierung und Überzeugung im Bundestagswahlkampf 2013*, DOI 10.1007/978-3-658-05050-4_4

sowie der internen Verfassung der Parteien vor dem Beginn des Wahlkampfes. Auch hierbei können Ähnlichkeiten zu früheren Wahlen festgemacht werden.

4.2 Veränderung des Wahlrechts: Negatives Stimmgewicht und Überhangmandate als Probleme des früheren Wahlrechts

Zwei Veränderungen stachen bei der Reform des Bundestagswahlrechts hervor. Zum einen die Einführung der Ausgleichmandate und zum anderen die Einschränkung des so genannten negativen Stimmgewichts. Diese Änderungen sind nötig geworden, nachdem das Bundesverfassungsgericht (BVerfG) in seinem Urteil vom 3. Juli 2008 das vorherige Wahlrecht als verfassungswidrig erklärt hat. Die Begründung hierfür hängt maßgeblich mit den Überhangsmandaten und der Möglichkeit des „negativen Stimmgewichts" zusammen. Ein Überhangsmandat entsteht dann, wenn eine Partei in einem Bundesland mehr Wahlkreise gewinnt als ihr nach der Anzahl der erhaltenen Zweitstimmen in diesem Bundesland zustehen (Nohlen 2010, S. 1118). Hierbei kann es zu der Situation kommen, dass es für eine Partei vom Vorteil ist, *weniger* Zweitstimmen in dem Bundesland zu bekommen. Anders gesagt, es kann die Situation eintreten, dass mehr Zweitstimmen unter bestimmten Bedingungen zu weniger Sitzen für eine Partei im Bundestag führen. Dieser Effekt wird als *negatives Stimmgewicht* bezeichnet (Behnke 2010, S. 645) und ist problematisch, da er konträr zum Wählerwillen wirkt. Er resultiert aus dem Umverteilungsverfahren von Sitzen die einer Partei auf Bundesebene zustehen auf die jeweiligen Landeslisten. Negatives Stimmgewicht tritt etwa dann auf, wenn eine Partei in einem Bundesland so viele Direktmandate holt, wie ihr auch nach Zweitstimmen zustehen. Würden in diesem Bundesland jedoch weniger Personen die Partei mit der Zweitstimme wählen, bliebe die Anzahl der aus diesem Bundesland entsendeten Abgeordneten aufgrund der Wahlkreismandate gleich, während sich, durch die Umverteilung der Zweitstimmen unter den Ländern, der Anteil von Abgeordneten in einem anderen Bundesland erhöhen könnte (Behnke 2010, S. 645). In diesem Fall führen also letztlich weniger Zweitstimmen für eine Partei zu möglicherweise mehr Sitzen im Bundestag. Diesen Effekt galt es zu beseitigen, was durch eine Veränderung der Berechnung der Sitzverteilung weitestgehend erreicht wurde (ausführlicher zum BVerfG-Urteil, dem neuen Wahlrecht und alternativen Vorschlägen zur Reform des Wahlrechts siehe unter anderem Nohlen 2009; Behnke 2012; Behnke und Grotz 2011; Dehmel und Jesse 2013).[1] Angemerkt sei,

---

[1] Ein Rechenbeispiel für die Neuberechnung der Sitzverteilung findet sich beim Bundeswahlleiter (2013a).

dass nicht *die Möglichkeit* des negativen Stimmgewichts durch das Bundesverfassungsgericht als verfassungswidrig erklärt wurde, sondern lediglich *die Wahrscheinlichkeit* mit der das negative Stimmgewicht auftreten kann. Auch das bei der Bundestagswahl 2013 zur Anwendung gekommene Wahlrecht schließt die Möglichkeit des negativen Stimmgewichts nicht aus, es ist nur deutlich unwahrscheinlicher geworden (Dehmel und Jesse 2013, S. 206).

Eine erste Reform des Wahlrechts erfolgte zunächst durch einen Gesetzesentwurf, welcher allein mit den Stimmen von CDU/CSU und FDP beschlossen wurde. Diese Reform wurde jedoch erneut vom BVerfG als verfassungswidrig erklärt (Haug 2012; Hesse 2013). Die endgültige Reform erfolgte am 21. Februar 2013 mit den Stimmen von CDU/CSU, FDP, SPD und Grünen. Sie wurde vom BVerfG als verfassungskonform anerkannt. Neben der nun deutlich geringeren Wahrscheinlichkeit des negativen Stimmgewichts sieht das Wahlrecht außerdem die Einführung von Ausgleichsmandaten vor. Diese dienen dazu die Überhangsmandate einer Partei zu Gunsten der anderen Parteien auszugleichen. Insgesamt lässt sich das Wahlrecht als Kompromisslösung zwischen den Parteien verstehen und wird in mancher Hinsicht kritisiert (z. B. Dehmel und Jesse 2013; Decker 2013).

Einer dieser Kritikpunkte bezieht sich auf die zukünftige Größe des Bundestags aufgrund der Ausgleichsmandate (Decker 2013). Durch die Einführung von Ausgleichsmandaten konnte befürchtet werden, dass es zukünftig zu einer deutlich größeren Anzahl von Bundestagsabgeordneten kommen wird. Dass der neugewählte Bundestag mit 631 Abgeordneten kleiner ausfällt als erwartet werden konnte, ist insbesondere auf das insgesamt starke Abschneiden der CDU/CSU zurückzuführen. Hierdurch ist die Anzahl von Überhangsmandaten geringer ausgefallen als gedacht, was zu entsprechend wenigen Ausgleichsmandaten geführt hat. Ein deutlich größerer Bundestag als bisher ist bei zukünftigen Wahlen daher trotzdem denkbar, eine vergleichsweise stabile Anzahl von Bundestagssitzen über die Wahlperioden hinweg unwahrscheinlich. Das reformierte Wahlrecht gilt für manche daher noch nicht als langfristige Lösung, sondern bietet Ansatzpunkte dafür, das Wahlrecht erneut zu reformieren (Decker 2013).

4.3 Die Entwicklung der Wahlbeteiligung: Verharren auf niedrigem Niveau

Die Wahlbeteiligung stieg im Vergleich zur Bundestagswahl 2009 marginal an (siehe Abb. 4.1). 71,5 % aller Wahlberechtigten gaben ihre Stimme ab, vier Jahre zuvor waren es 70,8 %. Die Wahlbeteiligung der Bundestagswahl 2009 markierte einen historischen Tiefpunkt und lag knapp sieben Prozentpunkte unter dem zuvor niedrigsten Wert aller Zeiten. Auch die Wahlbeteiligung von 2013 liegt daher deut-

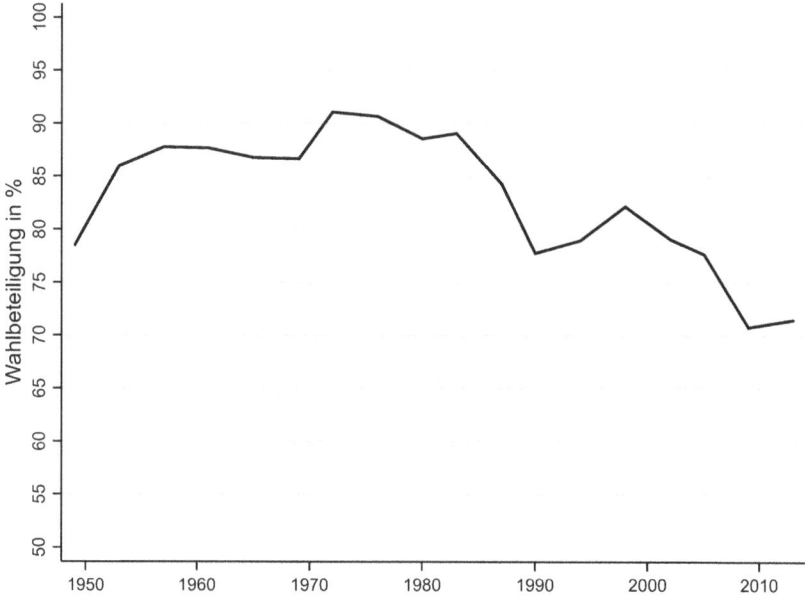

Abb. 4.1 Entwicklung der Wahlbeteiligung bei Bundestagswahlen. (Eigene Darstellung©; Quelle: Bundeswahlleiter 2013b)

lich unter den Beteiligungsniveaus der früheren Wahlen. Nicht zuletzt aufgrund der 2009 drastisch gesunkenen Wahlbeteiligung fand dieses Thema schon im Vorfeld der Wahl eine vergleichsweise hohe Beachtung. Beispielsweise rief Bundespräsident Gauck die Bürgerinnen und Bürger dazu auf von ihrem Wahlrecht Gebrauch zu machen und das Magazin „Der Spiegel" machte Nichtwähler in der Woche vor der Wahl gar zum Titelthema (Spiegel 2013).

Im Fokus der medialen Debatte über die Wahlbeteiligung steht meist die Annahme, dass eine hohe Wahlbeteiligung gleichzusetzen sei mit einer höheren Demokratiequalität. Die Politikwissenschaft war hinsichtlich dieser Einschätzung lange Zeit gespalten (siehe z. B. Roth 1992; Feist 1992; Eilfort 1994; Nève 2009). Weder wird die Einstellung vertreten, dass die sinkende Wahlbeteiligung ausschließlich Ausdruck einer Krise der Demokratie sei, noch dass die zunehmende Anzahl von Nichtwählern rein auf eine Zufriedenheitsapathie zurückzuführen sei. So verweisen manche darauf, dass die äußerst hohen Wahlbeteiligungen der 1970er Jahre zu Zeiten erreicht wurden, in denen es extreme politische Auseinandersetzungen, wie zum Beispiel den Terrorismus durch die RAF, gegeben hat. In dieser Hinsicht hat sich die politische Landschaft in der BRD deutlich beruhigt. Roth folgert entsprechend: „Nicht bei jeder Wahl steht das demokratische System zur Abstimmung" (Roth 1992, S. 66). Im Gegensatz zu dieser Einschätzung stehen jedoch Ergebnisse von Untersuchungen, die eine zunehmende Entfremdung von Politik und Bürgern feststellen (z. B. Schäfer 2009). Unter dem Begriff der „Postdemokratie" wird dieses Phänomen in all seinen Facetten zusammengefasst (Crouch 2004; Jörke 2005; Eberl und Salomon 2013). Die sinkende Wahlbeteiligung ist hierbei die Begleiterscheinung eines umfassenderen gesellschaftspolitischen Wandels. Mit Blick auf die in nahezu allen westlichen Demokratien feststellbare Entwicklung einer sinkenden Wahlbeteiligung stellt Jörke daher fest, dass „es schon einiger Sophistereien [bedarf], um dies als Ausdruck einer generellen Systemzufriedenheit zu werten" (Jörke 2005, S. 486). Das Verharren der Wahlbeteiligung nahe dem historisch niedrigsten Wert wäre daher eher als erneuter Indikator für eine tiefergehende Krise der repräsentativen Demokratie zu interpretieren und weniger als ein Zeichen einer besonderen Zufriedenheit mit dem politischen System. Dabei gilt es jedoch zu berücksichtigen, dass alternative politische Beteiligungsformen und das politische Interesse in den letzten Jahren zugenommen haben. Es bietet sich daher an, die Wahlbeteiligung nicht als Indikator für die Funktionsweise der Demokratie im Allgemeinen, sondern als Grad dafür zu sehen, wie viele Bürgerinnen und Bürger sich durch die Parteienlandschaft repräsentiert fühlen. Entsprechend ließe sich eher von einer Parteien- beziehungsweise Repräsentationskrise anstelle von einer allgemeinen Demokratiekrise sprechen.

4.4 Vergleich des Ergebnisses der Bundestagswahl 2013 mit den historischen Wahlergebnissen

„Merkel triumphiert" war zu lesen auf den Titelseiten vieler deutschen Zeitungen am Montag nach der Wahl am 22. September 2013. Die CDU/CSU erzielte mit 41,5 % aller Wählerstimmen das beste Wahlergebnis seit 1994. Angela Merkel wurde sogar am Wahlabend mit Konrad Adenauer verglichen, der für seine Partei 1957 die absolute Mehrheit sicherte (Alexander und Vitzthum 2013). Am Ende fehlten den Christdemokraten und Christsozialen im neuen Bundestag nur fünf Sitze zur absoluten Mehrheit.

Im historischen Vergleich fällt aber der Erfolg der Union viel bescheidener aus. Das Wahlergebnis aus dem Jahre 1994, als die CDU/CSU mit 41,4 % ganz ähnlich abschnitt, war das schlechteste Resultat seit vier Dekaden. Was aber 1994 noch als Zeichen der Schwäche Helmut Kohls wahrgenommen wurde, wird 2013 als starke Zustimmung für den Führungsstil Angela Merkels interpretiert.

Der Unterschied in der Wahrnehmung der Wahlergebnisse der CDU/CSU 1994 und 2013 liegt in der starken Veränderung des gesamten Parteienspektrums begründet. Zwischen 1961 und 1983 waren im Bundestag lediglich drei Fraktionen vertreten: die CDU/CSU, die SPD und die FDP. In den 1980er Jahren kamen die Grünen und mit der Wiedervereinigung 1990 die PDS dazu. Mit der Verbesserung der Ergebnisse der kleineren Parteien, sanken die Stimmenanteile beider Volksparteien.

Der Aufstieg der Linken nach der Fusionierung der PDS mit der Wahlalternative Arbeit & soziale Gerechtigkeit (WASG) hatte besonders negative Folgen für die SPD. Mit 23 % der Zweitstimmen erzielten die Sozialdemokraten 2009 ihr schlechtestes Wahlergebnis in der Nachkriegszeit. 2013 konnte sich die SPD nur wenig verbessern und erzielt mit 25,7 % das zweitschlechteste Resultat.

Insgesamt lässt sich bei der Entwicklung des Parteiensystems davon sprechen, dass es zunehmend pluralisiert wird. Oskar Niedermayer (2010) stellt schon in Zusammenhang mit der Bundestagswahl 2009 fest, dass das Parteiensystem der BRD einen Wandel von einem System der „Zweiparteiendominanz zum Pluralismus" vollzogen hat. Das Parteiensystem hat im Laufe der Jahre an Pluralität gewonnen und wird nicht mehr durch einige wenige Parteien dominiert. Definitorisch ist das Parteiensystem bei dieser Wahl zwar wieder zu einem System der Zweiparteiendominanz zurückgekehrt, dieses liegt jedoch maßgeblich an dem knappen Scheitern der FDP und der eurokritischen Partei Alternative für Deutschland (AfD).[2] Hätten diese beiden Parteien den Einzug ins Parlament ebenfalls geschafft, wären erstmals seit 1953 wieder sechs beziehungsweise sieben Parteien, wenn CDU und CSU getrennt betrachtet werden, im Parlament vertreten. Tabelle 4.1 verdeutlicht diese Entwicklung. Der Sitzanteil der beiden großen Parteien CDU/CSU und SPD ging in den 1970er Jahren zunehmend zurück und der Sitzanteil kleinerer Parteien im Bundestag hat zugenommen.

Entgegen des Trends der vorausgehenden Bundestagswahlen ging der Stimmenanteil der kleineren Parteien, die im Parlament vor den Wahlen vertreten waren, zurück (Tab. 4.2). Am stärksten war davon die FDP betroffen, die zum ersten Mal in der Geschichte der BRD es nicht geschafft hat, die Fünf-Prozent-Sperrklausel zu überqueren. Nach dem historisch besten Ergebnis mit 14,6 % im Jahre 2009, kam für die Liberalen 2013 mit 4,8 % die bitterste Niederlage seit Gründung der

---

[2] Zweiparteiendominanz ist wie folgt definiert: Die beiden größten Parteien haben zusammen mehr als 66 % aller Parlamentssitze und jede einzelne von ihnen mindestens mehr als 25 % der Sitze. Weiterhin darf die drittgrößte Partei im Parlament nur maximal die Hälfte der Sitze der zweitgrößten Partei haben (Niedermayer 2010, S. 3). Dieses war 2009 nicht der Fall. Hier hatten CDU/CSU und SPD nur 61,9 % aller Sitze im Bundestag. Auch hatte die FDP als drittstärkste Partei mit 15 % aller Parlamentssitze über die Hälfte an Parlamentssitzen der SPD, die 23,5 % aller Parlamentssitze stellte. 2013 stellen CDU/CSU und SPD mit zusammen 79,9 % mehr als zwei Drittel aller Parlamentssitze und auch Die Linke hat nur ein Drittel aller Parlamentssitze im Verhältnis zur SPD.

4 Die Bundestagswahl 2013 im historischen Vergleich

Tab. 4.1 Sitzverteilung im Bundestag 1949–2013. (Quelle: Bundeswahlleiter 2013b)

Wahl	Sitze gesamt	CDU/CSU	SPD	FDP	GRÜNE	Die Linke	Sonstige	Summe CDU/CSU/SPD
1949	402	139	131	52	–	–	80	270
		34,58%	32,59%	12,94%	–	–	19,90%	67,16%
1953	487	243	151	48	–	–	45	394
		49,90%	31,01%	9,86%	–	–	9,24%	80,90%
1957	497	270	169	41	–	–	17	439
		54,33%	34,00%	8,25%	–	–	3,42%	88,33%
1961	499	242	190	67	–	–	–	432
		48,50%	38,08%	13,43%	–	–	–	86,57%
1965	496	245	202	49	–	–	–	447
		49,40%	40,73%	9,88%	–	–	–	90,12%
1969	496	242	224	30	–	–	–	466
		48,79%	45,16%	6,05%	–	–	–	93,95%
1972	496	225	230	41	–	–	–	455
		45,36%	46,37%	8,27%	–	–	–	91,73%
1976	496	243	214	39	–	–	–	457
		48,99%	43,15%	7,86%	–	–	–	92,14%
1980	497	226	218	53	–	–	–	444
		45,47%	43,86%	10,66%	–	–	–	89,34%
1983	498	244	193	34	27	–	–	437
		49,00%	38,76%	6,83%	5,42%	–	–	87,75%
1987	497	223	186	46	42	–	–	409
		44,87%	37,42%	9,26%	8,45%	–	–	82,29%
1990	662	319	239	79	8	17	–	558
		48,19%	36,10%	11,93%	1,21%	2,57%	–	84,29%
1994	672	294	252	47	49	30	–	546
		43,75%	37,50%	6,99%	7,29%	4,46%	–	81,25%
1998	669	245	298	43	47	36	–	543
		36,62%	44,54%	6,43%	7,03%	5,38%	–	81,17%
2002	603	248	251	47	55	2	–	499
		41,13%	41,63%	7,79%	9,12%	0,33%	–	82,75%
2005	614	226	222	61	51	54	–	448
		36,81%	36,16%	9,93%	8,31%	8,79%	–	72,96%
2009	622	239	146	93	68	76	–	385
		38,42%	23,47%	14,95%	10,93%	12,22%	–	61,90%
2013	631	311	193	-	63	64	–	504
		49,29%	30,59%	-	9,98%	10,14%	–	79,87%

Die Prozentwerte geben den Anteil an Sitzen einer Partei an allen Sitzen an. Für nähere Angaben zu den sonstigen Parteien siehe auch Tab. 2

Tab. 4.2 Ergebnisse bei Bundestagswahlen seit 1949. (Quelle: Bundeswahlleiter 2013a)

Jahr	CDU/CSU (%)	SPD (%)	FDP (%)	Grüne (%)	Linke/PDS (%)	AfD (%)	Piraten (%)	Sonstige (%)
1949[a]	31,0	29,2	11,9	–	–	–	–	27,9[b]
1953	45,2	28,8	9,5	–	–	–	–	16,5[c]
1957	50,2	31,8	7,7	–	–	–	–	10,3[d]
1961	45,3	36,2	12,8	–	–	–	–	5,7
1965	47,6	39,3	9,5	–	–	–	–	3,6
1969	46,1	42,7	5,8	–	–	–	–	5,4
1972	44,9	45,8	8,4	–	–	–	–	0,9
1976	48,6	42,6	7,9	–	–	–	–	0,9
1980	44,5	42,9	10,6	1,5	–	–	–	0,5
1983	48,8	38,2	7,0	5,6	–	–	–	0,4
1987	44,3	37,0	9,1	8,3	–	–	–	1,3
1990	43,8	33,5	11,0	5,0[e]	2,4[f]	–	–	4,2
1994	41,4	36,4	6,9	7,3	4,4[f, g]	–	–	3,6
1998	35,1	40,9	6,2	6,7	5,1	–	–	6,0
2002	38,5	38,5	7,4	8,6	4,0[g]	–	–	3,0
2005	35,2	34,2	9,8	8,1	8,7	–	–	4,0
2009	33,8	23,0	14,6	10,7	11,9	–	2,0	4,0
2013	41,5	25,7	4,8	8,4	8,6	4,7	2,2	4,1

[a] Noch ohne 5%-Sperrklausel
[b] Hiervon im Bundestag vertretene Parteien: KPD mit 5,7%, BP mit 4,2%, DP mit 4,0%, Zentrum mit 3,1%, WAV mit 2,9%, DKP/DRP mit 1,8%, SSW mit 0,3% und drei parteilose Kandidaten
[c] Hiervon im Bundestag vertretene Parteien: GB/BHE mit 5,9%, DP mit 3,3% und Zentrum mit 0,8%; DP und Zentrum aufgrund von Wahlkreiskandidaten nicht an der Sperrklausel gescheitert
[d] Hiervon im Bundestag vertreten: DP mit 3,4%, Einzug aufgrund von ausreichend gewonnenen Wahlkreismandaten
[e] Einzug in den Bundestag aufgrund Überschreitung der 5%-Hürde in Ostdeutschland
[f] Einzug im Bundestag aufgrund von ausreichend gewonnenen Wahlkreismandaten
[g] Einzug in den Bundestag aufgrund von Grundmandatsklausel, aber kein Fraktionsstatus

Bundesrepublik. Anders als die PDS 1994 und 2002 konnte die FDP auch nicht aufgrund ausreichend gewonnener Direktmandate in den Bundestag einziehen und verschwand aus dem Bundestag vollständig. Auch Die Linke und die Grünen mussten leichte Verluste hinnehmen und erreichten schließlich 8,6 beziehungsweise 8,4%. Wenngleich das Ergebnis der Grünen und auch das von Die Linke im Vergleich zum früheren Abschneiden bei Bundestagswahlen als relativ gut einzuschätzen ist, wurde insbesondere das Ergebnis der Grünen als Niederlage verstanden. Der Grund hierfür liegt in den zwischenzeitlich extrem hohen Umfrageergebnissen, welche die Grünen bei an die zwanzig Prozent gesehen haben (siehe unten).

Knapp unter der Fünf-Prozent-Klausel blieb die eurokritische Neugründung „Alternative für Deutschland" (AfD) mit 4,7 % der Zweitstimmen. Somit blieb eine Partei die, im Wettbewerb mit der Union, um die Stimmen der konservativen Wähler stehen könnte, erstmals ohne Bundestagsvertretung. Die Piratenpartei, die seit der Bundestagswahl 2009 den Einzug in einige Landtage für sich sichern konnte, befand sich am Ende mit 2,2 % weit unter der Fünf-Prozent-Klausel.

Wegen des Nichteinzugs der FDP und des starken Abschneidens der AfD stieg der Anteil der Stimmen, die für Parteien abgegeben wurden, die am Ende nicht an der Mandatsverteilung teilnahmen, zwischen 2009 und 2013 von 6 % auf 15,8 %. Auch dieser Wert ist ein historisches Maximum. Zum Vergleich: In den 1970er Jahren lag der Stimmenanteil der nicht im Parlament vertretenen Parteien bei weniger als einem Prozent.

4.5 Die Parteienkonstellation während des Wahlkampfs im historischen Vergleich

Zu den größten Überraschungen der Bundestagswahl 2013 gehört das Ausscheiden der FDP aus dem Bundestag. Aus diesem Grund wenden wir uns zuerst dieser Partei und ihrem Regierungsbündnis mit der CDU/CSU zu. Dann beschäftigen wir uns mit den Positionen der Christdemokraten und der Christsozialen. Im nächsten Schritt schenken wir die Aufmerksamkeit der Oppositionsparteien von 2009 zuerst den Grünen, für die der Zeitraum zwischen den Bundestagswahlen 2009 und 2013 besonders interessant war, dann den Sozialdemokraten und der Partei Die Linke. Schließlich beschäftigen wir uns mit zwei Parteien, die am meisten das Interesse der Öffentlichkeit vor der Wahl 2013 erregten, den Piraten und der AfD.

4.5.1 Die FDP

Nach dem Rekordergebnis der FDP bei der Bundestagswahl 2009 bildeten die Christdemokraten eine gemeinsame Regierung mit den Liberalen. An der Spitze des Kabinetts stand wieder die Vorsitzende der CDU, Angela Merkel. Nach vier Jahren der großen Koalition (2005–2009) konnte sich die Kanzlerin auf eine bürgerliche Mehrheit im Parlament stützen. Die Beliebtheit der FDP ging aber kurz nach der Entstehung der neuen Regierung dramatisch zurück. Binnen eines Jahres schrumpften die Liberalen in den Umfragen von 14 auf 5,5 % (siehe Abb. 4.2). Als Ursache dieses Absturzes werden in erster Linie die Nichterfüllung der ambitionierten Wahlversprechen (Steuerreduzierung) und

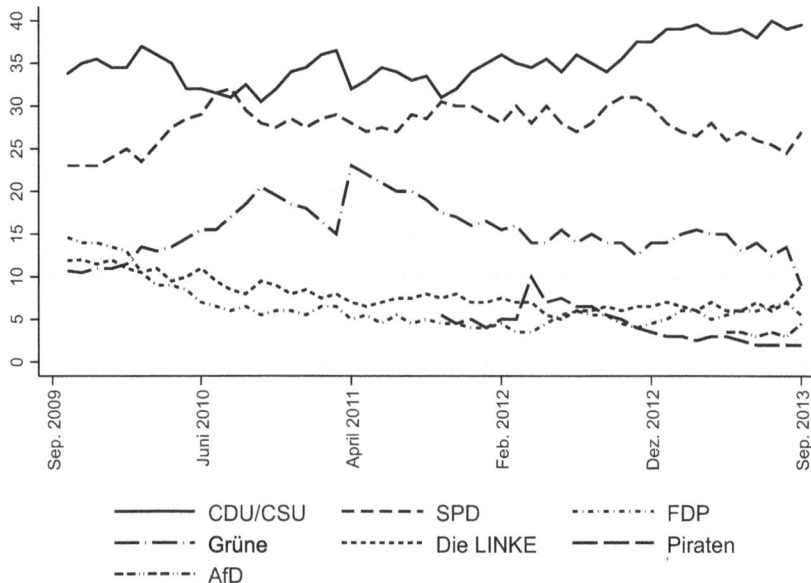

Abb. 4.2 Entwicklung der Umfragewerte seit der Bundestagswahl 2009. Anmerkung: Für September 2013 liegen mehrere Werte vor, hier wird nur der letzte Wert vor der Bundestagswahl angezeigt. (Eigene Darstellung©; Quelle: Allensbach 2013)

die Anpassung der Politik an partikulare Bedürfnisse großer Spender gesehen (Gathmann und Medick 2010). Ab Juni 2011 befand sich dann die FDP in den Meinungsumfragen teilweise unter der Fünf-Prozent-Klausel (Allensbach 2013). Die Talfahrt der Liberalen führte schließlich zum Scheitern an der Fünf-Prozent Klausel bei der Bundestagswahl. Die FDP verzeichnete in ihrer Geschichte schon mal schwächere Wahlergebnisse, die Partei war allerdings im Bundestag vertreten. Vor der Wahl 2013 lag das schwächste Abschneiden der FDP bei der Bundestagswahl 1969, in der die Partei lediglich 5,8 % der Wähler für sich überzeugen konnte. In jener Wahl, die das Ende der ersten großen Koalition brachte, verzeichneten die „Sonstigen", darunter insbesondere die NPD, ein besonders gutes Ergebnis. Die Liberalen erlebten zugleich eine politische Neuausrichtung. Personell wurde dieser Wechsel deutlich anhand einer jüngeren Generation von Politikern wie Rainer Scheel und Hans-Dietrich Genscher, die dem sozialliberalen Bündnis den Weg ebneten. Die neue programmatische Ausrichtung spiegelte sich zudem in den 1971 verabschiedeten Freiburger Thesen wider (Vorländer 2007, S. 284–285).

Das Muster, das zwischen 2009 und 2013 beobachtet wird, bei dem einem guten Ergebnis der Liberalen ein besonders schwaches Ergebnis folgt, taucht noch mindestens zweimal, wenngleich in deutlich schwächerer Form, in der Geschichte der Bundestagwahlen auf. Zwischen 1980 und 1983 stürzten die Liberalen von 10,6 auf 7,0%, was als eine Folge des Verlassens der sozialliberalen Koalition durch die Liberalen und der Beendigung der Koalition mit der CDU/CSU unter Bundeskanzler Kohl interpretiert werden kann. Eine ähnliche Entwicklung war bei den Wahlen 1990 und 1994 zu beobachten. Die große Beliebtheit von Hans-Dietrich Genscher, die er im Zuge der Wiedervereinigungsverhandlungen erzielte, ließ den Zweitstimmenanteil der Liberalen 1990 auf elf Prozent klettern (Vorländer 2007, S. 279). In der darauffolgenden Wahl 1994 erreichte die FDP dann nur noch 6,9%. Sie war zuvor schon aus einigen Landtagen rausgewählt worden und erreichte 1994 ihren Einzug in den Bundestag maßgeblich aufgrund „bürgerliche[n] Leih- und Mitleidsstimmen" (von Alemann 2003, S. 72). Die Situation bei der Bundestagswahl 1994 war somit recht ähnlich zu der von 2013.

Bemerkenswert ist allerdings das viel größere Ausmaß der Schwankung, die zwischen 2009 und 2013 beobachtet werden konnte. Dies kann unter anderem auf die Individualisierung des Wahlverhaltens zurückgeführt werden, die schon seit Anfang der 1980er Jahre diskutiert wird (Beck 1983) und von der die Liberalen besonders betroffen sind. Pappi und Brandenburg (2010) stellen fest, dass Gruppen, die über keine starken zentralen Organisationen verfügen, besonders schwer an bestimmte Parteien gebunden werden können. Als solche Gruppe können die Selbstständigen gelten, die traditionell mit der liberalen Weltanschauung identifiziert werden und zugleich dezentraler als zum Beispiel Katholiken beziehungsweise Gewerkschaftler organisiert sind.

4.5.2 Die CDU/CSU

Die Umfragewerte des größeren Koalitionspartners, der CDU/CSU, schwankten mehrmals im Zeitraum zwischen der Wahl 2009 und der Wahl 2013. Nach der anfänglichen Schwächung zwischen Mai und November 2010 konnte sich die CDU/CSU wieder erholen. Die Umfragewerte der Union überschritten im Vorfeld der Landtagswahl in Baden-Württemberg das Bundestagswahlergebnis von 2009.

Einen Einschnitt stellte jedoch die Katastrophe von Fukushima am 11. März 2011 dar. Die kurz zuvor beschlossene Verlängerung der Laufzeit deutscher Atomkraftwerke stellte die Regierung in eine besonders ungünstige Position. Die Umfragewerte der CDU/CSU gingen zwischen Mitte März und Mitte April von um die 37% auf nur noch etwa 32% zurück. Die verlorene Landtagswahl in

Baden-Württemberg trug zusätzlich zur Verschlechterung der Stimmung bei den Christdemokraten und Christsozialen bei. Eine Niederlage des bürgerlichen Lagers in einem Bundesland, das seit 1953 von CDU-Ministerpräsidenten regiert wurde und somit als Hochburg der Christdemokraten galt, stellt einen besonderen Einschnitt in der Geschichte von Landtagswahlen in der BRD dar.

Nach der Landtagswahl in Baden-Württemberg verzeichneten die Christdemokraten eine weitere Niederlage in Nordrhein-Westfalen und konnten außerdem, obwohl sie die stärkste Partei geworden sind, keine Regierungen in Niedersachsen und in Schleswig-Holstein stellen. Sie legten aber leicht bei der Landtagswahl in Berlin zu und wurden Teil des neuen Berliner Senats unter dem bisherigen Oberbürgermeister Klaus Wowereit (SPD). Bei der Niedersachsenwahl kam es weiterhin zu einer Besonderheit im Wahlverhalten, welche auch in Hinblick auf die Bundestagswahl diskutiert wurde. Die Möglichkeit, dass die FDP nicht in den Landtag einziehen könnte, führte zu einer Wählerwanderung von CDU-Wählern zur FDP. Laut Umfragewerten hat die CDU dadurch in Niedersachsen mehr als 100.000 Stimmen an die FDP verloren (Spiegel Online 2013). Diese Erfahrung wurde später während des Bundestagswahlkampfes thematisiert, als es um die Frage ging, ob die CDU/CSU eine Zweitstimmenkampagne zu Gunsten der FDP machen würde, welche in Umfragen unter fünf Prozent gefallen war. Die CDU sprach sich aber dieses Mal entschieden gegen eine solche Kampagne aus.

Trotz dieser Rückschläge für die CDU auf der Landesebene konnten die Schwesterparteien für sich ein gutes Wahlergebnis bei der Bundestagswahl sichern. Dies kann in erster Linie auf die Beliebtheit der Kanzlerin Angela Merkel zurückgeführt werden (siehe Kapitel 7 in diesem Band). Ähnlich wie manche ihrer Vorgänger, insbesondere Konrad Adenauer und Helmut Kohl, profitierte sie auch von den außenpolitischen Umständen, in welche die Bundestagswahl fiel. Dank ihres auf Konsens ausgerichteten Regierungsstils und ihrer Persönlichkeitsmerkmale wurde sie in der Öffentlichkeit als vereinigende Figur wahrgenommen, welche die Stabilität in Krisenzeiten garantiert.

4.5.3 Bündnis'90/Die Grünen

Während die Katastrophe in Tschernobyl den Wahlkampf 1987 prägte, schien es noch 2011, dass die Katastrophe in Fukushima die politische Landschaft Deutschlands umwälzen würde. Die Umfragewerte der Grünen, die schon im Oktober 2010 die 20 Prozentmarke überschritten, erreichten mit 23 % einen neuen Höhepunkt. Die gleichzeitig beobachteten Verluste der CDU/CSU suggerieren eine Wählerwanderung von den Christdemokraten zu den Grünen. Die Stärke der Grünen und eine seit einigen Jahren andauernde Schwächung der Sozialdemokraten führten zum Tausch der Rollen vom „Kellner und Koch", wie es einst Gerhard Schröder bezeichnete, zwischen den Parteien in Baden-Württemberg. Die Wahl des Vertreters des Realo-Flügels, Winfried Kretschmann, zum Ministerpräsidenten von Baden-Württemberg markierte einen weiteren Meilenstein in der Geschichte der Grünen. Anders als bei der Schließung der ersten rot-grünen Koalition auf der Landesebene in Hessen in 1985, und allen darauffolgenden rot-grünen Koalitionen auf Landes- beziehungsweise Bundesebene, musste aber diesmal die SPD die Rolle des kleineren Partners übernehmen. Die Erfolge der Grünen führten zu Spekulationen über ihren Aufstieg zu einer Volkspartei, die bei der nächsten Wahl den Kanzler stellen könnte. Langfristig konnten die Grünen allerdings ihre guten Umfragewerte nicht halten und fielen im September 2011 wieder unter 20 %.

Das neu gewonnene Selbstbewusstsein der Grünen spiegelte sich unter anderem in der Betonung der linken Elemente im Parteiprogramm wider. Dazu gehörten unter anderem die Ankündigung der Steuererhöhung und ein klares Bekenntnis zum rot-grünen Bündnis. Beide Aspekte können jedoch auch potentielle konservative Wähler, die den Grünen nahestehen, abgeschreckt haben. Schließlich schnitten die Grünen mit 8,4 % nicht nur deutlich unter den Erwartungen, sondern sogar auch unter dem Wahlergebnis von 2009 ab. Angesichts des in den Umfragen zwischen 2009 und 2013 zum Ausdruck kommenden Wählerpotenzials der Grünen war dieses drittbeste Ergebnis der Partei auf der Bundesebene somit eher enttäuschend.

4.5.4 Die SPD

Angesichts der Abschwächung der Umfragewerte der Grünen ab Oktober 2011, konnte die SPD sich wieder auf die Rolle des „Kochs" in der möglichen künftigen Koalition vorbereiten. Die Sozialdemokraten lagen allerdings in der gesamten Periode zwischen der Bundestagswahlen 2009 und 2013 in den Umfragen deutlich hinter der Union und konnten sich letztlich kaum von dem historisch schlechtesten Ergebnis bei der Bundestagswahl 2009 erholen. Die potentiellen Ursachen für diese schwachen Ergebnisse sind einerseits in einer strukturellen Schwäche der SPD zu finden. Insbesondere die Reformen der Agenda 2010 führten zu einem Verlust traditioneller SPD-Wählerschichten, die nun zu Die Linke oder ins Lager der Nichtwähler gewandert sind. Andererseits fehlte es der SPD auch bei dieser Wahl durch eine Festlegung auf ein rot-grünes Bündnis an einer glaubhaften Chance, die Regierung und den Kanzler stellen zu können (siehe Kapitel 10 in diesem Band). Schließlich war im Falle von der SPD seit der Abwahl der Regierung Schröder eine

Führungsschwäche zu beobachten. Es fehlte den Sozialdemokraten an einer starken Figur, welche die Partei integrieren und der Kanzlerin entgegengesetzt werden könnte. Nach 2009 wurde die Rolle der SPD auf die einer kleineren Volkspartei reduziert, die sie schon in den 1950er Jahren spielte.

Der wichtigste Prozess in der Nachkriegsgeschichte der SPD war ihre ideologische Verschiebung weg von sozialistischen Positionen, die durch das Godesberger Programm 1959 symbolisiert wird. Dieses Programm verpasste „der Partei ein modernes, für Angestellte und Freiberufler weit offenes Image als linke Volkspartei" (von Alemann 2003, S. 60). Dadurch ist die Sozialdemokratie zur attraktiven Wahloption für die Mittelschicht und andere Gruppen der Nichtarbeiter geworden. Die Öffnung der SPD und die Attraktivität ihrer Positionen machte die sozial-liberale Koalition unter Brandt und Schmidt möglich. Nach vielen Jahren an der Regierung verlor die SPD aber Ende der 1970er Jahre die neuen Herausforderungen im ökologischen Bereich aus dem Auge, die immer mehr Bundesbürger beschäftigten. Diese Entwicklungen wurden damals von den Grünen genutzt, die es geschafft haben, einen Teil der SPD-Wähler für sich zu gewinnen und sich im Parteiensystem zu etablieren. Wie aber Oskar Lafontaine in der saarländischen Landtagwahl 1985 zeigte, konnte die SPD Erfolge feiern und sich gegen die Grünen behaupten, wenn sie es schaffte, im Wahlkampf glaubwürdig die „grünen" Themen zu besetzen (Olzog und Liese 1996, S. 159).

In der Ära Schröder ist es zur weiteren Entideologisierung der Partei gekommen. Die Lücke, die auf diese Weise am linken Rande des politischen Spektrums entstanden ist, besetzte die WASG, die später mit der PDS fusionierte. Oskar Lafontaine trat an die Spitze der neuen Bewegung. Seine alte Partei hat es zugleich nicht geschafft, einen neuen Politiker zu finden, der dieses Mal das Thema soziale Gerechtigkeit glaubwürdig besetzen konnte.

Die Grünen sind, auf der anderen Seite, nach der Gründung der ersten rot-grünen Koalition auf der Bundesebene zum Wunschpartner der Sozialdemokraten bei der Regierungsbildung geworden. Dies drückte sich unter anderem in der Unterstützung der Spitzenpolitiker beider Parteien füreinander im Wahlkampf aus. Beispielsweise hielten die Vorsitzenden von SPD und Grünen auf den Parteitagen der jeweils anderen Partei ein Grußwort.

4.5.5 Die Linke

Paradoxerweise erlebte Die Linke, die als ein Grund der Schwäche der SPD gesehen wird, selbst eine Periode der organisatorischen Schwäche. Im gesamten Zeitraum zwischen der Bundestagswahl 2009 und der Bundestagwahl 2013 lag Die Linke in den Umfragen deutlich hinter den Grünen. Wegen des Nichtantritts von

4 Die Bundestagswahl 2013 im historischen Vergleich

Oskar Lafontaine bei der Bundestagwahl 2013, fehlte es der Partei an einer starken Persönlichkeit, welche die westdeutschen Wähler besonders gut ansprechen könnte. Mit Ausnahme von Saarland und städtischen Wahlkreisen sind die Ergebnisse von Die Linke in den alten Bundesländern sehr schwach ausgefallen. Das Bundestagswahlergebnis spiegelte die Tendenz wider, die auch in den Landtagswahlen beobachtet werden konnte. Bis auf Hessen, Saarland und die zwei Stadtstaaten (Hamburg und Bremen) hatte Die Linke zum Zeitpunkt der Bundestagswahl keine Vertretung in den westdeutschen Landesparlamenten. Auch in den neuen Bundesländern verzeichnete sie Verluste. Nichtsdestotrotz konnten die Politiker von Die Linke am Wahlabend strahlen. Die Linke war, wenngleich nur um 0,2 Prozentpunkte, stärker als die Grünen, was der Partei im Falle der Entstehung der großen Koalition die Rolle der größten Oppositionspartei sichern würde.

Der Nichteinzug der FDP in den Bundestag führte zur Entstehung einer strukturellen linken Mehrheit im Bundestag. Dies führte zu Spekulationen über ein mögliches rot-rot-grünes Bündnis. Das Beispiel der Zusammenarbeit zwischen der SPD und den Grünen, die zuerst auf der Landesebene anfing, zeigt, dass solche Szenarien nicht ausgeschlossen werden können. Dazu wäre allerdings auch die Neuorientierung von Die Linke notwendig, wie es im Falle der Grünen auf der Bundesversammlung in Neumünster 1991 erfolgte (Probst 2007, S. 175). Ähnlich wie Ende der 1980er Jahre zwischen der SPD und den Grünen ist die Außen- und Sicherheitspolitik ein Bereich, in dem die Meinungen der Sozialdemokraten und Die Linke am meisten voneinander abweichen. Auch die Reformer in der Linkspartei halten Außenpolitik für den „Hebel in der Annäherung oder Entfernung der drei Parteien" (Küpper 2013).

4.5.6 Die AfD und die Piratenpartei

Die Piraten standen im Mittelpunkt der öffentlichen Aufmerksamkeit seitdem sie auf 2 % der Zweitstimmen bei der Bundestagswahl 2009 kamen und insbesondere aufgrund ihrer Erfolge in den darauffolgenden Landtagswahlen. Diese heizten die Debatte über die Piraten an und inspirierten eine Reihe von wissenschaftlichen Publikationen (z. B. Onken und Schneider 2012). Im September 2011 zogen sie mit 8,9 % in das Berliner Abgeordnetenhaus ein. Im darauffolgenden Jahr gelang ihnen außerdem der Einzug in die Landesparlamente von Schleswig-Holstein und Nordrhein-Westphalen. Als eine Partei, die sich insbesondere mit der Netzpolitik beschäftigt, schien sie für sich eine neue Nische zu finden, die von den etablierten Gruppierungen vernachlässigt wurde. Im April 2012 stiegen die bundesweiten Umfragewerte der Piraten auf über 10 % und blieben bis Oktober desselben Jahres über der 5-Prozent-Klausel. Die Probleme der Piraten mit dem Aufbau der Parteistrukturen und Kritik an ihre unerfahrenen Abgeordneten führten jedoch schließlich zum Absturz der Umfragewerte. Wegen des Vertrauens- und wahrgenommenen Kompetenzverlustes konnte die Partei auch kein Kapital aus der von Edward Snowden ausgelösten NSA-Affäre schlagen.

Im Gegensatz zu den Piraten verfehlte die AfD nur knapp den Einzug in den Bundestag. Die AfD wurde im Februar 2013, ein halbes Jahr vor der Bundestagswahl, gegründet. Prominentester Politiker der Partei ist der Hamburger Ökonom und Universitätsprofessor Bernd Lucke, der sich im Zuge der Diskussion über die Eurokrise mehrmals zu Wort meldete. Wegen ihres Ursprungs wurde die AfD zuerst als Ein-Themen-Partei (single issue party) betrachtet, die durch wirtschaftsliberale Akademiker dominiert wird. Die Partei blieb zuerst in den Umfragen unter der Fünf-Prozent-Hürde. In den letzten Wochen vor der Wahl konnte sie aber ihren Wahlkampf intensivieren und neue Themen, wie zum Beispiel die Integrationspolitik, Energiepolitik und Bildungspolitik ansprechen. Im Mittelpunkt ihrer Aufmerksamkeit blieben aber die Eurokrise und die Finanzpolitik.

Das gute Ergebnis der AfD bei der Bundestagswahl 2013 ist bedrohlich sowohl für die Position der CDU/CSU als auch der FDP. Wegen der wirtschaftsliberalen Ausrichtung hofft die Partei auf Zulauf von enttäuschten FDP-Mitgliedern (Die Welt 2013). Die AfD versteht sich selbst zugleich als Fortsetzung der nationalliberalen Tradition in der deutschen Politik. Aus der Sicht des stellvertretenden Vorsitzenden der Partei, Alexander Gauland, manifestiert sich in der AfD „lange verschüttetes nationalliberales Lebensgefühl, das weder rechts noch links ist, sondern zutiefst menschlich, konservativ nicht im politischen Sinne, sondern im lebensweltlichen" (Gauland 2013). Die ideologische Ausrichtung und Erfolge der AfD weisen darauf hin, dass diese Partei in Zukunft eine ähnliche Rolle auf der rechten Seite des politischen Spektrums, wie Die Linke links von der Mitte, spielen könnte. Dies könnte potentiell nicht nur die Überlebenschancen der FDP weiter minimieren, sondern auch die unter Merkel wieder gewonnene Stärke der Union untergraben. Die Wahrscheinlichkeit solcher Szenarios hängt in erster Linie von der Weiterentwicklung der Eurokrise ab und ob es der AfD gelingt, auch in anderen Politikbereichen ein eigenständiges Profil zu entwickeln.

4.6 Die Spitzenkandidaten der wichtigsten Parteien

Debus (2012) unterscheidet zwischen der Fokussierung in deutschen Wahlkämpfen auf Kanzlerkandidaten, Sachfragen und Ideologie. Er klassifiziert auch entsprechend die westdeutschen Wahlkämpfe zwischen 1976 und 2009. Während 1976 und 1980 Ideologie und Kandidaten eine wichtige Rolle gespielt haben, beobachtet er 1983, 1987, 1990, 2005 und 2009 Fokussierung auf Themen. Die Kandidaten standen wiederum im Vordergrund der Wahlkämpfe 1998 und 2002.[3]

Der Wahlkampf 2013 verlief, ähnlich wie der Wahlkampf 2009, im Schatten der Weltwirtschaftskrise. Es waren aber nicht die inhaltlichen oder ideologischen Unterschiede zwischen den Parteien, die im Wahlkampf am meisten zum Ausdruck kamen. Der Wahlkampf fokussierte sich stärker auf Spitzenkandidaten beider Volksparteien, oder, genauer gesagt, auf Angela Merkel. Dies spiegelte sich auch in den vorher erwähnten Zeitungskommentaren nach der Wahl wider. Die Kanzlerin und die Persönlichkeitsunterschiede zwischen ihr und ihrem Herausforderer aus der SPD, Peer Steinbrück, haben entscheidend die öffentliche Debatte im Vorfeld der Wahl geprägt.

4.6.1 Spitzenkandidaten der Volksparteien: Angela Merkel und Peer Steinbrück

Angela Merkel trat im Wahlkampf 2013 als erfahrene Regierungschefin auf. Sie stand nicht nur seit 2005 an der Spitze der Bundesregierung (siehe Tab. 4.3), sondern konnte auch auf ihre Erfahrung aus der Eurokrise zurückgreifen, in welcher sie sich als „starke Frau Europas" profilierte. Trotz der Unzufriedenheit mit der Schwarz-Gelben-Koalition in der Bevölkerung und einer Reihe von Ministerrücktritten während der Legislaturperiode, erfreute sich Angela Merkel großer Beliebtheit bei der Wählerschaft. Nicht nur die Mehrheit der CDU- und der FDP-Anhänger, sondern auch 45 % der Sympathisanten der Grünen bejahten im August 2013 die Frage, ob Merkel eine Kanzlerin bleiben solle (Handelsblatt 2013). Entsprechend war auch der Wahlkampf der CDU/CSU im hohen Maße auf Angela Merkel zugeschnitten. Die CDU warb fast ausschließlich mit Angela Merkel und verzichtete weitestgehend auf eine klare Politisierung bestimmter Themen im Wahlkampf. Diese Strategie der Union erinnerte an die Erfahrungen der 1950er Jahren, als Wahlkämpfe der Christdemokraten und Christsozialen stets stark auf die Person des Kanzlers orientiert waren. Angela Merkel hat 2013 eine ähnliche, integrierende Rolle wie Konrad Adenauer in den 1950er Jahren gespielt. Während Adenauer in den schwierigsten Zeiten des Kalten Krieges seine größten Triumphe feiern konnte, konnte Angela Merkel angesichts der Eurokrise ihre Mitbürger mit den guten wirtschaftlichen Daten Deutschlands überzeugen.

---

[3] Der Wahlkampf 1994 wird in der Analyse von Debus aus technischen Gründen (das Fehlen einer der zentralen Variablen für seine Untersuchung) nicht berücksichtigt (Debus 2012, S. 47 Fn. 2).

Tab. 4.3 Kanzlerkandidaten der CDU/CSU und der SPD seit 1949

Jahr	CDU/CSU	SPD	Bundeskanzler nach der Wahl
1949	K. Adenauer	K. Schumacher	K. Adenauer
1953	K. Adenauer	E. Ollenhauer	K. Adenauer
1957	K. Adenauer	E. Ollenhauer	K. Adenauer
1961	K. Adenauer	W. Brandt	K. Adenauer[a]
1965	L. Erhard	W. Brandt	L. Erhard[b]
1969	K. G. Kiesinger	W. Brandt	W. Brandt
1972	R. Barzel	W. Brandt	W. Brandt[c]
1976	H. Kohl	H. Schmidt	H. Schmidt
1980	F.-J. Strauß	H. Schmidt	H. Schmidt[d]
1983	H. Kohl	H.-J. Vogel	H. Kohl
1987	H. Kohl	J. Rau	H. Kohl
1990	H. Kohl	O. Lafontaine	H. Kohl
1994	H. Kohl	R. Scharping	H. Kohl
1998	H. Kohl	G. Schröder	G. Schröder
2002	E. Stoiber	G. Schröder	G. Schröder
2005	A. Merkel	G. Schröder	A. Merkel
2009	A. Merkel	F.-W. Steinmeier	A. Merkel
2013	A. Merkel	P. Steinbrück	A. Merkel

[a] Adenauer wurde 1963 durch Erhard ersetzt
[b] Erhard wurde 1966 durch Kiesinger ersetzt
[c] Brandt wurde 1974 durch Schmidt ersetzt
[d] Schmidt wurde 1982 durch das konstruktive Misstrauensvotum abgewählt und durch Helmut Kohl ersetzt

Am 28. September 2012 wurde bekannt, dass Peer Steinbrück Spitzenkandidat der SPD werden soll. Dies war überraschend, da eine Nominierung für den Spitzenkandidaten eigentlich erst für das Frühjahr 2013 angedacht war. Peer Steinbrück war bereits zu Zeiten der Großen Koalition 2005–2009 und somit auch zu Beginn der Weltwirtschaftskrise Finanzminister unter Merkel gewesen. Insgesamt galt Steinbrück als Experte hinsichtlich der Eurokrise, jedoch auch als Verfechter der Agenda 2010 und wird daher dem konservativen Flügel der SPD zugerechnet. Von zwei großen Mentoren, die mit zwei Strömungen der SPD assoziiert werden, Willy Brandt und Helmut Schmidt, identifizierte sich Steinbrück bewusst mit dem letzteren. Dies fand auch Ausdruck in einer Vielzahl von gemeinsamen Interviews, von ihm und dem Altkanzler als auch in einem gemeinsamen Buch, welches zwei Jahre vor der Bundestagswahl erschien.[4] Mit seinem Mentor verband Steinbrück

---
[4] Helmut Schmidt und Peer Steinbrück (2011).

nicht nur seine politischen Ansichten, die ihn im rechten Flügel der Partei positionierten, sondern auch sein direkter Stil und Neigung zur scharfen Polemik. Abseits kleinerer Kritik an der Art und Weise der Nominierung fand Peer Steinbrück aber Unterstützung aus allen Lagern der Partei. Mit der Nominierung Steinbrücks verband sich für die SPD die Hoffnung einen Kandidaten zu haben, welcher über die eigenen Parteilager hinauswirken kann und insbesondere auch für Wähler der CDU/CSU und FDP als attraktiv gelten kann.

Kurz nach der Nominierung von Peer Steinbrück erreichte die SPD die höchsten Umfragewerte von bis zu 30 %. Dieses von manchen Kommentatoren als „Steinbrück-Effekt" bezeichnete Umfragehoch war jedoch von keiner langen Dauer. Im Allgemeinen wurde der Start des Wahlkampfes von Peer Steinbrück kritisiert. Insbesondere Debatten um hohe Vortragshonorare prägten die Zeit unmittelbar nach seiner Nominierung. Dadurch stand der Spitzenkandidat der SPD zwar im Fokus der Öffentlichkeit, fand jedoch wenig Möglichkeit, Angela Merkel anzugreifen oder inhaltliche Debatten anzustoßen. Dieser Umstand wurde letztlich dadurch erschwert, dass Peer Steinbrück als Finanzminister wichtige Entscheidungen hinsichtlich der Eurokrise gemeinsam mit Angela Merkel getroffen hatte und die SPD bei entscheidenden Abstimmungen zur Euro-Krise im Bundestag gemeinsam mit der schwarz-gelben Koalition gestimmt hat.

Im TV-Duell konnte Steinbrück hingegen punkten. Die Umfragen der ARD kamen zu dem Ergebnis, dass etwas mehr Zuschauer Steinbrück überzeugender fanden als Merkel (49 % zu 44 %) (Tagesschau 2013). Bei den noch unentschlossenen Wählern war dieser Unterschied noch größer mit 54 % an Zuschauern die Steinbrück und 35 % die Merkel überzeugender fanden. Letztlich half aber auch das TV-Duell nicht zu einer Wende und die Diskussion um den von Steinbrück gezeigten „Stinkefinger" wenige Wochen vor der Wahl im SZ-Magazin überdeckte eine Diskussion über Sachfragen erneut.

Schlussendlich ist es damit der SPD, ähnlich wie 2009, nicht gelungen, einen Kandidaten aufzustellen, welcher in der Lage war, gegen Merkel zu punkten. Weder durch persönliche Eigenschaften noch durch eine klare inhaltliche Polarisierung war es möglich die CDU anzugreifen.

4.6.2 Spitzenkandidaten der kleineren parlamentarischen Parteien

Auch die kleineren Parteien nominierten Spitzenkandidaten. Ein Trend, der sich erst im Laufe der letzten Jahrzehnte ergeben hat und sich auch mit der Tendenz zu zunehmend personalisierten Wahlkämpfen in Verbindung bringen lässt (siehe Kapitel 7 in diesem Band). Entsprechend der niedrigeren Bedeutung, die den

Spitzenkandidaten der kleineren Parteien zukommt, da diese in der Regel keine reale Chance haben, Kanzler zu werden, verschwimmen hier die möglichen Effekte zwischen Spitzenkandidaten und der allgemeinen Parteiwahrnehmung noch stärker als bei CDU/CSU und SPD.

Die Linke trat mit einem ganzen Team an Politikerinnen und Politikern an, welche jeweils bestimmte Politikfelder repräsentierten. In der öffentlichen Wahrnehmung stachen bei der Linken insbesondere Gregor Gysi und Sarah Wagenknecht hervor.

Die FDP trat mit Rainer Brüderle an. Diese Nominierung war das Ergebnis parteiinterner Personaldiskussionen. Das Ausscheiden der FDP aus verschiedenen Landtagen hatte den Parteivorsitzenden Philipp Rösler unter Druck gesetzt. Die daher stattfindende Personaldiskussion wurde innerhalb der FDP durch den Vorschlag, dass Rösler Parteichef bleibt, Brüderle jedoch Spitzenkandidat wird, gelöst. Zuvor hatte Rösler Brüderle auch den Posten des Parteivorsitzenden angeboten. Rainer Brüderle fiel im Wahlkampf insbesondere durch einen Sexismus-Vorwurf auf, welcher von einer Stern-Reporterin erhoben wurde. Der Artikel war nicht nur Auslöser für eine Diskussion um Rainer Brüderle, sondern allgemein über Alltagssexismus. Brüderle nahm zu den Vorwürfen nicht direkt Stellung, in der heißen Phase des Wahlkampfes fand die Diskussion jedoch auch kaum noch Beachtung. Im Vergleich zur Wahl 2009 ist auffällig, dass es der FDP mit Brüderle nicht gelang, einen Spitzenkandidaten aufzustellen, der ein eigenes Profil abseits der CDU/ CSU repräsentieren konnte. Dies war Guido Westerwelle 2009 noch gelungen.

Bei den Grünen wurden zwei Spitzenkandidaten aufgestellt. Zum einen Katrin Göring-Eckardt und zum anderen Jürgen Trittin. Die beiden konnten sich in einer Urwahl insbesondere gegen Renate Künast und Claudia Roth durchsetzen.[5] Trittin gilt traditionell als Vertreter des linken Flügels innerhalb der Grünen, während die Wahl von Göring-Eckardt als Stärke des „Realo"-Flügels gedeutet wurde. Göring-Eckardt gilt als bürgerliche, wertkonservative Politikerin und nährte daher im Vorfeld der Wahl auch Diskussionen um eine mögliche Schwarz-Grüne-Koalition. Im Wahlkampf war von einer solchen Positionierung jedoch wenig zu spüren. Die von den Grünen angestoßenen Diskussionen um einen „Veggie-Day" und insbesondere um deutliche Steuererhöhungen widersprechen diesem Bild. Weiterhin belastete die Grünen während des Wahlkampfes eine Debatte über die Aufarbeitung von Befürwortung von Pädophilie, die zu Beginn der Parteigründung geführt wurde. Diese Debatte betraf auch Jürgen Trittin, der 1981 presserechtlich für ein

---

[5] Es waren noch eine Reihe weiterer, weitestgehend unbekannter Kandidatinnen und Kandidaten bei der Urwahl angetreten, die jedoch deutlich weniger Stimmen erhielten und keinen Einfluss auf das Ergebnis hatten.

Kommunalwahlprogramm verantwortlich war, in dem Straffreiheit für pädophile Handlungen diskutiert wurde.

4.7 Zusammenfassung

Allgemein lässt sich bei der Bundestagswahl die Fortsetzung einiger vorher beobachteten Tendenzen feststellen. Die Wahlbeteiligung blieb bescheiden, das Ergebnis der SPD deutet auf eine andauernde Krise dieser Partei hin, Angela Merkel konnte sich wieder erfolgreich gegen ihre Gegenkandidaten durchsetzen. Zugleich aber war die Wahl 2013 anders als vergangene Wahlen. Sie wird als eine wichtige Zäsur in die Geschichte der FDP eingehen. Zum ersten Mal überschritten die Liberalen nicht die Fünf-Prozent-Klausel und schieden aus dem Bundestag aus. Eine neue Nische rechts von der Mitte des politischen Spektrums hat für sich wiederum die neue Partei „Alternative für Deutschland" gefunden, die nur knapp den Einzug in den Bundestag verpasste.

Eindeutige Ursachen für das gute Abschneiden der Union können auf Grundlage des Vergleichs zwar nicht ausgemacht werden. Die Beliebtheit der Bundeskanzlerin Merkel kann aber als ein zentraler Faktor für den Wahlerfolg gelten. Gleichzeitig gingen die kleineren parlamentarischen Parteien aus der Wahl 2013, anders als 2009, geschwächt heraus. Der Abstand zwischen der Union und der SPD wuchs weiter zu Ausmaßen, die zuletzt in der Ära Adenauer beobachtet wurden. Aufgrund der zunehmenden Fragmentierung des Parteiensystems, in dem inzwischen fast sechs Parteien reale Chancen auf das Überschreiten der 5-Prozent-Hürde haben, erscheint es jedoch fraglich, ob es der CDU/CSU gelingen wird, dieses Stimmergebnis bei zukünftigen Wahlen zu halten. Mit der AfD bahnt sich eine neue Partei an, die sich rechts von der CDU/CSU positionieren könnte. Gelingt es dieser Partei, sich im Parteiensystem der Bundesrepublik Deutschland zu etablieren, bietet das Profil der Partei eine Anlaufstelle für derzeitige Union- und FDP-Wähler.

Historisch gesehen kann die Wahl 2013 in eine Reihe mit den Wahlkämpfen gestellt werden, in denen sich die Aufmerksamkeit der Öffentlichkeit auf Spitzenkandidaten konzentrierte. Ähnlich wie 1976, 1980, 1998 und 2002 spielte die Persönlichkeit der führenden Politiker der beiden größten Parteien eine wichtige Rolle. Wenn jedoch die Ungleichheit der Positionen von beiden Herausforderern berücksichtigt wird, dann können auch die Analogien mit den Wahlkämpfen in den 1950er Jahren gezogen werden. Wie Adenauer im Zeitalter des Kalten Krieges konnte 2013 Merkel inmitten der Eurokrise sich als eine Sicherheit und Stabilität garantierende Figur profilieren.

Literatur

Von Alemann, Ulrich. 2003. *Das Parteiensystem der Bundesrepublik Deutschland*. Wiesbaden: VS Verlag für Sozialwissenschaften.
Allensbach. 2013. Sonntagsfrage von Allensbach zwischen 2009 und 2013. http://www.wahlrecht.de/umfragen/allensbach.htm. Zugegriffen: 1. Dez. 2013.
Alexander, Robin, und Thomas Vitzthum. 2013. Merkels großer Sieg – Die Union im Rausch. Die Welt vom 22. September 2013. http://www.welt.de/politik/wahl/bundestagswahl/article120280569/Merkels-grosser-Sieg-Die-Union-im-Rausch.html. Zugegriffen: 14. Nov. 2013.
Beck, Ulrich. 1983. Jenseits von Stand und Klasse? Soziale Ungleichheit, gesellschaftliche Individualisierungstendenzen und die Entstehung neuer sozialen Formationen und Identitäten. In *Soziale Ungleichheiten*, Hrsg. Reinhard Kreckel, 35–74. Göttingen. Verlag: Schwartz.
Behnke, Joachim. 2010. Negatives Stimmgewicht. In *Lexikon der Politikwissenschaft*, Bd. 2, Hrsg. Dieter Nohlen und Rainer-Olaf Schultze, 645–646. München: C.H. Beck.
Behnke, Joachim. 2012. Ursachen und Wirkungen – Überlegungen zur Beibehaltung der Überhangmandate im neuen Wahlgesetz. *Zeitschrift für Parlamentsfragen* 43 (1): 170–184.
Behnke, Joachim, und Florian Grotz. 2011. Das Wahlsystem zwischen normativer Begründung, empirischer Evidenz und politischen Interessen. Ein Kommentar zu Gerd Strohmeier sowie Franz Urban Pappi und Michael Herrmann. *Zeitschrift für Parlamentsfragen* 39 (2): 419–425.
Bundeswahlleiter. 2013a. Erläuterungen des neuen Verfahrens der Umrechnung von Wählerstimmen in Bundestagssitze. http://bundeswahlleiter.de/de/aktuelle_mitteilungen/downloads/20130925_Erl_Sitzzuteilung.pdf. Zugegriffen: 15. Nov. 2013.
Bundeswahlleiter. 2013b. Ergebnisse der Bundestagswahlen. http://bundeswahlleiter.de/de/bundestagswahlen/fruehere_bundestagswahlen/. Zugegriffen: 15. Nov. 2013.
Crouch, Colin. 2004. *Post-Democracy*. Cambridge: Polity Press.
Debus, Marc. 2012. Sozialstrukturelle und einstellungsbasierte Determinanten des Wahlverhaltens und ihr Einfluss bei Bundestagswahlen im Zeitverlauf: Westdeutschland 1976 bis 2009. *Politische Vierteljahresschrift (Sonderheft)* 45:40–62.
Decker, Frank. 2013. Unsicherheiten. *Das Parlament* Jahrgang 2013 Nr. 32–33. http://www.das-parlament.de/2013/32_33/Themenausgabe/46236896/324428. Zugegriffen: 27. Nov. 2014.
Dehmel, Niels, und Eckhard Jesse. 2013. Das neue Wahlgesetz zur Bundestagswahl 2013. Eine Reform der Reform der Reform ist unvermeidlich. *Zeitschrift für Parlamentsfragen* 44 (1): 201–213.
Die Welt. 2013. FDP-General Döring kündigt seinen Rückzug an, Die Welt vom 26. September 2013. http://www.welt.de/politik/wahl/bundestagswahl/article120394908/FDP-General-Doering-kuendigt-seinen-Rueckzug-an.html. Zugegriffen: 14. Nov. 2013.
Eberl, Oliver, und David Salomon. 2013. Postdemokratie und soziale Demokratie. *Politische Vierteljahresschrift (Sonderheft)* 54 (3): 415–425.
Eilfort, Michael. 1994. *Die Nichtwähler. Wahlenthaltung als Form des Wahlverhaltens*. Paderborn: Ferdinand Schöningh.
Feist, Ursula. 1992. Niedrige Wahlbeteiligung – Normalisierung oder Krisensymptom der Demokratie in Deutschland. In *Protestwähler und Wahlverweigerer. Krise der Demokratie?*, Hrsg. Karl Starzacher, Konrad Schacht, Bernd Friedrich, und Thomas Leif, 40–57. Köln: Bund-Verlag.

4 Die Bundestagswahl 2013 im historischen Vergleich

Gathmann, Florian, und Veith Medick. 2010. Debatte um FDP-Spende: Hohn und Spott für die „Mövenpick-Partei", Spiegel-Online vom 19. Januar 2010. http://www.spiegel.de/politik/deutschland/debatte-um-fdp-spende-hohn-und-spott-fuer-die-moevenpick-partei-a-672756.html. Zugegriffen: 14. Nov. 2013.

Gauland, Alexander. 2013. Alternative für Deutschland – ein Lebensgefühl, Die Welt vom 26. September 2013. http://www.welt.de/debatte/kommentare/article121053564/Alternative-fuer-Deutschland-ein-Lebensgefuehl.html. Zugegriffen: 14. Nov. 2013.

Handelsblatt 2013. Hälfte der Grünen-Anhänger für Merkel als Kanzlerin, Handelsblatt vom 13. August 2013. http://www.handelsblatt.com/politik/deutschland/bundestagswahl-2013/forsa-umfrage-haelfte-der-gruenen-anhaenger-fuer-merkel-als-kanzlerin/8629080.html. Zugegriffen: 14. Nov. 2013.

Haug, Volker M. 2012. Das Bundesverfassungsgericht als Gesetzgeber anstelle des Gesetzgebers: Ein kritischer Blick auf das Wahlrechtsurteil vom 25. Juli 2012. *Zeitschrift für Parlamentsfragen* 43 (2): 658–674.

Hesse, Christian. 2013. Wahlrecht 2013 mit Schattenseiten. Oder: Ein kritisches Lob dem vom Bundesverfassungsgericht verworfenen Bundeswahlgesetz von 2011. *Zeitschrift für Parlamentsfragen* 44 (1): 177–200.

Jörke, Dirk. 2005. Auf dem Weg zur Postdemokratie. *Leviathan* 33:482–491.

Küpper, Mechtild. 2013. Tiefrote Linien überschreiten, Frankfurter Allgemeine Zeitung vom 3. Oktober 2013. http://www.faz.net/aktuell/politik/bundestagswahl/parteien-und-kandidaten/rot-rot-gruen-tiefrote-linien-ueberschreiten-12602004.html. Zugegriffen: 14. Nov. 2013.

Nève, Dorothée de. 2009. *Die Nichtwählerinnen. Eine Gefahr für die Demokratie?* Opladen: Barbara Budrich.

Niedermayer, Oskar. 2010. Von der Zweiparteiendominanz zum Pluralismus: Die Entwicklung des deutschen Parteiensystems im westeuropäischen Vergleich. *Politische Vierteljahresschrift (Sonderheft)* 51 (1): 1–13.

Nohlen, Dieter. 2009. Erfolgswertgleichheit als fixe Idee oder: Zurück zu Weimar? Zum Urteil des Bundesverfassungsgerichts über das Bundeswahlgesetz vom 3. Juli 2008. *Zeitschrift für Parlamentsfragen* 41 (1): 179–195.

Nohlen, Dieter. 2010. Überhangmandate. In *Lexikon der Politikwissenschaft*, Hrsg. Dieter Nohlen und Rainer-Olaf Schultze, 1118. München: C.H. Beck.

Olzog, Günter, und Hans-J Liese. 1996. *Die Politischen Parteien in Deutschland: Geschichte, Programmatik, Organisation, Personen, Finanzierung*. München: Olzog Verlag.

Onken, Holger, und Sebastian Schneider. 2012. Entern, kentern oder auflaufen? Zu den Aussichten der Piratenpartei im deutschen Parteiensystem. *Zeitschrift für Parlamentsfragen* 43 (3): 575–590.

Pappi, Franz Urban, und Jens Brandenburg. 2010. Sozialstrukturelle Interessenlagen und Parteipräferenz in Deutschland. *KZfSS Kölner Zeitschrift für Soziologie und Sozialpsychologie* 62 (3): 459–483. doi:10.1007/s11577-010-0111-4.

Probst, Lothar. 2007. Bündnis 90/Die Grünen. In *Handbuch der deutschen Parteien*, Hrsg. Frank Decker und Viola Neu, 173–188. Wiesbaden: VS Verlag für Sozialwissenschaften.

Roth, Dieter. 1992. Sinkende Wahlbeteiligung – eher Normalisierung als Krisensymptom. In *Protestwähler und Wahlverweigerer. Krise der Demokratie?*, Hrsg. Karl Starzacher, Konrad Schacht, Bernd Friedrich, und Thomas Leif, 58–68. Köln: Bund-Verlag.

Schäfer, Armin. 2009. Alles halb so schlimm? Warum eine sinkende Wahlbeteiligung der Demokratie schadet. In *Jahrbuch 2009/2010*, Hrsg. Max Planck Insitut für Gesellschaftsforschung (MPIfG), 33–38. Köln.

Schmidt, Helmut, und Peer Steinbrück. 2011. *Zug um Zug*. Hamburg: Hoffmann und Campe.
Spiegel, Der. 2013. Wie Nichtwähler die Demokratie verspielen, Nr. 38.
Spiegel Online. 2013. Niedersachsen: 2000 Leihstimmen mehr hätten Schwarz-Gelb gerettet, Spiegel Online vom 22. Januar 2013. http://www.spiegel.de/politik/deutschland/niedersachsen-schwarz-gelb-haette-mit-mehr-leihstimmen-gesiegt-a-879072.html. Zugegriffen: 14. Nov. 2013.
Tagesschau 2013. Zuschauer favorisieren Steinbrück, Tagesschau.de vom 2. September 2013. http://www.tagesschau.de/inland/tv-duell-befragung100.html. Zugegriffen: 14. Nov. 2013.
Vorländer, Hans. 2007. Freie Demokratische Partei (FDP). In *Handbuch der deutschen Parteien,* Hrsg. Frank Decker und Viola Neu, 276–288. Wiesbaden: VS Verlag für Sozialwissenschaften.

Teil II
Empirische Analysen

Das deutsche Wirtschaftswunder und der Amtsinhaberbonus

5

Marcus Lauter, Marcus Nendel und Carl Tobias Reichert

5.1 Einleitung

„It's the economy, stupid!" So prägnant brachte Bill Clinton den Zusammenhang zwischen der Wirtschaftslage und dem Wahlverhalten im US-Präsidentschaftswahlkampf 1992 auf den Punkt. Dieses Kapitel untersucht die Verbindung zwischen Wirtschaftskonjunktur und Wahlverhalten für die Bundestagswahlen 2013. Die Arbeit soll dazu beitragen, den Einfluss der Wirtschaftskonjunktur auf das Wahlverhalten besser zu verstehen. Zwar haben zahlreiche Studien bereits einen Einfluss der wahrgenommenen Wirtschaftslage auf die Wahlentscheidung feststellen können (Lewis-Beck und Stegmaier 2000, S. 183), doch ist es ihnen nicht gelungen, abschließend klären zu können, wie die Wählerinnen die wirtschaftliche Lage zur Grundlage ihres Wahlentscheids machen. Stattdessen werden in vielen Forschungsarbeiten diesbezügliche Annahmen getroffen, ohne eine angemessene Begründung zu liefern. In diesem Kapitel werden wir solche Begründungen liefern und entsprechend spezifische Erwartungen für den Zu-

---

M. Lauter (✉) · M. Nendel · C. Tobias Reichert
Erfurt, Deutschland
E-Mail: Marcus.Lauter@Mailbox.org

M. Nendel
E-Mail: marcus_nendel@yahoo.de

C. Tobias Reichert
E-Mail: reichert.carltobias@gmail.com

© Springer Fachmedien Wiesbaden 2015
O. Strijbis, K.-U. Schnapp (Hrsg.), *Aktivierung und Überzeugung im Bundestagswahlkampf 2013*, DOI 10.1007/978-3-658-05050-4_5

sammenhang zwischen der wahrgenommenen Wirtschaftslage und der Wahlentscheidung ableiten.

Dieses Kapitel ist in drei Teile gegliedert. Im ersten Teil werden mit Hilfe der Theorie des rationalen Wählens, unter anderem formuliert von Anthony Downs und Valdemir Key, Erwartungen über den Zusammenhang der Wirtschaftskonjunktur und dem Wahlentscheid abgeleitet. Auf theoretischer Ebene ist die rationale Wählerin und ihre Wahrnehmung der Wirtschaft von primärem Interesse. Diese bildet den Kern einer Mikrofundierung des ökonomischen Wahlansatzes, denn die subjektive Wahrnehmung trifft den Kern der rationalen Wählerin (Nannestad und Paldam 1994, S. 222). Dabei spielen die Dimensionen Ziel und Zeit eine bedeutende Rolle, um die in der Wissenschaft eine Kontroverse ausgebrochen ist (Lewis-Beck und Stegmaier 2000, S. 191). Zum einen herrscht Dissens über den zeitlichen Aspekt der subjektiven Wahrnehmung: Nehmen die Wählerinnen Erwartungen über zukünftige Entwicklungen zum Ausgangspunkt ihrer Wahlentscheidung oder gründet sich ihre Entscheidung auf vergangenen Entwicklungen? Zum anderen ist unklar, ob die rationale Wählerin bei der Wahrnehmung und Bewertung der wirtschaftlichen Lage ihre eigene oder die allgemeine Wirtschaftslage zum Ausgangspunkt der Bewertung macht.

Im zweiten Teil geht das Kapitel auf die Literatur zu ökonomischem Wählen in Deutschland ein. Es wird argumentiert, dass der Blick allein auf die deutsche Konjunktur für eine Betrachtung des ökonomischen Wählens zu kurz greift. Zwar folgt das Kapitel der Literatur, indem es davon ausgeht, dass die deutschen Wähler nach wie vor die Bundesregierung für die Wirtschaftslage verantwortlich machen, doch wird argumentiert, dass im Kontext der europäischen Integration die Wähler die deutsche Wirtschaftsleistung in Relation zu jener der anderen europäischen Länder setzen. Die Leistung der Bundesregierung wird also vor dem Hintergrund dieses Vergleiches bewertet und nicht allein für sich. Der ökonomische Nationalismus in der Wahlforschung wird also aufgebrochen zugunsten einer Bezugnahme auf den europäischen Kontext.

Die empirische Analyse folgt im dritten Teil. Um den Einfluss der Wirtschaftskonjunktur auf der Makroebene zu überprüfen, werden die Börsenkurse des DAX und des EUROSTOXX50 im Zusammenhang mit Umfrage- und Prognosemarktdaten betrachtet. Dies soll Aufschluss darüber geben, welchen Einfluss die gesamtwirtschaftliche Situation Deutschlands, mit dem DAX als Indikator, und die Situation der Eurozone, mit dem EUROSTOXX50 als Indikator, für den Wahlentscheid haben. Dabei wird gezeigt, dass die Regierungsparteien von einer schwachen europäischen Wirtschaftslage – bei stabiler deutscher Konjunktur – profitieren.

5.2 Der ökonomische Wahlansatz: Zeit- und Zieldimension der rationalen Wählerin

Das Feld der ökonomischen Wahlansätze ist vielseitig und durch kontroverse Debatten geprägt. Unzählige Studien (meistens aus und über die USA) haben auf sehr unterschiedliche Weise versucht, den Einfluss der Wirtschaft auf die Politik zu messen (Lewis-Beck und Stegmaier 2000, S. 183). Unsere Fragestellung stützt sich dabei auf die Verantwortungshypothese (Lewis-Beck und Paldam 2000, S. 114), der zufolge die Wählerinnen der Regierung die Veranwortung für die wirtschaftliche Entwicklung zuschreiben. Somit ist es möglich die Wieder- beziehungsweise Abwahl der Regierungsparteien als Belohnung beziehungsweise als Bestrafung zu interpretieren. Das Kapitel soll zunächst die Verantwortungshypothese erläutern, da die Ergebnisse der Perzeptionsdebatten oft vor dem Hintergrund dieser Hypothese zu interpretieren sind.

5.2.1 Die Verantwortungshypothese

Bei der Verantwortungshypothese oder auch Belohnungs-Bestrafungs-Hypothese handelt es sich um eine einfache Modellierung des Zusammenhangs von Wirtschaft und Wahlentscheid (Lewis-Beck und Paldam 2000, S. 114). Sie gilt als Standardmodellierung des ökonomischen Wahlansatzes und wird etwas unpräzise bei Krumpal und Vatter schlechthin als „These des ökonomischen Wählens" bezeichnet (Krumpal und Vatter 2008, S. 89). Bei Downs lassen sich erste Anhaltspunkte für die Verantwortungshypothese finden: Die Annahme ist, dass die wirtschaftliche Macht der Regierung unlimitiert ist (Downs 1957, S. 137). Es liegt also nahe, dass eine Regierung, deren wirtschaftliche Macht als uneingeschränkt wahrgenommen wird, auch verantwortlich für wirtschaftliche Ereignisse gehalten wird.

Eine erste explizite Formulierung der Verantwortungshypothese findet sich bei Key, der auf den von Downs formulierten Axiomen aufbaut: Wählerinnen sind rational und verantwortlich (Key 1966, S. 7). Sie sorgen sich hauptsächlich um die Regierungsperformanz.[1] Wählerinnen verhalten sich dabei in ihrer Gesamtheit als „rational god of vengeance and reward" (Key 1964, S. 568). Dieses Verhalten als belohnendes oder bestrafendes impliziert bereits eine retrospektive Wahrnehmung der rationalen Wählerinnen. Belohnt oder bestraft werden kann erst nach der zu

---

[1] Hier zeigt sich eine Reduktion durch den Amtsinhaber-Ansatz: Konkrete Ereignisse, Kampagneneffekte, Medieneinflüsse usw. werden vernachlässigt. Auch die Themenpositionierung der Parteien fällt in den Hintergrund. Allerdings gibt es auch hier Ausnahmen (Alvarez et al. 2000, S. 238).

bewertenden Zeitspanne. Bei Key sind die Wählerinnen deshalb eindeutig retrospektiv, sie sorgen sich nicht um Erwartungen oder Prognosen über die Zukunft, sondern vertrauen auf das, was sie gesehen, gehört und erfahren haben (Key 1966, S. 52).

Erneute Anwendung findet die Belohnungs-Bestrafungs-Hypothese[2] auch bei Kramer (1971) und Fiorina (1978), zwei sehr bedeutende Studien innerhalb des ökonomischen Wahlansatzes. Auch sie verwenden eine ausschließlich retrospektive Variante. Kramer argumentiert, genau wie Downs, mit den Informationsbeschaffungskosten. Durch diese verwenden Wählerinnen bereits vorhandene Informationen für die Evaluierung des zu erwartenden Nutzens: die letzte Performanz des Amtsinhabers (Kramer 1971, S. 134). Kramer stellt im Anschluss die Hypothese auf, dass bei zufriedenstellender Performanz der Regierungspartei die Wählerin diese wählt, um sie an der Regierung zu halten und die Kontinuität der Regierungspolitik zu gewährleisten. Im Umkehrschluss wählt die Wählerin aber die Oppositionspartei, wenn sie mit der Performanz der Regierungspartei unzufrieden ist, um der Oppositionspartei eine Chance zum Regieren zu geben (Kramer 1971, S. 134). Die gleiche Argumentation findet sich bei Fiorina, der ebenfalls eine retrospektive Belohnungs-Bestrafungs-Hypothese aufstellt (Fiorina 1978, S. 429).

In diesem Beitrag werden die Begriffe Belohnung und Bestrafung bewusst durch den Begriff Verantwortung ersetzt, da sie ausschließlich auf ein retrospektives Verhalten der Wählerinnen verweisen. Da hier aber gleichberechtigt retrospektive und prospektive Verhaltensweisen untersucht werden sollen, muss die theoretische Modellierung auch beide Varianten zulassen. Die neutralere Formulierung der Verantwortungshypothese unterstellt nur den Einfluss von subjektiver Perzeption der wirtschaftlichen Lage auf den Wahlentscheid. Auch eine prospektive Verhaltensweise der Wählerinnen bei der Wahrnehmung der wirtschaftlichen Lage kann Grundlage einer Wieder- oder Abwahl der Regierungspartei sein. Die kausale Logik bleibt bei retrospektiven und prospektiven Ansätzen die gleiche: Da die Regierungsparteien für wirtschaftliche Ereignisse und Entwicklungen als verantwortlich gelten, hängt die Wahl der Regierungsparteien von der Einschätzung der vergangenen oder zukünftigen wirtschaftlichen Lage durch die Wählerinnen ab. Dass man die Verantwortungshypothese auch mit einem prospektiven Ansatz kombinieren kann, zeigt Lockerbie (1991). Nach Lockerbie verschließen sich die Wählerinnen keinesfalls vor zukünftigen Erwartungen und dem erwarteten Nutzen, ganz im Gegenteil haben besonders diese prospektiven Erwartungen starken Einfluss auf den Wahlentscheid (Lockerbie 1991, S. 256).

---

[2] Es gibt auch Studien, die von einer asymmetrischen Beziehung (Belohnung ohne Bestrafung oder Bestrafung ohne Belohnung) ausgehen (exemplarisch Radcliff 1994).

5.2.2 Perzeptionsdebatten

Bei Downs findet sich eine der ersten Ausformulierungen des Ansatzes zur rationalen Wählerin und damit auch zum Ansatz des ökonomischen Wählens (Krumpal und Vatter 2008, S. 91). Gleichzeitig werden auch schon die Unklarheiten bezüglich der subjektiven Wahrnehmung der rationalen Wählerin deutlich. Downs modelliert die westliche Demokratie als politischen Markt. Parteien streben in diesem hauptsächlich nach Wählerstimmen, deshalb vertreten sie keine vorgefasste Meinung, sondern richten ihre Politik nach dem Prinzip der Stimmenmaximierung aus (Downs 1957, S. 137). Die Wählerinnen verhalten sich rational und wählen demnach die Partei, von der sie sich den höchsten Nutzen versprechen: „He votes for what ever party he believes would provide him with the highest utility income from government action" (Downs 1957, S. 138). Das Abschätzen von ökonomischen Vorteilen, welches die Wahl einer Partei mit sich bringen könnte, wird bei Downs zum Kern des Wahlvorgangs. Diese grundlegende Konstellation von Wählerinnen und Parteien in einer modernen Demokratie bildet den Grundstein des ökonomischen Wahlansatzes. Die rationale Wählerin will also ihren ökonomischen Nutzen durch die Wahl maximieren.

Allerdings stellt sich die Frage, wie sie ihren ökonomischen Nutzen ermittelt. Informationen sind bei Downs Mangelware, erst deshalb stellt sich die Frage, wie die Wählerinnen ihren Nutzen ermessen. Daher ist der Informationsmangel bei Downs ein grundlegender Faktor (Downs 1957, S. 139). In einer perfekt informierten Welt würde die rationale Wählerin sich prospektiv verhalten. Da sie durch die Wahl einen zukünftigen Nutzen maximieren kann, muss sie die Parteien auf ihren zukünftigen Nutzen hin evaluieren (Downs 1957, S. 138). Durch den Informationsmangel kann die Wählerin aber nicht immer den zukünftigen Nutzen ermitteln und schwenkt in ein retrospektives Verhalten um: „The primary factor influencing his estimate of each party's future performance is not its campaign promises about the future but its performance during the period just ending. Thus his voting decision is based on a comparison of the utility income he actually received during this period from the actions of the incumbent party and those he believes he would have received had each of the opposition parties been in power" (Downs 1957, S. 138). Hier stellt sich also die Frage, inwieweit die Wählerin aufgrund des Informationsmangels zukünftige Erwartungen oder vergangene Entwicklungen ihrer Nutzenmaximierung zur Grundlage macht. Bei der Frage, ob die eigene oder die allgemeine wirtschaftliche Lage entscheidend ist, kann nach Downs nur ersteres der Fall sein (Downs 1957, S. 136). Allerdings gibt es in der Literatur berechtigte Zweifel an dieser egotropischen Ausrichtung der rationalen Wählerin. Auch könnte der Informationsmangel dafür sorgen, dass retrospektive

Wählerinnen wirtschaftliche Entwicklungen besonders über Wahlkampfereignisse evaluieren, da diese ohne große Informationsbeschaffungskosten an die Wählerin herangetragen werden. Nach Downs haben sich zahlreiche Forscherinnen mit der subjektiven Wahrnehmung der rationalen Wählerin auseinandergesetzt. Dadurch entstanden regelrechte Lagerkämpfe anhand der zentralen Dimensionen Zeit und Ziel. Die Ergebnisse sind dabei ziemlich kontrovers, wobei unterschiedliche Ergebnisse teilweise sogar auf der gleichen Datenbasis beruhen (Lewis-Beck und Stegmaier 2000, S. 188). Im Folgenden werden die verschiedenen Studien und ihre dahinter stehenden Annahmen sowie die Ergebnisse über die rationale Wählerin kurz vorgestellt.

5.2.3 Die Zeitdimension der rationalen Wählerin

Die Zeitdimension der rationalen Wählerin ist ein zentrales Streitthema und hängt eng mit Annahmen über Informationsmangel und -kosten sowie der Fähigkeit der Wählerin zur Informationsaufnahme und -verarbeitung zusammen. Die retrospektiven Ansätze, die auf den Studien von Key (Key 1964; Key 1966) beruhen und daher unter dem Sammelbegriff der „Keysischen Theorie" zusammengefasst werden (Clarke und Stewart 1994, S. 1104), berufen sich dabei oft auf Downs. Denn retrospektives Wählen verkürzt die Informationskosten. Zu den ersten retrospektiven Arbeiten zählen die bereits erwähnten Studien von Kramer (1971), Tufte (1975) und Fiorina (1978). Besonders die Studie von Fiorina ist hier nochmals hervorzuheben, da sie als eine der ersten eine Mikrostudie darstellt und so die bisherigen Funde auf die Mikroebene und damit die einzelne Wählerin zu übertragen vermag (Fiorina 1978, 440). Neuere Studien kommen von Abramowitz et al. (1988), Norpoth (1996), Lanoue (1994) und Lewis-Beck/Nadeau (2000). Lanoue verteidigt die retrospektive Variante gegen neuere prospektive Studien und kommt zu dem Ergebnis, dass „[…] retrospective, rather than prospective judgments appear to have the more significant impact on the vote at every level" (Lanoue 1994, S. 203).

Ein beliebtes Argument für retrospektives Wählen ist die Annahme, dass es gar keinen Unterschied zwischen retro- und prospektiven Evaluierungen gibt (Lanoue 1994, S. 204). Schon Downs hatte erkannt, dass der beste Indikator für prospektive Erwartungen retrospektive Erfahrungen sind (Downs 1957, S. 138). Norpoth kommt ebenfalls zu dem Schluss, dass die Wählerinnen sich bei der Wahrnehmung von wirtschaftlichen Ereignissen retrospektiv verhalten, sich also auf vergangene Entwicklungen beziehen (Norpoth 1987). Er verwendet dabei eine aggregierte

5 Das deutsche Wirtschaftswunder und der Amtsinhaberbonus 87

Zeitreihe, kann daher aber nicht beweisen, dass die einzelnen Bürgerinnen den Präsidenten aufgrund ökonomischer Erwartungen unterstützen (Norpoth 1996, S. 780). Es ist also unerlässlich, den ökonomischen Wahlansatz mit Individualdaten zu belegen. Lewis-Beck und Nadeau untersuchen ökonomisches Wählen in Frankreich und finden ebenfalls retrospektive Annahmen bestätigt (Lewis-Beck und Nadeau 2000, S. 172). Retrospektives ökonomisches Wählen lässt sich also nicht nur in den USA empirisch nachweisen.

Der prospektive Ansatz ist weniger stark vertreten. Zu den ersten zählen Kulinski und West, welche die retrospektiven Ansätze kritisieren (Kulinski und West 1981, S. 436). Da retrospektive Erfahrungen nur Indikatoren für prospektive Erwartungen seien, mache ein Gebrauch von retrospektiven Ansätzen nur Sinn, wenn beide das gleiche messen (Kulinski und West 1981, S. 437). Allerdings sei dies selten der Fall und eine prospektive Variante eigne sich besser (Kulinski und West 1981, S. 437). Auch hier wird auf Downs rekurriert, da für die rationale Wählerin der erwartete Nutzen zählt und retrospektive Erfahrungswerte nur einen Indikator darstellen (Downs 1957, S. 138). Auch Lockerbie argumentiert mit der rationalen Wählerin, die sich an dem erwarteten Nutzen orientiere und durchaus in der Lage sei, zukünftigen Nutzen abzuwägen. Deshalb sei eine prospektive Operationalisierung adäquater (Lockerbie 1991, S. 241). Allerdings unterschlägt Lockerbie die retrospektiven Effekte nicht, sondern bringt sie in Beziehung zu den prospektiven Erwartungen, indem er versucht, zu zeigen, dass retrospektive Evaluationen einen Einfluss auf prospektive Erwartungen haben (Lockerbie 1991, S. 256).

Ein weiterer wichtiger Beitrag kommt von MacKuen et al. (1992). Die Autoren entwickeln zwei gegensätzliche Modelle der rationalen Wählerin: die ‚Bäuerin', die sich retrospektiv und egotropisch verhält und die ‚Bankerin', die sich prospektiv und soziotropisch verhält (MacKuen, Erikson und Stimson 1992, S. 597). Es wird hier mit der Intelligenz der Wählerinnen argumentiert: Während die Bäuerin sich aufgrund ihrer retrospektiven Evaluation naiv verhält, agiert die Bankerin klug, da zukunftsgerichtet (MacKuen, Erikson und Stimson 1992, S. 597). MacKuen et al. kommen zu dem Schluss, dass sich in den USA die Wählerinnen als Bankerinnen verhalten und den Präsidenten aufgrund einer begründeten Vermutung über die zukünftige nationale Ökonomie wählen (MacKuen, Erikson und Stimson 1992, S. 606). Neben MacKuen et al. (1992) haben auch Erikson et al. (2000) das Bäuerin-Bankerin-Model aufgenommen und sind zu dem gleichen Ergebnis gekommen: Wählerinnen verhalten sich prospektiv, da sie intelligent genug sind, stabile zukünftige Erwartungen zu formulieren (Erikson et al. 2000, S. 311).

5.2.4 Die Zieldimension der rationalen Wählerin

Die Zieldimension der rationalen Wählerin ist ebenfalls immer wieder Ausgangspunkt für Debatten in der ökonomischen Wahlforschung. Dabei steht die Frage im Mittelpunkt, ob die Wählerinnen ihre eigene wirtschaftliche Lage (egotropisch) oder die allgemeine beziehungsweise nationale wirtschaftliche Lage (soziotropisch) beim Wahlentscheid berücksichtigen (siehe Tab. 5.1). Die egotropischen Ansätze können sich dabei auf Downs ursprüngliche Formulierung der rationalen Wählerin berufen und folgen dem rationalen Egoismus, während die soziotropischen Studien auf das Ziel staatlicher Wirtschaftspolitik und die nationale Wirtschaftslage verweisen (Nannestad und Paldam 1994, S. 222–223). Die Debatte hat allerdings nicht die Tiefe erreicht, welche die Zeitdimension anstieß. Das liegt unter anderem daran, dass die egotropischen Effekte meist kleiner als die soziotropischen ausfallen (Nannestad und Paldam 1994, S. 226). Dieses Bild bestätigt sich auf der aggregierten Ebene, wo die persönliche finanzielle Situation ebenfalls zu den weniger wichtigen Determinanten gehört (Lewis-Beck und Stegmaier 2000, S. 192–193).

Es waren Kinder und Kiewiet (1981), die den Grundstein für einen soziotropischen Ansatz legten.[3] Sie kamen zu dem Ergebnis, dass amerikanische Wählerinnen, indem sie auf allgemeine ökonomische Veränderungen reagieren, dem soziotropischen Modell wesentlich näher kommen als dem egotropischen (Kinder und Kiewiet 1981, S. 152). Fast alle Studien haben auf die eine oder andere Weise diese Funde reproduziert (Nannestad und Paldam 1994, S. 229). Die Erklärung dafür

Tab. 5.1 Die vier Leithypothesen der rationalen Wählerin. (Eigene Darstellung©)

	Retrospektiv	*Prospektiv*
Soziotropisch	H1: Eine positive allgemeine wirtschaftliche Entwicklung in der Vergangenheit erhöht die Wahrscheinlichkeit, dass die Regierungsparteien wiedergewählt werden	H3: Die Erwartung einer positiven Entwicklung der allgemeinen wirtschaftlichen Lage in der Zukunft erhöht die Wahrscheinlichkeit, dass die Regierungsparteien wiedergewählt werden
Egotropisch	H2: Eine positive individuelle wirtschaftliche Entwicklung in der Vergangenheit erhöht die Wahrscheinlichkeit, dass die Regierungsparteien wiedergewählt werden	H4: Die Erwartung einer positiven Entwicklung der individuellen wirtschaftlichen Lage in der Zukunft erhöht die Wahrscheinlichkeit, dass die Regierungsparteien wiedergewählt werden

---

[3] Frühe Studien mit aggregierten Daten verwendeten oftmals egotropische Variablen, so zum Beispiel Tufte (1975).

liefert die kulturelle Hypothese von Kinder und Kiewiet: Demnach sind egotropische Effekte in Amerika durch individualistische Werte und Selbstverantwortlichkeit nicht leicht zu finden, da die Regierung nicht so leicht für eigene wirtschaftliche Misserfolge verantwortlich gemacht werden kann (Kinder und Kiewiet 1979, S. 522). In Europa kann die Erklärungskraft dieser Hypothese stark angezweifelt werden, da dem Wohlfahrtstaat für die wirtschaftliche Lage der Einzelnen eine stärkere Verantwortung zugeschrieben wird (Lewis-Beck und Stegmaier 2000, S. 207). Die theoretische Verknüpfung beider Debatten zeigt sich an den eben erwähnten Beiträgen von MacKuen et al. (1992) und Erikson et al. (2000). Bankerinnen sind nicht nur prospektiv, sondern auch soziotropisch; Bäuerinnen sind nicht nur retrospektiv, sondern auch egotropisch (MacKuen et al. 1992, 597). Allerdings bildet die Begründung durch Intelligenz der Wählerinnen eine Ausnahme. Oftmals wird die eben erwähnte kulturelle Hypothese als Erklärung einer ego- oder soziotropischen Einstellung der Wählerinnen herangezogen. Die Befunde stützen die kulturelle Hypothese: Die stärksten egotropischen Effekte finden sich in europäischen Wohlfahrtstaaten. So fanden Nannestad und Paldam (1997) die größten egotropischen Einflüsse in Dänemark und Sanders (2000) in Großbritannien.

5.3 Ökonomisches Wählen in Deutschland im internationalen Kontext

In der deutschen Wahlforschung hat die Diskussion um die rationale Wählerin keine vergleichbare Dichte erreicht wie in den USA, allerdings bilden auch in Deutschland die Beiträge zum ökonomischen Wählen Grundpfeiler bei der Erklärung des Wahlverhaltens. Aber die Studien zeigen in Deutschland nicht die gleiche Erklärungskraft wie in den USA. Norpoth und Yantek, zum Beispiel, untersuchen den Einfluss von Arbeitslosigkeit und Inflation auf die Kanzlerpopularität in einem Zeitraum von 1950 bis 1979, finden aber keinen Beleg dafür, dass die Wirtschaftslage einen Einfluss auf die Kanzlerpopularität hat (Norpoth und Yantek 1983, S. 216). Eine Kritik findet sich allerdings bei Kirchgässner (1983), der von einer Erklärungskraft durch wirtschaftliche Wahrnehmung in Höhe von 20 bis 35 % ausgeht (Kirchgässner 1983, S. 249). Auf der einen Seite können neuere Studien wirtschaftliche Effekte im Rahmen der Verantwortungshypothese belegen, wenn auch „nicht so durchschlagend und universell wie früher oft angenommen" (Pappi und Bytzek 2007, S. 363).

Auf der anderen Seite melden Studien Zweifel am Vorhandensein der „Popularitätsfunktion" (Kirchgässner 2009, S. 396). Diese Debatte setzt sich mit grundlegenden Fragen des ökonomischen Wahlansatzes auseinander und nicht mit den eher spezifischen Fragen über das Verhalten der (dieser Theorieströmung zu Grunde liegenden) rationalen Wählerin. Eine spezifische Auseinandersetzung um Zeit- und Zieldimension der deutschen Wählerinnen bei der Wahrnehmung wirtschaftlicher Entwicklungen gibt es nicht. Nur vereinzelt schneiden Beiträge diese Thematik an. So differenzieren Kellermann und Rattinger in ihren Modellen nicht zwischen retro- und prospektiven Einschätzungen, sondern verwenden einen aus beiden Einschätzungen berechneten Mittelwert (Kellermann und Rattinger 2007, S. 377). Oftmals aber sind die Zeit- und Zieldimension der Wählerinnen axiomatisch festgesetzt. Pappi und Bytzek gehen von soziotropischen Annahmen aus, wenn sie Indikatoren der allgemeinen Wirtschaftslage „in Übereinstimmung mit der neueren Literatur" verwenden (Pappi und Bytzek 2007, S. 354). Ebenso Krumpal und Vatter, die, obwohl sie ausführlich die verschiedenen Überlegungen über die rationale Wählerin skizzieren, sich für eine prospektive und soziotropische Variante entscheiden (Krumpal und Vatter 2008, S. 95). Dem widersprechen die Befunde von Rattinger, der zu dem Ergebnis kommt, dass in Deutschland keine eindeutige Tendenz zu ego- oder soziotropischem Verhalten feststellbar sei (Rattinger und Ohr 2000, S. 338).

Bei der letzten Bundestagswahl 2009 waren ökonomische Einflüsse aufgrund der Finanz- und Wirtschaftskrise von besonderer Bedeutung, ihr Einfluss blieb aber bescheiden. Zudem wurden stärkere soziotropische als egotropische Effekte gefunden (Rattinger und Steinbrecher 2011, S. 143–144). Diese Funde reproduzieren im Wesentlichen die Ergebnisse zur Untersuchung der Bundestagswahl 2002: auch hier waren soziotropische Effekte stärker (Maier und Rattinger 2004, S. 215).

Eine Schwäche, die sich durch fast alle Studien zieht, ist aber der methodologische Nationalismus. Besonders in Europa können zwei Probleme entstehen, wenn man den supranationalen Kontext ignoriert. In verflochtenen Wirtschaftsgebieten, die einander stark beeinflussen, muss die Abfrage der subjektiven wirtschaftlichen Lage einzelner Staaten in Relation gesetzt werden. Die Abfrage der subjektiven Wahrnehmung der nationalen Wirtschaftslage muss die Lage der europäischen Gesamtwirtschaft beziehungsweise der europäischen Wirtschaften berücksichtigen. So könnte die deutsche Wirtschaftslage im Lichte einer negativen europäischen Wirtschaftsentwicklung als sehr positiv bewertet werden, obwohl (absolut betrachtet) die deutsche Wirtschaft stagniert.[4] Genau diese Gedanken haben sich die Autoren des sogenannten Benchmark-Modells gemacht (Kayser und Leininger 2013). Es handelt sich um ein Vorhersagemodell für die Bundestagswahl 2013, das den

---

[4] Besonders die Befragten des ALLBUS, die die Wirtschaftslage als indifferent bewertet haben, könnten mit Blick auf den europäischen Abwärtstrend die Regierungen belohnen, da die indifferente Wirtschaftslage relativ gesehen ein Erfolg ist.

Stimmanteil von CDU/FDP auf 47,1 prognostizierte. Während aber andere Vorhersagemodelle lediglich makroökonomische Indikatoren (zum Beispiel die Arbeitslosenquote) benutzen (Jérôme, Jérôme-Speziari und Lewis-Beck 2013, S. 479), setzt das Benchmark-Modell das deutsche Wirtschaftswachstum in Relation zu denen von Frankreich, Großbritannien und Italien. Dieses relative Wachstum wird dann als erklärende Variable benutzt. Diese Methode bricht mit dem methodologischen Nationalismus vieler Studien und berücksichtigt die europäische Gesamtsituation.

Auch die Verantwortungshypothese wird komplexer in einem supranationalen Gebilde wie der EU. Die Verantwortlichkeit für wirtschaftliche Lagen und Entwicklungen ist längst nicht mehr nur beim Nationalstaat zu suchen, wie die globale Finanz- und Wirtschaftskrise gezeigt hat. Wenn die nationalen Regierungen für die Wirtschaft nicht mehr verantwortlich sind beziehungsweise nicht mehr für verantwortlich gehalten werden, muss der ökonomische Wahlansatz hier nachbessern. Erste Arbeiten widmen sich diesem Thema. So stellen Costa Lobo und Lewis-Beck fest, dass der Effekt des ökonomischen Wählens in dem Maße abnimmt, in welchem die Wählerinnen die EU für die wirtschaftliche Lage verantwortlich halten (Costa Lobo und Lewis-Beck 2012, S. 527). In Deutschland scheint diese Verschiebung der wahrgenommenen Verantwortlichkeit aber noch gering. Ein Indiz dafür, dass in Deutschland nach wie vor die Hauptverantwortung für die wirtschaftliche Lage bei der Bundesregierung als nationaler Regierung verortet wird, bieten Daten aus dem ALLBUS 2008 (Abb. 5.1). Über 65% der Befragten sehen die Verantwortung für die wirtschaftliche Entwicklung des Landes in sehr großem oder großem Maße bei der Bundesregierung. Zusammenfassend kann man also sagen, dass die deutschen Wähler nach wie vor die Bundesregierung für die Wirtschaftslage verantwortlich machen, dass sie deren wirtschaftspolitische Leistung aber in Relation zu jener anderer europäischer Regierungen setzen.

5.4 Der Einfluss des Börsenkurses auf die Wählermobilisierung von Schwarz-Gelb

Im Folgenden soll das ökonomische Wählen für die Bundestagswahl 2013 empirisch untersucht werden. Wir gehen dabei von zwei Annahmen aus, die wir in der Literatur bestätigt sehen. Erstens gehen wir davon aus, dass sich Wählerinnen eher retrospektiv verhalten, weshalb uns die Verwendung von Indikatoren, die vergangene oder aktuelle wirtschaftliche Entwicklungen abbilden, sinnvoll erscheint. Zweitens nehmen wir an, dass retrospektive Verhaltensweisen vom Informationsmangel her rühren (Downs 1957, S. 139). Wenn wir also davon ausgehen, dass

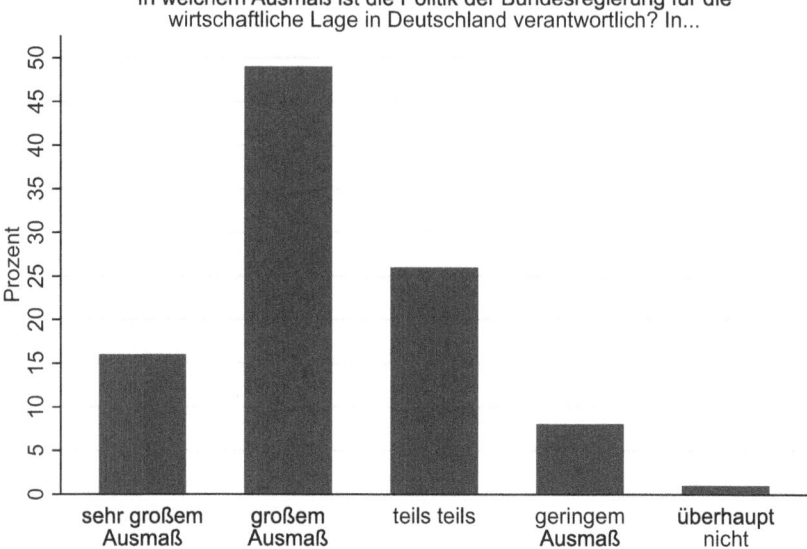

Abb. 5.1 Regierungsverantwortung für wirtschaftliche Lage. (Eigene Darstellung©; Quelle: Codebook ALLBUS 2008, S. 10)

der Informationsmangel, ausgelöst durch Informationsbeschaffungskosten, für das Verhalten der Wählerinnen verantwortlich ist, können wir annehmen, dass besonders die Informationen über die Wirtschaft zur Grundlage einer Wahlentscheidung gemacht werden, die kostenlos zur Verfügung stehen.

Leicht zugängliche Information über die Wirtschaftskonjunktur bieten Börsenkurse. Sie sind ein täglicher Begleiter in den Nachrichten, den Zeitungen und im Internet. Nachrichten behandeln zwar meist ganz allgemein Meldungen aus der Wirtschaft, doch spielt der Börsenkurs, in Deutschland meist der DAX und der NASDAQ, stets eine Rolle. Dabei gilt eine positive Entwicklung des DAX als ein positives Signal für die Wirtschaft im Allgemeinen. Insoweit der Börsenkurs bedeutende mediale Aufmerksamkeit erregt und in einen Bezug mit der anstehenden Wahl gebracht wird, kann er als ein Wahlkampfereignis betrachtet werden (siehe die Einleitung zu diesem Band). Ein Beispiel hierfür ist das DAX-Rekordhoch in der Woche vor der Bundestagswahl. So schloss der Leitindex am Freitag vor den Wahlen mit 8675,73 Punkten. Angelehnt an den obigen Analyseteil kann nun angenommen werden, dass die Wähler die Arbeit der vorigen Regierungskoalition honorierten und ein hoher Börsenkurs unentschlossene Wähler überzeugte, am Wahltag eher für die Regierungskoalition zu stimmen.

5 Das deutsche Wirtschaftswunder und der Amtsinhaberbonus 93

Wie beim Benchmark-Modell wollen auch wir den Grundgedanken, die deutsche Wirtschaftslage in Relation zur europäischen zu setzen, aufnehmen. So werden wir den DAX nicht als absoluten Wert betrachten, sondern ihn in Relation zum EUROSTOXX50 setzen. Die Differenz zwischen DAX und EUROSTOXX50 wird dann als unabhängige Variable fungieren. Der Indikator für die relative wirtschaftliche Lage kann also steigen durch einen Anstieg des DAX (bei gleichbleibendem EUROSTOXX50) oder ein Sinken des EUROSTOXX50 (bei gleichbleibendem DAX). Die Daten für die beiden Börsenindizes DAX und EUROSTOXX50 wurden für den Zeitraum vom 28. Januar 2013 bis zum Freitag vor der Bundestagswahl 2013, dem 20. September 2013, erhoben. Für die jeweiligen Kalenderwochen wurden Mittelwerte gebildet. Zur Analyse des Wahlentscheids werden Umfrage- und Prognosemarktdaten verwendet. Mit Bezug auf die Umfrage- und Prognosemarktdaten wurde wie in Kapitel 3 beschrieben vorgegangen. Mit einer Zeitreihenanalyse soll nun gezeigt werden, dass das Verhältnis von DAX zu EUROSTOXX50 einen Einfluss auf den Bundestagswahlkampf 2013 hatte.

Betrachtet man Abb. 5.2, zeigt sich, dass die Umfragewerte für die Regierungsparteien im Abstand von ein bis zwei Wochen der Differenz von DAX zu EUROSTOXX50 folgen. Besonders deutlich zeigt sich dieser Zusammenhang ab der

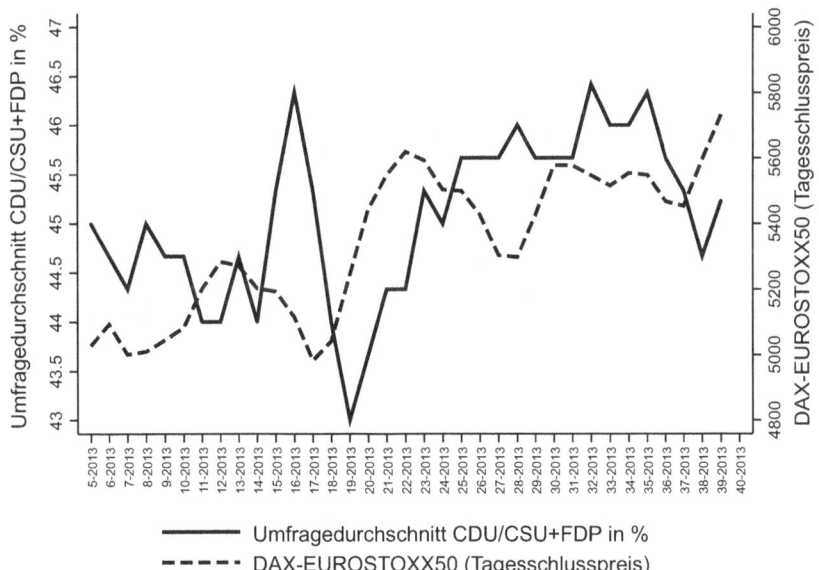

Abb. 5.2 Börsenkurse und Umfragewerte für die Regierungspartei während des Wahlkampfes. (Eigene Darstellung©)

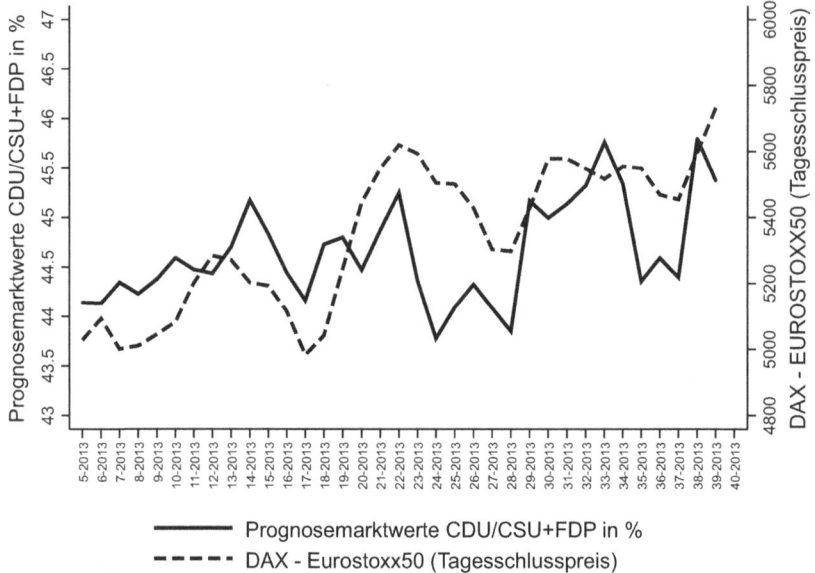

Prognosemarktwerte CDU/CSU+FDP in %
- - - - DAX - Eurostoxx50 (Tagesschlusspreis)

Abb. 5.3 Börsenkurse und Vorhersagen des Prognosemarktes für die Regierungspartei während des Wahlkampfes. (Eigene Darstellung©)

18. Kalenderwoche. So geht dem Umfragehoch der Regierungskoalition ab der Kalenderwoche 19 ein stetiger Anstieg der DAX-EUROSTOXX50-Differenz ab der Kalenderwoche 17 voraus. Für den Prognosemarkt (Abb. 5.3) gilt dies in geringerem Maße.[5]

Eine Erklärung dafür, dass die Differenz zwischen DAX und EUROSTOXX50 die Umfragewerte vorhersagen kann, ist, wie oben bereits erwähnt, dass die nationale Wirtschaft im Vergleich zu anderen Wirtschaftsräumen wahrgenommen wird. Das bedeutet, dass die Regierungsparteien bei der Bundestagswahl 2013 nicht nur von der positiven wirtschaftlichen Situation in Deutschland, sondern genauso von der negativen wirtschaftlichen Situation im Euro-Raum profitiert haben. Zudem

---

[5] Mittels eines statistischen Verfahrens lassen sich die Befunde bestätigen: In OLS-Zeitreihenregressionen mit den Umfragedaten als abhängiger Variable sowie den gelagten Umfragedaten, dem DAX und dem EUROSTOXX50 als unabhängigen Variablen, zeigt sich, dass der DAX in einem signifikanten positiven Zusammenhang mit den Regierungsparteien steht und der EUROSTOXX50 in einem negativen. Das ist aber nur der Fall, wenn beide Aktienkurse gleichzeitig im Modell sind. DAX bzw. EUROSTOXX50 alleine stehen nicht in einem signifikanten Zusammenhang mit den Umfragewerten. Die deutsche Wirtschaftslage für sich kann die Stimmanteile der Regierungsparteien also nicht erklären.

passen die Ergebnisse zur Literatur, welche von retrospektivem Wählen ausgeht: Wählerinnen berücksichtigen vergangene Ereignisse. Mit Blick auf die Effekte der Börsenkurse auf die Wählerinnen und die Wahl lassen die Umfragewerte und Prognosemarktdaten gemeinsam betrachtet weitere Rückschlüsse über die Effekte der Börsenkurse, verstanden als Wahlkampfereignisse, zu. Wie in Kapitel 2 dieses Bandes argumentiert wird, sind die Effekte von Wahlkampfereignissen unterteilbar in Aktivierung und Überzeugung. Aktivierung bedeutet, dass sich diffus vorherrschende Neigungen einer Wählerin in konkrete Wahlentscheidungen umsetzen; Überzeugung bedeutet dagegen, dass eine Wählerin von einer Partei hinzugewonnen beziehungsweise überzeugt wird.

In Kapitel 3 dieses Bandes wurde hergeleitet, dass Umfragen die aktuelle politische Stimmung messen und damit sowohl auf Aktivierungs- als auch Überzeugungseffekte reagieren. Demgegenüber verändern sich Prognosemarktwerte nur bei unvorhersehbaren Ereignissen, welche zu einer Überzeugung von Wählern führen. Gemäß dieser Annahme lässt die gemeinsame Betrachtung vom Umfrage- und Prognosemarktwerten Rückschlüsse über den Einfluss von Wahlkampfereignissen zu. Wahlkampfereignisse können, je nachdem, ob nur die Umfrage- oder auch die Prognosemarktwerte reagieren, in Aktivierung und Überzeugung unterteilt werden: Reagieren auf ein Wahlkampfereignis die Umfragewerte, nicht aber die Prognosemarktwerte, so handelt es sich um ein aktivierendes Ereignis; reagieren sowohl die Umfrage- als auch die Prognosemarktwerte, so handelt es sich um ein überzeugendes Ereignis.

Da sowohl die Umfrage- als auch die Prognosemarktwerte auf die Börsenkurse reagiert haben, kann davon ausgegangen werden, dass die Wirtschaftskonjunktur überzeugend auf die Wählerinnen gewirkt hat. Das heißt, dass eine relevante Gruppe von Wählerinnen aufgrund von guter oder schlechter Wirtschaftskonjunktur das politische Lager wechselt. Der Zusammenhang zwischen Börsenkurs und Umfragewerten ist jedoch stärker als jener zwischen Börsenkurs und Prognosemarktwerten. Dies weist darauf hin, dass die überzeugende Wirkung der Wirtschaftskonjunktur nicht ganz so deutlich ist, sondern dass auch die Aktivierung von Wählerinnen eine Rolle gespielt haben dürfte.

5.5 Fazit

Im ersten Abschnitt wurde in die Theorie des ökonomischen Wählens eingeführt. Aus den vielseitigen Perzeptionsdebatten wurden vier Hypothesen abgeleitet. Im zweiten Abschnitt wurde argumentiert, dass im Kontext der europäischen Integration die Wähler die deutsche Wirtschaftsleistung in Relation zu jener anderer europäischer Länder setzen. Im dritten Kapitel konnte gezeigt werden, dass positive wirtschaftliche Entwicklungen in Deutschland, wie auch negative Entwicklungen im Euro-Raum, einen positiven Effekt für Regierungsparteien bei Bundestagswahlen haben. Solche Zusammenhänge im Wirtschafts- und Währungsraum der Europäischen Union werden in der ökonomischen Wahlforschung wenig beachtet. Der ökonomische Nationalismus stellt die aktuelle ökonomische Wahlforschung aber vor Probleme. Denn gerade die gezeigte Wechselwirkung zwischen positiver Entwicklung auf nationaler und negativer Entwicklung auf supranationaler Ebene gibt Anlass zu weiterer Forschung. Das Benchmark-Modell von Kayser und Leininger macht hier einen ersten Schritt. Dennoch kann man weiter fragen: Dient die supranationale Ebene der Wählerin nur als Vergleichsobjekt, um die eigene Situation zu erfassen oder sehen Wählerinnen in negativen supranationalen Entwicklungen tatsächlich positive Folgen für die nationale Wirtschaft? Sind diese Zusammenhänge nur in Deutschland zu beobachten oder gibt es diesen Trend auch in anderen, wirtschaftlich erfolgreichen Ländern des Euro-Währungsraums und der EU? Und gilt dieser Befund analog auch in umgekehrter Richtung? Es sind diese und ähnliche Fragen, welche die Analyse ökonomischen Wählens in Deutschland und der EU in der nahen Zukunft beschäftigen dürften.

Literatur

Abramowitz, Alan I., David J. Lanoue, und Subha Ramesh. 1988. Economic conditions, causal attributions, and political evaluations in the 1984 Presidential Election. *Journal of Politics* 50 (4): 848–863.
ALLBUS. 2008. Variable Report. GESIS Datenarchiv für Sozialwissenschaften. Studien-Nr. 4600, Version: 2.0.0, doi: 10.4232/1.10834.
Alvarez, R. Michael, Jonathan Nagler, und Jennifer R. Willette. 2000. Measuring the relative impact of issues and the economy in democratic elections. *Electoral Studies* 19 (2–3): 237–253.
Clarke, Harold D., und Marianne C. Stewart. 1994. Prospections, retrospections, and rationality: The „Bankers" Modell of presidential approval reconsidered. *American Journal of Political Science* 38 (4): 1104–1123.
Costa Lobo, Marina, und Michael S. Lewis-Beck. 2012. The integration hypothesis: How the European Union shapes economic voting. *Electoral Studies* 31 (3): 522–528.
Downs, Anthony. 1957. *An economic theory of democracy*. UK: Harper.
Erikson, Robert S., Michael B. MacKuen, und James A. Stimson. 2000. Bankers or peasants revisited: Economic expectations and presidential approval. *Electoral Studies* 19 (2–3): 295–312.
Fiorina, Morris P. 1978. Economic Retrospective Voting in American National Elections: A Micro-analysis. *American Journal of Political Science* 22 (2): 426–443.

Jérôme, Bruno, Véronique Jérôme-Speziari, und Michael S. Lewis-Beck. 2013. A political economy forecast for the 2013 German elections: Who to rule with Angela Merkel? *PS: Political Science and Politics* 46 (3): 479–480.

Kayser, Mark, und Arndt Leininger. 2013. *Economic growth trumps political campaigning: CDU/FDP coalition set to win another election.* Blog-Eintrag publiziert am 6. August 2013. http://www.hertie-school.org/blog/mark-kayser/.

Kellermann, Charlotte, und Hans Rattinger. 2007. Wirtschaftslage, Arbeitslosigkeit und zugeschriebene Regierungsverantwortung als Bestimmungsfaktoren des Wahlverhaltens bei den Bundestagswahlen 2002 und 2005. In *Die Bundestagswahl 2005: Analysen des Wahlkampfes und der Wahlergebnisse*, Hrsg. Frank Brettschneider, Oskar Niedermayer, und Bernhard Wessels, 369–393. Wiesbaden: Verlag für Sozialwissenschaften.

Key, Valdimer Orlando. 1964. *Politics, parties, and pressure groups.* New York: Cromwell.

Key, Valdimer Orlando. 1966. *The responsible electorate.* Cambridge: Harvard University Press.

Kinder, Donald R., und D. Roderick Kiewiet. 1979. Economic discontent and political behavior: The role of personal grievances and collective economic judgments in congressional voting. *American Journal of Political Science* 23 (3): 495–527.

Kinder, Donald R., und D. Roderick Kiewiet. 1981. Sociotropic politics: The American case. *British Journal of Political Science* 11 (2): 129–141.

Kirchgässner, Gebhard. 1983. Welche Art der Beziehung herrscht zwischen der objektiven wirtschaftlichen Entwicklung, der Einschätzung der Wirtschaftslage und der Popularität der Parteien: Unabhängigkeit, Scheinunabhängigkeit, Scheinkorrelation oder kausale Beziehung? Eine empirische Untersuchung für die Bundesrepublik Deutschland von 1971 bis 1982. In: *Wahlen und politisches System: Analysen aus Anlass der Bundestagswahl 1980*, Hrsg. Max Kaase und Hans-Dieter Klingemann, 222–256. Westdeutscher. Verlag: Opladen.

Kirchgässner, Gebhard. 2009. Die verschwundene Popularitätsfunktion: Sind Arbeitslosigkeit und Inflation für das Wählerverhalten der Deutschen noch von Bedeutung? In: *Wähler und Wahlen: Analysen aus Anlass der Bundestagswahl 2005*, Hrsg. Oscar W. Gabriel, Bernhard Wessels, und Jürgen W. Falter, 380–398. Wiesbaden: Verlag für Sozialwissenschaften.

Kramer, Gerald. 1971. Short-term fluctuations in U.S. Voting behaviour, 1896–1964. *American Political Science Review* 65 (1): 131–143.

Krumpal, Ivar und Adrian Vatter. 2008. Ökonomisches Wählen: Zum Einfluss von Wahrnehmungen der allgemeinen Wirtschaftslage auf das Abschneiden der Bundesregierungsparteien bei Landtagswahlen. *Zeitschrift für Parlamentsfragen* 39 (1): 89–107.

Kulinski, James H. und Darrell M. West. 1981. Economic expectations and voting behavior in United States Senate and House Elections. *American Political Science Review* 75 (2): 436–447.

Lanoue, David J. 1994. Retrospective and prospective voting in Presidential-Year elections. *Political Research Quarterly* 47 (1): 193–205.

Lewis-Beck, M., und M. Stegmaier. 2000. Economic determinants of electoral outcomes. *Annual Review of Political Science* 3:183–219.

Lewis-Beck, Michael S. und Martin Paldam. 2000. Economic voting: An introduction. *Electoral Studies* 19 (2–3): 113–121.

Lewis-Beck, Michael S. und Richard Nadeau. 2000. French electoral institutions and the economic vote. *Electoral Studies* 19 (2–3): 171–182.

Lockerbie, B. 1991. Prospective economic voting in U.S. House elections. *Legislative Studies Quarterly* 16 (2): 239–261.
MacKuen, Michael B., Robert S. Erikson, und James A. Stimson. 1992. Peasants or banker? The American electorate and the U.S. economy. *American Political Science Review* 89 (3): 597–611.
Maier, Jürgen und Hans Rattinger. 2004. Economic conditions and voting behavior in German federal elections. *German Politics* 13 (2): 201–217.
Nannestad, Peter und Martin Paldam. 1994. The VP function: A survey of the literature on vote and popularity functions after 25 years. *Public Choice* 79 (3/4): 213–245.
Nannestad, Peter und Martin Paldam. 1997. The grievance asymmetry revisited: A micro study of economic voting in Denmark, 1986–1992. *European Journal of Political Economy* 13 (1): 81–99.
Norpoth, Helmut. 1987. Guns and butter and government popularity in Britain. *The American Political Science Review* 81 (3): 949–959. doi:10.2307/1962685.
Norpoth, Helmut 1996. Presidents and the prospective voter. *Journal of Politics* 58 (3): 776–792.
Norpoth, Helmut und Thom Yantek. 1983. Von Adenauer bis Schmidt: Wirtschaftslage und Kanzlerpopularität. In: *Wahlen und politisches System: Analysen aus Anlass der Bundestagswahl 1980*, Hrsg. Max Kaase und Hans-Dieter Klingemann, 198–221. Westdeutscher. Verlag: Opladen.
Pappi, Franz Urban, und Evelyn Bytzek. 2007. Wirtschaftslage und die Popularität der Regierungen Schröder I und II. In: *Die Bundestagswahl 2005: Analysen des Wahlkampfes und der Wahlergebnisse*, Hrsg. Jürgen W. Falter, Oskar Niedermayer, und Bernhard Wessels, 349–367. Wiesbaden: Verlag für Sozialwissenschaften.
Radcliff, Benjamin. 1994. Reward without punishment: Economic conditions and the vote. *Political Research Quarterly* 47 (3): 721–731.
Rattinger, Hans, und Dieter Ohr. 2000. Konjunkturentwicklung, Wahrnehmung der Wirtschaftslage und Parteipräferenzen in Deutschland, 1977–1998. In: *50 Jahre Empirische Wahlforschung in Deutschland: Entwicklungen, Befunde, Perspektiven, Daten*, Hrsg. Markus Klein, Wolfgang Jagodzinski, und Ekkehard Mochmann, 309–339. Westdeutscher.
Rattinger, Hans und Markus Steinbrecher. 2011. Economic voting in times of economic crises. *German Politics* 20 (1): 128–145.
Sanders, David. 2000. The real economy and the perceived economy in popularity functions: How much do voters need to know? A study of British data, 1974–1997. *Electoral Studies* 19 (2–3): 275–294.
Tufte, Edward R. 1975. Determinants of the outcomes of midterm congressional elections. *American Political Science Review* 69 (3): 812–826.

Die Kommunikation der Parteien im Wahlkampf: Eine Analyse anhand von Pressemitteilungen

6

Harry Horstmann, Moritz Thalmann und Arne Zillmer

6.1 Einleitung

Mit 10,7 % erreichten Bündnis 90/Die Grünen bei der Bundestagswahl 2009 ihr bislang bestes Ergebnis. Danach ging es mit den Umfragewerten steil aufwärts. Den Höhepunkt erreichten sie nach der Nuklearkatastrophe von Fukushima mit 28 %.[1] Doch seitdem ging der Trend bei den Grünen wieder in die andere Richtung: In Umfragen zur Bundestagswahl 2013 lagen sie bei nur noch rund 10 % und erreichten bei der Bundestagswahl 2013 schließlich 8,4 %. Liegt das am Themenmanagement von Bündnis 90/Die Grünen im Wahlkampf?

Die Salienztheorie besagt, dass im Parteienwettbewerb jede Partei jene Themen hervorhebt, die sie „besitzt" und die sich im politischen Wettbewerb zu ihren Gunsten auswirken (Budge und Farlie 1983). Bündnis90/Die Grünen wird vorgeworfen,

---

[1] wahlrecht.de (2014a); siehe auch Kapitel 4 in diesem Band.

H. Horstmann (✉)
Hamburg, Deutschland
E-Mail: harryhorstmann@web.de

M. Thalmann
Berlin, Deutschland
E-Mail: MoritzThalmann@gmx.de

A. Zillmer
Himmelpforten, Deutschland
E-Mail: arne.zillmer@web.de

© Springer Fachmedien Wiesbaden 2015
O. Strijbis, K.-U. Schnapp (Hrsg.), *Aktivierung und Überzeugung im Bundestagswahlkampf 2013*, DOI 10.1007/978-3-658-05050-4_6

dass sie zu wenig auf ihre Kernthemen Tierschutz, Umweltschutz und Verbraucherschutz gesetzt hätten. Vor allem die Energiewende sei vernachlässigt worden und das Thema erlangte keine ausreichende Aufmerksamkeit in der Wahrnehmung der Wahlberechtigten – so der selbstkritische Tenor des Bundesvorstandes Bündnis 90/Die Grünen auf dem Bundesparteitag vom 18. Oktober 2013. Das Wahlprogramm der CDU hingegen zeichnete sich weniger durch konkrete Vorschläge aus. Nach acht Jahren Kanzlerschaft beherrschte die Retrospektive auf die Erfolge der vergangenen Legislaturperioden das Programm und die Wahlkampfführung.

Bisherige Wahlkampfstudien untersuchen, welchen Stellenwert Parteien verschiedenen Wahlkampfinstrumenten einräumen, das heißt ob und wie Parteien die politischen Präferenzen der Wahlberechtigten ermitteln. Es wird auch untersucht, inwieweit Parteien ihre Adressaten und Rezipienten direkt oder indirekt über die Massenmedien erreichen und welche Medien dabei besonders effektiv eingesetzt werden. Daran knüpfen einerseits die Fragen an, inwiefern sich die Medien für Kampagnenzwecke einspannen lassen oder andererseits wie Wahlkampagnen überhaupt die wahlberechtigte Bevölkerung beeinflussen und wie stark Kampagneninstrumente auf das individuelle Wahlverhalten wirken. Das primäre Forschungsinteresse dieses Kapitels hingegen, ist den beschriebenen Forschungsinteressen vorgelagert. Mittels der Analyse von Pressemitteilungen soll überprüft werden, welche Themen die Parteien im Wahlkampf kommunizieren und wie sich das entsprechende Kommunikationsverhalten erklären lässt. Ein Mittel um Sachthemen in den Vordergrund zu rücken und Wahlkampf zu führen, bilden die Pressemitteilungen. Diese erlauben es den Parteien, ihre Perspektive möglichst ungekürzt und unverfälscht an die Öffentlichkeit zu bringen. Sie bilden eine geeignete Grundlage, um das Kommunikationsverhalten von Parteien zu untersuchen und zum Beispiel ganz konkret zu hinterfragen, ob die Partei Bündnis 90/Die Grünen tatsächlich ihre Kernthemen während des Wahlkampfes vernachlässigt hat.

6.2 Welche Themen kommunizieren Parteien im Wahlkampf?

Wahlkämpfe sind Zeiten intensiver Kommunikation, in denen Parteien versuchen, den Ausgang einer anstehenden Wahl zu ihren Gunsten zu beeinflussen (Hirsch-Weber und Schütz 1967, 3; Bowler und Farrell 1992, 10–11; Farrell und Schmitt-Beck 2002). An der Wahlkampfkommunikation sind drei Gruppen von Akteuren beteiligt. Kandidaten und Parteien treten als wichtigste Initiatoren von Wahlkampfkommunikation in Erscheinung und stehen im Fokus der Betrachtung dieser Arbeit. Daneben sind die Wahlberechtigten zu berücksichtigen. Diese sind in erster Linie die Adressaten und Rezipienten. Schließlich sind auch die Massenmedien Akteur. Sie treten hauptsächlich als vermittelnde Instanz zwischen Politik und Wahlberechtigten in Erscheinung (Schoen 2005, S 505). Um ihre Kommunikationsstrategien durchzusetzen, übermitteln Parteien ihre Botschaften mithilfe dreier Teilkampagnen (Radunski 1980). Erstens führen sie eine *Parteien- und Mobilisierungskampagne* durch. Parteien mobilisieren Anhänger und Unentschiedene auf öffentlichen Kundgebungen sowie mit persönlichen Kontakten in Fußgängerzonen. Zweitens inszenieren Parteien eine *politische Kampagne*, mit der es gelingen soll, auf die Medienberichterstattung Einfluss zu nehmen. Drittens werden in der *Werbekampagne* sämtliche Formen bezahlter Werbung genutzt. In der vorliegenden Arbeit wird die politische Kampagne genauer betrachtet. Für die Parteien ist dieser Weg über die reguläre Medienberichterstattung vor allem deshalb attraktiv, weil diese von den Rezipienten als vergleichsweise objektiv und glaubwürdig eingeschätzt wird und daher verhältnismäßig große Chancen besitzen dürfte, Wahlberechtigte zu beeinflussen (Kepplinger 1989). Parteien versuchen es für Journalisten attraktiv zu machen, ihre Botschaften möglichst unverändert zu vermitteln. Dazu orientieren sie sich bei der Gestaltung von sogenannten Pressemitteilungen an journalistischen Kriterien, etwa dem Nachrichtenwert (Schulz 1994, S 322). Aus diesem Grund inszenieren Parteien Veranstaltungen oder Parlamentsdebatten mediengerecht oder arrangieren und terminieren Ereignisse, zum Beispiel Einweihungen und Pressekonferenzen, um so in die Medienberichterstattung zu gelangen. Diese und andere Formen des Nachrichten-, Themen- und Ereignismanagements sind aus modernen Wahlkämpfen nicht mehr wegzudenken (Schoen 2005, S 511).

Das Verhalten von Parteien kann man durch zwei konkurrierende Modelle erklären: Das der *selective emphasis* (im folgenden Salienztheorie genannt) und das der *direct confrontation* (im folgenden Konfrontationstheorie genannt) (Budge und Farlie 1983). Ausgangspunkt beider Theorien ist die Annahme, dass in einer Demokratie vorwiegend die Parteien die Vermittlungsfunktion zwischen Wählerschaft und politischem System wahrnehmen. Sie bieten einem Großteil der Wähler politische Orientierungshilfen, indem sie komplexe politische Sachverhalte vereinfachen, wichtige Themen aufgreifen, Lösungsvorschläge anbieten und für Konzepte werben. Entsprechend treffen die meisten Wähler ihre politischen Entscheidungen aufgrund der Alternativen, die ihnen die Parteien anbieten. Somit wird das Wählerverhalten grundlegend von der Kommunikation der Parteien beeinflusst.

Das Modell der Konfrontationstheorie ist die traditionelle Sicht des Parteienwettbewerbs. Die Parteien präsentieren zu einem Thema verschiedene Lösungsansätze. Um die zum Teil realitätsfernen und starren Annahmen des Parteienwettbewerbs nach Downs zu aktualisieren, wurde die Salienztheorie entwickelt. Die Salienztheorie geht davon aus, dass Parteien aneinander vorbei reden beziehungsweise ihre eigenen Themen in den Vordergrund stellen und die der anderen ignorieren (Simon 2002, S 92–120). Im Folgenden werden von den beiden Erklärungsansätzen Erwartungen in Bezug auf das Kommunikationsverhalten der Parteien bei den Bundestagswahlen 2013 abgeleitet.

6.2.1 Politische Kommunikation gemäß der Salienztheorie

Parteien setzen unter anderem regelmäßig Thematisierungs- und Dethematisierungsstrategien ein. Sie streben danach, politische Themen in den Vordergrund zu rücken, bei denen sie in der öffentlichen Wahrnehmung als besonders kompetent gelten beziehungsweise zu denen sie populäre Positionen vertreten. Von unpopulären Positionen versuchen sie dagegen abzulenken. Diesen Versuchen, die öffentliche Agenda zu beeinflussen, liegt die Überlegung zugrunde, dass ein Bürger, der bei einem Thema eine Partei unterstützt, mit hoher Wahrscheinlichkeit für diese stimmen wird, wenn ihm das betreffende Thema bei der Wahlentscheidung präsent ist (Zaller 1992). Parteien verfolgen also das Ziel, indirekt, nämlich über die Beeinflussung der wahrgenommenen Wichtigkeit von Themen, ihre Wahlchancen zu steigern (Berelson et al. 1954, S 235–238; Pomper 1977, S 169; Budge und McKay 1993, S 47–51; Petrocik 1996).

Die Salienztheorie besagt im Wesentlichen, dass im Parteienwettbewerb jede Partei jene Themen hervorhebt, die sie „besitzt" und die sich im politischen Wettbewerb zu ihren Gunsten auswirken (Budge und Farlie 1983). Als „eigene" Themen werden im Modell Themen bezeichnet, die der Wähler als einer Partei zugehörig wahrnimmt. Er erachtet genau diese Partei in dieser politischen Sachfrage als lösungskompetent. Parteien reagieren somit nicht nur auf die Wünsche des Wählers, indem sie einfach nur seine Präferenzen repräsentieren, sie versuchen stattdessen, sich auf bestimmte politische Sachgebiete zu konzentrieren und sich darin zu profilieren.

Wie kommunizieren die Parteien gegenüber den Wahlberechtigten, um Stimmen zu gewinnen? Die herkömmliche Auffassung geht dahin, dass sich Parteien in großen Debatten über einzelne Themen um die Gunst der Wähler streiten, indem sie die Vorschläge anderer Parteien verwerfen und Alternativen zum jeweiligen Thema anbieten (Konfrontationstheorie). Die bahnbrechende Untersuchung von Budge und Farlie (1983) hat allerdings gezeigt, dass nicht Alternativen zu einer Vielzahl von aktuellen Themen, sondern andere, parteispezifische Inhalte vorgebracht werden, bei denen sich die Partei besonders kompetent gibt und von denen sie sich Aufmerksamkeit verspricht (Budge und Farlie 1983, 23).

Die Salienztheorie nimmt somit an, dass einzelne Parteien mit allgemeinen Zielen in einzelnen Politikbereichen assoziiert werden, zum Beispiel konservative Parteien mit dem Ziel der Erhaltung von Ruhe und Ordnung, sozialistische

Parteien mit dem Ziel sozialer Gerechtigkeit. Durch die Hervorhebung derartiger Themenbereiche vermitteln die Parteien den Wahlberechtigten themenbezogene, spezifische Kompetenzen und Lösungsvorschläge. Sie nehmen die Themenführerschaft ein. Die Parteiverantwortlichen wissen um diese Themenführerschaft und betonen daher vor allem die eigenen Themen (Budge, Ian 2001, S 85–87). Die Parteien unterstreichen somit unterschiedliche Themen und nehmen nicht wie in der Konfrontationstheorie eine klar differenzierbare Position in ein und demselben Politikfeld ein. Die Parteien reden eher aneinander vorbei, als sich im Diskurs mit einem Thema auseinanderzusetzen. Bei der Untersuchung des Phänomens der *Themenvermeidung* wird davon ausgegangen, dass Parteien Themenfelder vermeiden, in welchen ihren Kontrahenten die Problemlösungskompetenz zugesprochen wird. Stattdessen versuchen Parteien, andere Themen in den Vordergrund zu rücken.

6.2.2 Das Modell der direkten Konfrontation

Wie schon die „ökonomische Theorie" des Wählens (siehe Kapitel 5 in diesem Band) beruft sich die Konfrontationstheorie auf Anthony Downs (1957). In seinem Modell stellt Downs sowohl Annahmen über Wähler als auch über Parteien auf. Er geht unter anderem davon aus, dass Parteien von dem Verlangen getrieben werden, möglichst viel Unterstützung durch die Wähler zu bekommen. Er nimmt weiter an, dass sie Ideologien entwickeln und dass die Form der Verteilung der Wähler in einem politischen Spektrum bestimmt, wie viele Parteien vorhanden sein werden. Die Präferenzen der Wähler setzt Downs als gegeben voraus. Parteien haben keinen Einfluss auf die Präferenzen der Wähler und müssen sich mit diesen „arrangieren". Das heißt, sie können diese Präferenzen nur zum Thema ihrer politischen Diskussion machen, sie können dagegen keine Präferenzen induzieren. Das impliziert, dass Parteien Themen ansprechen müssen, die bei den Wählern bereits Relevanz haben.

Als Grundannahmen der Konfrontationstheorie des Parteienwettbewerbs werden in Abgrenzung zur Salienztheorie nach Budge (2001, S 86) zwei Phänomene gegenübergestellt, welche sich aus den Annahmen der „Ökonomischen Theorie der Demokratie" nach Anthony Downs (1957) ableiten lassen. Erstens nehmen Parteien eine eindeutige Position in jedem Politikfeld ein, das heißt die Themen sind grundsätzlich konfrontativ und niemals nicht-konfrontativ. So positionieren sich Regierungs- und Oppositionsparteien im Wahlkampf unterschiedlich. Die Parteien nehmen explizite Positionen in jedem Politikfeld ein, die sich zwischen einer vollkommenen Befürwortung oder absoluten Ablehnung verorten lassen. Parteipositionen können also auch unabhängig von der Themenführerschaft erhoben und einander gegenübergestellt werden.

Die inhaltliche Konfrontation impliziert auch eine Rhetorik der Konfrontation. Anstatt dass die Parteien aneinander vorbeireden, greifen sie sich gegenseitig an. Parteien stellen also nicht nur die eigene Position positiv dar, sondern zielen zusätzlich darauf ab, den politischen Gegner in ein schlechtes Licht zu rücken (Patterson 1994, S 204). Dazu wird dem politischen Gegner die Kompetenz abgesprochen, die Regierungsgeschäfte zu führen. Dieses negative campaigning (Ansolabehere und Iyengar 1997; Lau und Pomper 2004) kann aber auch über inhaltlich-politische Fragen hinausgehen und die persönliche Integrität einzelner Politiker zum Gegenstand der Debatte machen. Empirische Analysen zeigen, dass negative campaigning für Oppositionsparteien ein probates Mittel zu sein scheint, während Regierungsparteien eher damit rechnen müssen, dass sich Angriffe auf den Gegner zu ihrem eigenen Nachteil auswirken können (Lau und Pomper 2002; Garramone 1984). Gemäß der Konfrontationstheorie kann also erwartet werden, dass insbesondere die Oppositionsparteien die Regierung kritisieren. Es soll daher überprüft werden, ob Oppositionsparteien eher zur *direkten Konfrontation* mit dem politischen Gegner neigen als Regierungsparteien.

Zweitens setzen Parteien auf positive Selbstdarstellung, denn sie müssen zeigen, dass sie die besseren Lösungen bereithalten und umsetzen können. Die Policies der Regierung definieren dabei den Status Quo. Regierungsparteien legen daher ihren Schwerpunkt auf die Präsentation ihrer bisherigen Leistungen, während Oppositionsparteien die Regierung für ihre bisherigen Leistungen kritisieren. Aus Sicht der Konfrontationstheorie können wir daher ebenfalls annehmen, dass Regierungsparteien eher zur positiven Selbstdarstellung neigen als Oppositionsparteien.

6.3 Was Parteien kommunizieren: Eine Inhaltsanalyse von Pressemitteilungen der Bundestagsparteien

In diesem Abschnitt werden wir die Datengrundlage unserer Analyse beschreiben. Zuerst werden wir darlegen, wie wir die Themenkompetenz der Parteien messen. Danach werden wir auf die Operationalisierung der Kommunikation von Parteien eingehen. Es ist anzumerken, dass es forschungspraktisch kaum zu bewältigen wäre, das ganze Spektrum möglicher Kommunikation eines Wahlkampfes empirisch abzuprüfen. Die vorliegende Studie beschränkt sich daher auf die indirekte Kommunikation der Parteien anhand ihrer veröffentlichen Pressemitteilungen. Im günstigsten Fall kann das Untersuchungsergebnis so der Forschung einen Baustein hinzufügen, den Parteienwettbewerb zu verstehen und trägt dazu bei, Erklärungsmodelle zu testen.

Für die Studie gelten diejenigen Parteien als relevant, die als mögliche Koalitionspartner einer Bundesregierung zu betrachten sind (coalition potential) oder Parteien, die die Politik der Regierungsparteien beeinflussen können (blackmail potential) (Sartori 1976). Dies trifft zum Zeitpunkt der Ausarbeitung dieser Untersuchung gemäß der Umfragen für den Bundestagswahlkampf 2013 auf die Bundestagsparteien CDU/CSU, SPD, FDP, Bündnis 90/Die Grünen und Die Linke zu.[2]

Damit wir die Kommunikationsstrategien der Parteien analysieren können, müssen wir zuerst eruieren, was in den Augen der Wähler die Kernthemen der Parteien sind, beziehungsweise auf welchen Themen sie als kompetent gelten. Parteikompetenz steht für die den Parteien durch die Wähler zugeschriebene Kompetenz, ein politisches Problem in den Griff zu kriegen oder es gar lösen zu können (Schmitt 2001, S 72). Der hier verwendete Indikator der Parteikompetenz basiert auf folgender Frage, welche regelmäßig in Wählerbefragungen gestellt wird: „Welcher Partei trauen Sie am ehesten zu, [für eine gute Familienpolitik zu sorgen]?[3] Die Antworten auf diese Frage wurden im Juli 2012 ermittelt, also kurz vor dem inoffiziellen Beginn des Wahlkampfes mit der Kür zum Kanzlerkandidaten von Peer Steinbrück. Die Frage ist ein Indikator, mit dem ermittelt wird, auf welche Themen und Themenbereiche sich die öffentliche Wahrnehmung konzentriert und welche Verbindung die Wähler mit bestimmten Parteien herstellen.

Das Themenmanagement der Parteien untersuchen wir anhand einer quantitativen Inhaltsanalyse von Pressemitteilungen. Pressemitteilungen sind für Parteien ein wichtiges Mittel, um aktuelle Bekanntmachungen und Informationen sowohl für potentielle Wähler als auch für Journalisten zur Verfügung zu stellen (Schulz 2010, S 228–293). Der Informationsinput erreicht die Wähler direkt und über interpersonale Kommunikation, überwiegend jedoch über die Medien. Indirekte Kommunikation soll die Berichterstattung der Medien durch zur Verfügung gestellte Informationen beeinflussen. Für Parteien sind Pressemitteilungen daher ein wichtiges Mittel zur politischen Kommunikation. So können sie aktuelle Bekanntmachungen übermitteln und Informationen sowohl für potentielle Wähler, als auch für Journalisten zur Verfügung stellen. Einerseits bieten sie so stets Möglichkeiten zur journalistischen Recherche und Weiterverwendung, andererseits können Pressemitteilungen aber auch über das Internet Wähler direkt erreichen und die Filterung der Pressevertreter umgehen.

Die Pressemitteilungen der Bundestagsparteien wurden zunächst über die jeweiligen öffentlich zugänglichen Onlinearchive heruntergeladen und in einem Ordnersystem abgelegt. 14 Politikfelder dienten als Kategorien für die Sortierung und

---

[2] Siehe wahlrecht.de (2014b).
[3] Siehe Infratest dimap (2012).

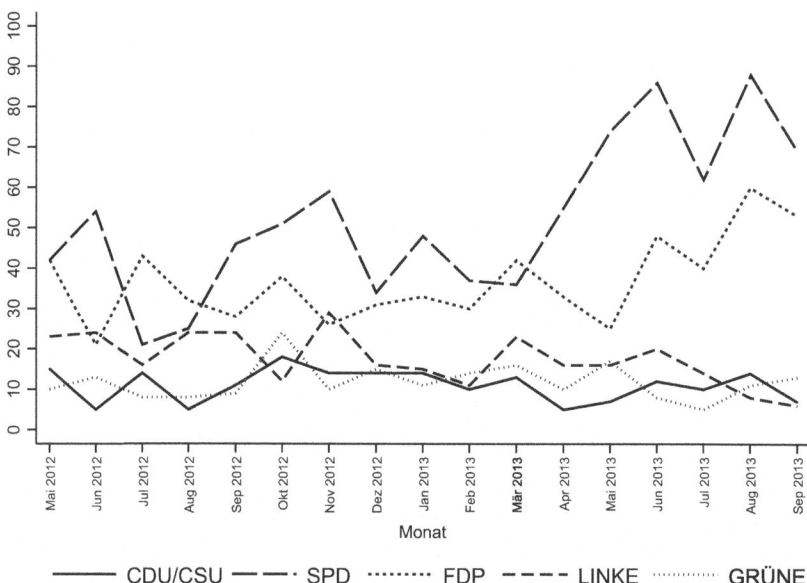

Abb. 6.1 Anzahl Pressemitteilungen pro Partei, Mai 2012– September 2013. Eigene Darstellung©; Quellen: Eigene Daten

Filterung. Die Pressemitteilungen wurden dann anhand ihrer Überschriften inhaltlich vorsortiert und im Anschluss gelesen. Nach dem Lesen erfolgte die endgültige inhaltliche Zuordnung zu den Politikfeldern. Wie in Abb. 6.1 dargestellt konnten so 2.199 Pressemitteilungen thematisch sortiert und den Politikfeldern zugeordnet werden. Pressemitteilungen, die keinem Politikfeld zugeordnet werden konnten und zum Beispiel Terminankündigungen, Gratulationen, Beileidsbekundungen oder Personalentscheidungen beinhalteten, wurden unter „Sonstiges" abgelegt und nicht weiter berücksichtigt. Zum Beispiel wurden 177 der SPD-Pressemitteilungen (das entspricht 20 %) aussortiert, weil es sich dabei ausschließlich um Pressetermine handelte. Für die Auswertung wurden somit insgesamt 1.254 Pressemitteilungen in 14 Politikfeldern kategorisiert. Danach wurden 390 Pressemitteilungen in die Kategorien *direkte Konfrontation* und *positive Selbstdarstellung* eingeordnet, um das Verhalten der Parteien im Parteienwettbewerb konfrontationstheoretisch zu untersuchen. Dabei kam es darauf an, Pressemitteilungen herauszufiltern, die Ziele des politischen Gegners angreifen und seine Lösungskompetenz anzweifeln oder Pressemitteilungen, die den Schwerpunkt auf die Präsentation ihrer bisherigen Leistungen zum Inhalt haben, um sich für die Wahl zu empfehlen. Als Beobachtungszeitraum wurde der Zeitraum vom 1. Mai 2012 bis zum 30. September 2013 festgelegt. Das Ende des Zeitraumes ist durch den Wahltag eindeutig bestimmt, ein offizieller Starttermin für den Wahlkampf existiert jedoch nicht (Schoen 2005, S 512). Wir haben einen frühen Startpunkt gewählt, um die Chance zu erhöhen, mit unserer Erhebung den gesamten Wahlkampfzeitraum zu erfassen.

Allgemein lässt sich anhand Abb. 6.1 beobachten, dass die SPD mit 887 (40,3 % aller Pressemitteilungen) insgesamt die meisten Pressemitteilungen herausgegeben hat. Gefolgt wird sie von der FDP mit insgesamt 625 (28,4 %) Pressemitteilungen, der Partei Die Linke mit 297 (13,5 %), Bündnis 90/Die Grünen mit 202 (9,2 %) und der CDU/CSU mit 188 (8,6 %) Pressemitteilungen. Bei der Betrachtung der Häufigkeitsverteilungen auf dem Zeitstrahl fällt auf, dass die Veröffentlichung von Pressemitteilungen bei allen Parteien quantitativ unterschiedlichen Schwankungen unterliegen, die mit keinem spezifischen Ereignis (zum Beispiel Parteitagen, Nominierungen oder tagespolitischen Ereignissen) verknüpft sind. Die einzige gemeinsame Auffälligkeit ist zu Beginn der parlamentarischen Sommerpause 2013 (Juli – August) festzustellen. An diesem Punkt sinkt bei allen Parteien die Anzahl veröffentlichter Pressemitteilungen und steigt danach bei allen Parteien außer bei der Partei Die Linke wieder an. Die CDU/CSU, SPD und FDP erreichen danach ab August 2013 ihre Spitzenwerte bis zum Zeitpunkt der Ausstrahlung des TV-Duells zwischen den Kanzlerkandidaten Angela Merkel und Peer Steinbrück am 1. September 2013. Danach fallen die Werte bei allen Parteien wieder auf die Durchschnittswerte zurück, außer bei Bündnis 90/Die Grünen.

6.4 Das Verhalten von Parteien: Parteikompetenz und Themenführerschaft

In diesem Kapitel wird nun genauer betrachtet, welche Themen die Parteien vermeiden und welche sie dafür eher in den Vordergrund stellen. Ebenfalls wird untersucht, ob die Partein ihre Gegner angreifen oder ob sie sich selbst positiv darstellen. Damit kann untersucht werden, inwiefern sich das Verhalten von Parteien durch die vorgestellten Modelle der Konfrontationstheorie und Salienztheorie erklären lässt.

6.4.1 Welche Themen vermeiden die Parteien und welche stellen sie in den Vordergrund?

Gemäß der Salienztheorie können wir davon ausgehen, dass die Parteien im Wahlkampf jene Themen forcieren, bei denen ihnen die Wähler Kompetenz attestieren.

Sie sollten jedoch jene Themenfelder vermeiden, in welchen ihren Kontrahenten und nicht ihnen die Problemlösungskompetenz zugesprochen wird. Für jede Partei zeigt die erste Spalte in Tab. 6.1 den Anteil der Wähler, welche diese Partei im entsprechenden Themengebiet für am kompetentesten halten. Es zeigt sich, dass vor dem Wahlkampf zur Bundestagswahl 2013 die CDU vor allem in den Bereichen Wirtschaft, Europa- und Außenpolitik als kompetent gilt. Schwach schneidet sie in den Augen der Wähler jedoch in der Umweltpolitik ab. Die SPD hingegen gilt vor allem in der Bildungs- und Familienpolitik als kompetent. Bei ihrem traditionellen Kernthema Arbeitsmarkt wird der SPD nur mittlere Kompetenz zugeschrieben, bei der Umwelt- und Europapolitik schneidet sie schlecht ab. Die FDP hat ihre traditionelle Wirtschaftskompetenz zu diesem Zeitpunkt weitgehend verspielt. Möglicherweise dank ihres Außenministers Guido Westerwelle gilt sie noch am ehesten in der Außenpolitik als kompetent. Die Kompetenzen von Bündnis 90/Die Grünen fallen in den Augen der Wähler je nach Thema sehr unterschiedlich aus. So gelten sie als äußerst kompetent in der Umweltpolitik, unter anderem in den Bereichen Europa, Wirtschaft und Arbeitsmarkt wird ihnen aber wenig Sachverstand beschieden. Der Linken schließlich fehlt ähnlich wie der FDP eine klare Themenführerschaft. Am ehesten wird ihr in der Steuer-, Bildungs- und Familienpolitik Themenführerschaft attestiert. Schwächen sind in den Augen der Wähler die Außen-, Wirtschafts- und Europapolitik.

Die zweite Spalte in Tab. 6.1 zeigt für alle Parteien die Abweichung vom durchschnittlichen Anteil der Pressemitteilungen, welche zu den verschiedenen Kategorien verfasst wurden. Die unterste Zeile gibt den Korrelationskoeffizienten an, welcher hier als Maß für den statistischen Zusammenhang zwischen den Kompetenzwerten und dem Anteil an Pressemitteilungen über die Themenkategorien hinweg verwendet wird. Wie die Tabelle zeigt, hebt die CDU/CSU im Vergleich mit anderen Parteien keines der hier analysierten Themen deutlich hervor. Am ehesten noch legt sie einen spezifischen Fokus auf die Familien- und auf die Wirtschaftspolitik. Sie vermeidet hingegen vor allem die Themen Außenpolitik, Arbeitsmarkt sowie Umwelt. Insgesamt versendet die CDU/CSU nicht mehr Pressemitteilungen zu Themen, bei welchen ihr Themenführerschaft attestiert wird, als zu anderen Themen. Im Gegenteil finden wir sogar eine leichte negative Korrelation zwischen Themenkompetenz und Häufigkeit der Pressemitteilungen.

Die SPD publizierte im Vergleich zu den anderen Parteien deutlich mehr Pressemitteilungen zur Familien- und Bildungspolitik – den beiden Themen, bei welchen sie am ehesten Themenführerschaft beanspruchen kann. Bei der SPD weicht die Häufigkeit der veröffentlichten Pressemitteilungen vor allem bei den Themen Außenpolitik, Europa und Umwelt negativ vom Mittelwert ab. Dies sind allesamt Themen, bei welchen der SPD verhältnismäßig niedrige Kompetenzwerte attestiert

Tab. 6.1 Parteikompetenzen und Pressemitteilungen nach Themengebiet. Quellen: Infratest dimap (2012; 2010)

	CDU/CSU		SPD		FDP		Grüne		Die Linke	
	Höchste Kompetenz (in %)	Anteil Pressemitteilungen (Abweichung vom ø in %)	Höchste Kompetenz (in %)	Antil Pressemitteilungen (Abweichung vom ø in %)	Höchste Kompetenz (in %)	Anteil Pressemitteilungen (Abweichung vom ø in %)	Höchste Kompetenz (in %)	Anteil Pressemitteilungen (Abweichung vom ø in %)	Höchste Kompetenz (in %)	Anteil Pressemitteilungen (Abweichung vom ø in %)
Arbeitsmarkt	39	−6,7	30	2,4	4	−6,0	4	−4,0	3	14,4
Außenpolitik	41	−8,9	30	−8,3	6	10,7	5	7,3	1	−0,8
Bildungspolitik	26	0,6	38	5,1	4	−0,1	9	−3,0	5	−2,6
Europapolitik	42	−3,7	17	−5,4	1	14,6	1	−1,4	1	−4,2
Familienpolitik	24	3,8	38	11,8	1	−5,8	13	−4,1	6	−5,7
Gesundheit	29	−2,1	33	0,9	4	2,6	8	−0,3	3	−1,0
Steuerpolitik	29	−0,3	30	−0,9	5	2,7	4	−3,3	4	1,8
Umweltpolitik	13	−4,3	8	−2,8	1	2,0	60	5,8	2	−0,7
Wirtschaft	44	2,5	29	−0,5	4	1,0	4	−1,9	1	−1,1
Korrelationskoeffizient	−0,23		0,60		0,06		0,52		−0,09	

Bemerkungen: Umfragedaten zu Kompetenz in Umweltpolitik stammen aus dem Jahr 2010 werden. Das Kommunikationsverhalten der SPD folgt also in beinahe idealtypischer Weise der Salienztheorie, was auch am hohen Korrelationskoeffizienten abgelesen werden kann.

Die FDP äußerte sich besonders oft zu den Themen Außenpolitik und Europapolitik und selten zur Familien- und Arbeitsmarktpolitik. Da sie vor der Bundestagswahl 2013 bei keinem Politikgebiet Themenführerschaft beanspruchen konnte, überrascht es nicht, dass die Anzahl der Pressemitteilungen in keinem Zusammenhang mit der Themenkompetenz steht.

Die Partei Bündnis 90/Die Grünen forcierte in ihren Pressemitteilungen vor allem die Außen- und Umweltpolitik und vermied im Vergleich zu den anderen Parteien die Thematisierung von Familien-, Arbeitsmarkt- und Steuerpolitik. Damit folgten die Grünen deutlich ihrem Profil als Umweltpartei und umgingen sozioökonomische Themengebiete, bei welchen sie nur über geringe Kompetenzwerte verfügen. Neben der SPD verfolgte also auch die zweite große Oppositionspartei eine Kommunikationsstrategie, wie sie von der Salienztheorie vorhergesagt wird.

Die Linke schließlich kann ähnlich wie die FDP bei keinem Thema die Themenführerschaft beanspruchen. Sie bearbeitet in ihrem Wahlkampf vor allem die Arbeitsmarktpolitik und vermeidet eher die Europa- und Familienpolitik. Weil die Linke bei keinem Politikfeld Themenführerschaft beanspruchen kann, überrascht es auch nicht, dass Kompetenzwerte und relative Anzahl von Pressemitteilungen nicht miteinander korrelieren. Gerade mit Bezug auf die Arbeitsmarktpolitik ist es naheliegend davon auszugehen, dass die Linke versucht hat, sich inhaltlich anders als die übrigen Parteien zu positionieren. Dies würde für ein konfrontatives Verhalten der Partei sprechen – eine Strategie, welche wir im nächsten Abschnitt untersuchen werden.

6.5 Das konfrontative Verhalten von Parteien: Positive Selbstdarstellung und direkte Konfrontation

Wie im theoretischen Teil hergeleitet, erwarten wir gemäß der Konfrontationstheorie, dass die Oppositionsparteien zur *direkten Konfrontation* mit dem politischen Gegner neigen, während die Regierungsparteien auf ihre bisherigen Leistungen verweisen. Die erste Zeile in Tab. 6.2 zeigt die prozentuale Verteilung der Pressemitteilungen mit direkter Konfrontation. Insgesamt waren 11 % aller Pressemitteilungen konfrontativen Charakters. Die Anzahl Pressemitteilungen mit Konfrontation variiert aber über die Parteien. Es wird deutlich, dass das Regierungslager mit CDU/CSU und FDP deutlich weniger konfrontativ mithilfe von Pressemitteilungen kommuniziert als die Oppositionsparteien. Der Prozentanteil von CDU/

Tab. 6.1 Parteikompetenzen und Pressemitteilungen nach Themengebiet. Quellen: Infratest dimap (2012; 2010)

	CDU/CSU		SPD		FDP		Grüne		Die Linke	
	Höchste Kompetenz (in %)	Anteil Pressemitteilungen (Abweichung vom ø in %)	Höchste Kompetenz (in %)	Anteil Pressemitteilungen (Abweichung vom ø in %)	Höchste Kompetenz (in %)	Anteil Pressemitteilungen (Abweichung vom ø in %)	Höchste Kompetenz (in %)	Anteil Pressemitteilungen (Abweichung vom ø in %)	Höchste Kompetenz (in %)	Anteil Pressemitteilungen (Abweichung vom ø in %)
Arbeitsmarkt	39	−6,7	30	2,4	4	−6,0	4	−4,0	3	14,4
Außenpolitik	41	−8,9	30	−8,3	6	10,7	5	7,3	1	−0,8
Bildungspolitik	26	0,6	38	5,1	4	−0,1	9	−3,0	5	−2,6
Europapolitik	42	−3,7	17	−5,4	1	14,6	1	−1,4	1	−4,2
Familienpolitik	24	3,8	38	11,8	1	−5,8	13	−4,1	6	−5,7
Gesundheit	29	−2,1	33	0,9	4	2,6	8	−0,3	3	−1,0
Steuerpolitik	29	−0,3	30	−0,9	5	2,7	4	−3,3	4	1,8
Umweltpolitik	13	−4,3	8	−2,8	1	2,0	60	5,8	2	−0,7
Wirtschaft	44	2,5	29	−0,5	4	1,0	4	−1,9	1	−1,1
Korrelationskoeffizient	−0,23		0,60		0,06		0,52		−0,09	

Bemerkungen: Umfragedaten zu Kompetenz in Umweltpolitik stammen aus dem Jahr 2010 werden. Das Kommunikationsverhalten der SPD folgt also in beinahe idealtypischer Weise der Salienztheorie, was auch am hohen Korrelationskoeffizienten abgelesen werden kann.

Die FDP äußerte sich besonders oft zu den Themen Außenpolitik und Europapolitik und selten zur Familien- und Arbeitsmarktpolitik. Da sie vor der Bundestagswahl 2013 bei keinem Politikgebiet Themenführerschaft beanspruchen konnte, überrascht es nicht, dass die Anzahl der Pressemitteilungen in keinem Zusammenhang mit der Themenkompetenz steht.

Die Partei Bündnis 90/Die Grünen forcierte in ihren Pressemitteilungen vor allem die Außen- und Umweltpolitik und vermied im Vergleich zu den anderen Parteien die Thematisierung von Familien-, Arbeitsmarkt- und Steuerpolitik. Damit folgten die Grünen deutlich ihrem Profil als Umweltpartei und umgingen sozioökonomische Themengebiete, bei welchen sie nur über geringe Kompetenzwerte verfügen. Neben der SPD verfolgte also auch die zweite große Oppositionspartei eine Kommunikationsstrategie, wie sie von der Salienztheorie vorhergesagt wird.

Die Linke schließlich kann ähnlich wie die FDP bei keinem Thema die Themenführerschaft beanspruchen. Sie bearbeitet in ihrem Wahlkampf vor allem die Arbeitsmarktpolitik und vermeidet eher die Europa- und Familienpolitik. Weil die Linke bei keinem Politikfeld Themenführerschaft beanspruchen kann, überrascht es auch nicht, dass Kompetenzwerte und relative Anzahl von Pressemitteilungen nicht miteinander korrelieren. Gerade mit Bezug auf die Arbeitsmarktpolitik ist es naheliegend davon auszugehen, dass die Linke versucht hat, sich inhaltlich anders als die übrigen Parteien zu positionieren. Dies würde für ein konfrontatives Verhalten der Partei sprechen – eine Strategie, welche wir im nächsten Abschnitt untersuchen werden.

6.5 Das konfrontative Verhalten von Parteien: Positive Selbstdarstellung und direkte Konfrontation

Wie im theoretischen Teil hergeleitet, erwarten wir gemäß der Konfrontationstheorie, dass die Oppositionsparteien zur *direkten Konfrontation* mit dem politischen Gegner neigen, während die Regierungsparteien auf ihre bisherigen Leistungen verweisen. Die erste Zeile in Tab. 6.2 zeigt die prozentuale Verteilung der Pressemitteilungen mit direkter Konfrontation. Insgesamt waren 11 % aller Pressemitteilungen konfrontativen Charakters. Die Anzahl Pressemitteilungen mit Konfrontation variiert aber über die Parteien. Es wird deutlich, dass das Regierungslager mit CDU/CSU und FDP deutlich weniger konfrontativ mithilfe von Pressemitteilungen kommuniziert als die Oppositionsparteien. Der Prozentanteil von CDU/

6 Die Kommunikation der Parteien im Wahlkampf

Tab. 6.2 Pressemitteilungen mit direkter Konfrontation und positiver Selbstdarstellung. Quellen: Eigene Daten

	CDU/CSU	SPD	FDP	Linke	Grüne	Total
Konfrontation in %	7,98	14,77	3,20	17,85	16,83	11,51
pos. Selbstdarstellung in %	6,91	1,35	0,64	2,02	1,49	0,02
N	188	887	625	297	202	2199

CSU und FDP zusammengenommen liegt sogar deutlich unter den Werten jeder einzelnen Oppositionspartei. Die kleineren Oppositionsparteien Bündnis 90/Die Grünen und Die Linke veröffentlichten außerdem mehr Pressemitteilungen mit konfrontativem Inhalt als die Volkspartei SPD und mehr als doppelt so viele wie die CDU/CSU. Die vorliegenden Häufigkeitsverteilungen belegen daher die Hypothese, dass Regierungsparteien weniger zu konfrontativer Kommunikation neigen als Oppositionsparteien.

Die zweite Zeile in Tab. 6.2 präsentiert die Verteilung der Pressemitteilungen mit positiver Selbstdarstellung. Es gibt im Ganzen deutlich weniger Pressemitteilungen mit positiver Selbstdarstellung als Pressemitteilungen mit direkter Konfrontation, wobei die Anzahl wiederum deutlich über die Parteien variiert. Relativ betrachtet veröffentlicht CDU/CSU die meisten Pressemitteilungen mit positiver Selbstdarstellung. Sie ist seit mehr als zwei Legislaturperioden an der Regierung beteiligt und kann somit auf staatsmännisches Handeln setzen und muss weniger auf parteipolitische Kämpfe reagieren. Alle anderen Parteien geben erkennbar weniger Pressemitteilungen in dieser Kategorie heraus. Es fällt auf, dass die FDP doppelt so viele Pressemitteilungen mit konfrontativem Charakter veröffentlicht wie solche, in welcher die bisherigen Regierungsleistungen kommuniziert werden.

Insgesamt zeigt sich, dass sowohl die Salienz- als auch die Konfrontationstheorie wichtige Aspekte der Parteienkommunikation erklären können. Welcher Logik die Parteien folgen, hängt von verschiedenen Faktoren ab. Einerseits macht es für eine Partei nur dann Sinn, ihre Kommunikation nach ihrer Themenkompetenz zu richten, wenn sie auf einem Politikfeld Themenführerschaft beanspruchen kann. Die Linke liegt in den Umfragen zur Problemlösungskompetenz zusammen mit der FDP weit abgeschlagen hinter allen anderen Parteien, weshalb es für sie wenig Sinn gemacht hätte, den Fokus auf Themenfelder zu legen, bei welchen sie die höchsten Kompetenzwerte hat. Wie von der Theorie erwartet, hat sie daher versucht, die gegnerischen Parteien auf Themenfeldern wie der Arbeitsmarktpolitik anzugreifen, bei welcher sie klar unterscheidbare Politiken vertritt. Auch das Verhalten der Grünen und der SPD entspricht dem Erwarteten. Beide fokussieren besonders jene Themen, bei denen sie Themenführerschaft beanspruchen können. Als Oppositionsparteien gehen sie gleichzeitig der Konfrontation mit der Regierung nicht aus dem Weg. Die CDU/CSU wiederum setzte anders als erwartet nicht konsequent auf jene Themen, bei welchen sie als kompetenteste Partei gilt. Das spricht gegen die Salienztheorie. Wie von der Konfrontationstheorie erwartet, betont die Union dagegen vor allem ihre eigenen Leistungen und geht der Konfrontation aus dem Weg. Die FDP hingegen hat keine Strategie verfolgt, welche mit den beiden von uns bemühten Modellen erklärt werden kann. Eine eindeutige Fokussierung auf eigene Kompetenzgebiete war angesichts der schlechten Kompetenzwerte auf allen Gebieten kaum möglich. Der geringe Anteil von Pressemitteilungen mit positiver Selbstdarstellung lässt aber auch nicht darauf schließen, dass die FDP ihre eigenen Leistungen als Regierungspartei in den Vordergrund gestellt hätte. Und der geringe Anteil an Pressemitteilungen mit konfrontativem Charakter lässt ebenfalls nicht darauf schließen, dass sie sich im Stile einer Oppositionspartei mit Angriffen auf die politischen Gegner profiliert hätte.

6.6 Bündnis 90/Die Grünen – Wahlverlierer aufgrund falscher Themensetzung?

Bündnis 90/Die Grünen hat sich während des Wahlkampfs nicht aus dem Umfragetief erholt und von August bis September 2013 in den Umfragen noch einmal 3 Prozentpunkte verloren (siehe Kapitel 4 in diesem Band). Nach dem TV-Dreikampf zwischen den Spitzenkandidaten Jürgen Trittin, Rainer Brüderle und Gregor Gysi lag die Partei drei Wochen vor der Wahl bei 10 %. In den Medien machte sich zu diesem Zeitpunkt die Diskussion breit, ob das daran liege, dass die Grünen ihr Kernthema Umweltpolitik vernachlässigen (Gathmann und Medick 2013).

Tabelle 6.1 zeigt aber, dass die Grünen der Umweltpolitik einen erheblichen Anteil der Pressemitteilungen gewidmet haben. Insgesamt beschäftigen sich mit dem Thema 13,7 % der Pressemitteilungen von Bündnis 90/Die Grünen. Der Vorwurf der Medien als Steuererhöhungspartei den Wahlkampf bestritten zu haben, kann anhand des Indikators der veröffentlichten Pressemitteilungen hingegen nicht bestätigt werden. Nur 0,6 % der Pressemitteilungen von Bündnis 90/Die Grünen beinhalten Nachrichten zum Thema Steuer- und Fiskalpolitik.

Auf den ersten Blick scheint die Wahlniederlage der Grünen also nicht auf die Vernachlässigung ihres Kernthemas zurück zu führen zu sein. Es könnte aber sein, dass sie gegen Ende des Wahlkampfes das Umweltthema zu wenig in den Vordergrund rückten und deshalb die Wahlen verloren haben. Um dies zu untersuchen, ist ein Vergleich zwischen der Themenkommunikation und Daten zur Wählermobilisierung über die Zeit nötig. Wie in Kapitel 3 dieses Bandes dargelegt wird, kann

6 Die Kommunikation der Parteien im Wahlkampf   113

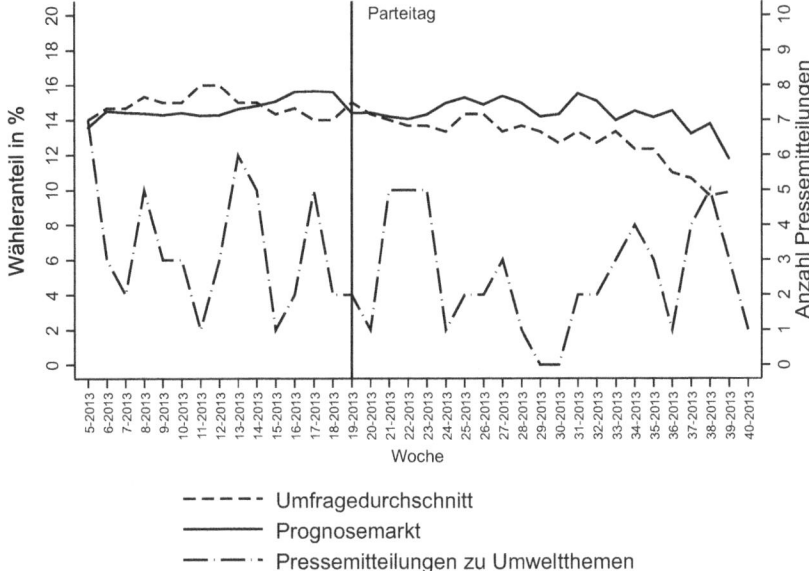

Abb. 6.2 Pressemitteilungen der Grünen zur Umweltpolitik und Umfragewerte. Eigene Darstellung©; Quellen: Eigene Daten, wahlrecht.de

die Aktivierung und Überzeugung von Wählern während eines Wahlkampfes mit Umfrage- und Prognosemarktdaten nachgezeichnet werden. Daher untersuchen wir für Bündnis 90/Die Grünen den Zusammenhang zwischen der Kommunikation von Umweltthemen und den in diesem Band verwendeten Umfragedurchschnitten und Vorhersagen des Prognosemarktes.

Abbildung 6.2 zeigt die Anzahl Pressemitteilungen zu Umweltthemen im Vergleich mit dem Umfragedurchschnitt und den Prognosemarktwerten seit den Landtagswahlen in Niedersachsen. Es zeigt sich, dass die Anzahl Pressemitteilungen zu Umweltthemen nicht mit den Umfrage- und Prognosemarktwerten korrelieren. So beschleunigt sich der Abwärtstrend bei den Umfrage- und Prognosemarktwerten nicht zwischen Woche 24 und 33, während denen die Grünen besonders wenige Pressemitteilungen zur Umweltpolitik veröffentlichen, sondern erst ab Woche 35. Ab diesem Zeitpunkt veröffentlichen die Grünen jedoch wieder mehr Pressemitteilungen zur Umweltpolitik. Auch die Analyse der Pressemitteilungen und der Umfrage- und Prognosemarktwerte über die Zeit spricht also gegen die These, dass die Grünen aufgrund ihrer eigenen Themensetzung die Wahlen verloren haben.

Im Zusammenhang mit der angeblichen Vernachlässigung der Umweltpolitik wurde ebenfalls oft behauptet, dass die Popularität der Grünen unter der Forderung nach höheren Steuern gelitten habe. Die Forderung nach Steuererhöhungen wurde auf dem Parteitag vom 26.-28. April 2013 gefasst (Der Spiegel 2013). Wie Abb. 6.2 zeigt, hatte dies aber keinen eindeutigen Einfluss auf den Trend bei der Sonntagsfrage und dem Prognosemarkt. Wenn man die Umfragewerte genau betrachtet, so kommt man eher zu dem Schluss, dass diese in der Woche des Parteitags kurzfristig leicht angestiegen sind, was auf die erhöhte Aufmerksamkeit, welche die Grünen zu diesem Zeitpunkt erhalten haben, zurückgeführt werden könnte. Schon in der darauffolgenden Woche gingen die Umfragewerte aber wieder auf das Niveau vor dem Parteitag zurück. Zwar verloren die Grünen in den Wochen nach dem Parteitag weiter an Zustimmung, doch erholten sich die Grünen nochmals kurzfristig und der Abwärtstrend verstärkte sich erst gegen Schluss des Wahlkampfes. Daher scheint auch nicht zuzutreffen, dass die Wahlniederlage der Grünen auf ihren Positionsbezug in der Steuerpolitik zurück zu führen ist.

6.7 Fazit

Eine vollständige Untersuchung der Kommunikation aller Parteien zu allen Themen im Hinblick auf den Parteienwettbewerb ist praktisch kaum zu bewältigen. Infolgedessen war es notwendig, sich auf wenige Parteien, ein Instrument, ausgewählte Themen und überschaubare Zeiträume zu konzentrieren. In der vorliegenden Arbeit sollte daher ausschließlich das indirekte Kommunikationsverhalten der Bundestagsparteien während des Wahlkampfes zu den Bundestagswahlen 2013 untersucht werden. Dazu wurden zuerst die Kernthemen der Parteien anhand von Umfragedaten ausgemacht. Mit Hilfe von Pressemitteilungen wurde dann untersucht, ob der Parteienwettbewerb in Bezug auf Themenführerschaft und Themenvermeidung eher einer salienztheoretischen Logik folgt oder ob konfrontationstheoretische Annahmen das Kommunikationsverhalten besser erklären können. Die Gesamtbetrachtung des Kommunikationsverhaltens der Parteien im Hinblick auf Themenführerschaft und Themenvermeidung sowie die Untersuchung der Pressemitteilungen auf konfrontatives Verhalten ergab, dass die Salienztheorie und die Konfrontationstheorie jeweils Teilerklärungen liefern und kein Erklärungsmodell dominiert. So variierte es über die Parteien hinweg, ob sie eher der Salienz- oder Konfrontationslogik gefolgt sind. Bezeichnenderweise konnte nur für die FDP keine klare Strategie nachgewiesen werden.

Neben der FDP wurden vor allem die Grünen für ihr Themenmanagement während des Wahlkampfes kritisiert. So wurde argumentiert, dass sie zu sehr auf Steuererhöhungen gesetzt hätten und zu wenig auf Umweltpolitik. Hier aber konnte auf Basis von Pressemitteilungen nachgewiesen werden, dass Bündnis 90/Die Grünen die Steuerpolitik nicht ins Zentrum ihrer Kampagne gerückt hatte, sondern dass der thematische Schwerpunkt bei der Umweltpolitik lag. Auch wurde gezeigt, dass die Entscheidung, sich für höhere Steuern einzusetzen, keinen großen Einfluss auf das Wahlverhalten gehabt haben dürfte.

Auch wenn unsere Analyse von Pressemitteilungen einige interessante Resultate hervorgebracht hat, so bleiben Fragen offen. Erstens kann nicht ausgeschlossen werden, dass unsere Resultate durch die Wahl der Quellen beeinflusst werden. Obwohl Pressemitteilungen ein wichtiges Kommunikationsmittel in Wahlkämpfen darstellen, so sind sie nur Teil einer viel umfassenderen Parteienkommunikation. Zweitens ist unser Kapitel hauptsächlich auf die Determinanten der Parteienkommunikation gerichtet. Nur mit Bezug auf Bündnis 90/Die Grünen haben wir den Zusammenhang zwischen Themensetzung und Wahlerfolg analysiert. Damit der Effekt der Wahlkampfkommunikation bei den Bundestagswahlen 2013 in seiner Gesamtheit verstanden werden kann, braucht es also noch weitere Analysen.

Literatur

Ansolabehere, Stephen, und Shanto Iyengar. 1997. *Going negative: How political advertisements shrink and polarize the electorate*. New York: Free Press.
Berelson, Bernard, Paul Felix Lazarsfeld, und William Nonwell MacPhee. 1954. *Voting: A study of opinion formation in a presidential campaign*. Chicago: University of Chicago.
Bowler, Shaun, und David M. Farrell. 1992. *Electoral strategies and political marketing*. Basinkstoke: Palgrave Macmillan.
Budge, Ian, und Dennis Farlie. 1983. *Explaining and predicting elections. Issue effects and party strategies in twenty-three democracies*. Winchester: Allan & Unwin.
Budge, Ian, und David H. McKay. 1993. *The developing British political system: The 1990s*. London: Longman.
Budge, Ian. 2001. Manifesto-based research: Theory and measurement of party policy positions. In *Mapping Policy Preferences. Estimates for Parties, Electors, and Governments 1945–1998*, Hrsg. Budge, Ian, Klingemann, Hans-Dieter, Volkens, Andrea, Bara, Judith, und Tanenbaum, Eric, 75–92. Oxford: Oxford University Press.
Der Spiegel. 2013. Parteitag: Grüne beschließen Steuererhöhung. Spiegel.de vom 27. April 2013. http://www.spiegel.de/politik/deutschland/parteitagsbeschluss-gruene-wollen-gut-verdiener-zur-kasse-bitten-a-896908.html. Zugegriffen: 24. Jan. 2013.
Downs, Anthony. 1957. *An economic theory of democracy*. New York: Harper.
Farrell, David M., und Rüdiger Schmitt-Beck. 2002. *Do political campaigns matter? Campaign effects in elections and referendums*. London; New York: Routledge.
Garramone, Gina M. 1984. Voter responses to negative political ads. *Journalism & Mass Communication Quarterly* 61 2: 250–259.
Gathmann, Florian, und Veit Medick. 2013. Trittin und Göring-Eckardt: Grüne stürzen in Umfragen ab. Spiegel Online vom 9. Mai 2013. http://www.spiegel.de/politik/deutschland/trittin-und-goering-eckardt-gruene-stuerzen-in-umfragen-ab-a-920609.html. Zugegriffen: 19. Jan. 2014.

Hirsch-Weber, Wolfgang, und Klaus Schütz. 1967. *Wähler und Gewählte*. Westdeutscher. Verlag: Köln.
Infratest dimap. 2010. Deutschlandtrend Dezember 2010. http://www.infratest-dimap.de/uploads/media/dt1012_bericht.pdf. Zugegriffen: 24. Jan. 2013.
Infratest dimap. 2012. Deutschlandtrend Juli 2012. http://www.infratest-dimap.de/uploads/media/dt1207_bericht_01.pdf. Zugegriffen: 24. Jan. 2013.
Kepplinger, Hans Mathias. 1989. Theorien der Nachrichtenauswahl als Theorien der Realität. *Politik und Zeitgeschichte* 39 15: 3–16.
Lau, Richard R., und Gerald M. Pomper. 2002. Effectiveness of negative campaigning in U.S. Senate elections. *American Journal of Political Science* 46 1: 47–66.
Lau, Richard R., und Gerald M. Pomper. 2004. *Negative campaigning: an analysis of U.S. Senate elections*. Campaigning American style. Lanham, MD: Rowman & Littlefield.
Patterson, Thomas E. 1994. *Out of order*. New York: Vintage Books.
Petrocik, John R. 1996. Issue ownership in presidential elections, with a 1980 case study. *American Journal of Political Science* 40 (3): 825–850. doi:10.2307/2111797.
Pomper, Gerald M. 1977. *The Election of 1976: Reports and interpretations*. D. McKay Co.
Radunski, Peter. 1980. *Wahlkämpfe: Moderne Wahlkampfführung als politische Kommunikation*. Olzog Verlag.
Sartori, Giovanni. 1976. *Parties and party systems: a framework for analysis*.Cambridge: Cambridge University Press.
Schmitt, Hermann. 2001. *Politische Repräsentation in Europa: eine empirische Studie zur Interessenvermittlung durch allgemeine Wahlen. Mannheimer Beiträge zur politischen Soziologie und positiven politischen Theorie*, Bd. 3. Campus.
Schoen, Harald. 2005. Wahlkampfforschung. In *Handbuch, Wahlforschung*, Hrsg. Jürgen W. Falter, 503–542. 1. Aufl. Wiesbaden: VS Verlag für Sozialwissenschaften.
Schulz, Winfried. 1994. Nachricht. In *Publizistik/Massenkommunikation, Das Fischer Lexikon*, Hrsg. Elisabeth Noelle-Neumann, Winfried Schulz, und Jürgen Wilke. Frankfurt am Main: Fischer Taschenbuch Verlag.
Schulz, Winfried. 2010. *Politische Kommunikation: Theoretische Ansätze und Ergebnisse empirischer Forschung*. Wiesbaden: VS Verlag für Sozialwissenschaften.
Simon, Adam F. 2002. *The winning message: candidate behavior, campaign discourse, and democracy*.Cambridge: Cambridge University Press.
wahlrecht.de. 2014a. Sonntagsfrage – Forsa (Wahlumfragen zur Bundestagswahl). Wahlrecht.de. 24. Januar. http://www.wahlrecht.de/umfragen/forsa.htm. Zugegriffen: 24. Jan. 2014.
wahlrecht.de. 2014b. Sonntagsfrage – Infratest dimap (Wahlumfragen zur Bundestagswahl). Wahlrecht.de. 24. Januar. http://www.wahlrecht.de/umfragen/dimap.htm. Zugegriffen: 24. Jan. 2014.
Zaller, John. 1992. *The nature and origins of mass opinion*. Cambridge: Cambridge University Press.

Der Einfluss von Kandidatenimages 7

Nadine Drolshagen und Leonie Spandau

7.1 Einleitung

Ein Blick auf die politische Berichterstattung einiger Printmedien anlässlich der Bundestagswahl 2013 verrät, was „modernisierte" Kampagnenführung bedeuten kann. Die *ZEIT* spricht beispielsweise von Angela Merkel als „Gipfelstürmerin und Gigantin", die *Süddeutsche Zeitung* erklärt die Ära des „Merkelismus", die *tageszeitung (taz)* kritisiert die beinahe Krönung von Merkel und der *Tagesspiegel* stellt den generellen Nutzen von Parteien in Frage (ZEIT 2013). Modernisierte Kampagnenführung wird durch die Inszenierung der Persönlichkeit und des Charakters eines Kandidaten auch unabhängig vom politischen Programm charakterisiert (Ohr 2000, S. 275). Angela Merkel hat bei der Bundestagswahl 2013 als Zugpferd der Partei CDU/CSU in dieser Hinsicht augenscheinlich die kühnsten Träume ihrer Kommunikationsstrategen erfüllt.

N. Drolshagen (✉)
Hamburg, Deutschland
E-Mail: nadine.drolshagen@yahoo.de

L. Spandau
München, Deutschland
E-Mail: Leonie.Spandau@t-online.de

In diesem Kapitel werden Theorien und Analysen dargelegt, die obige Beobachtungen einem Trend der Personalisierung von Politik zuschreiben würden. Personalisierung ist ein Phänomen, das bei den Massenmedien, den Politikern, aber auch bei den Wählern selbst festgestellt werden kann. Hinsichtlich des Wahlverhaltens geht die Personalisierungsthese mit der Vermutung einher, dass eine Abnahme der Parteibindung mit einer zunehmenden Abhängigkeit der Wahlentscheidung von Kandidaten einhergeht (Schmitt-Beck 2011). Aufgrund dieser Vermutung stellen wir uns in diesem Kapitel die Frage: *Welchen Einfluss hat die Kandidatenorientierung auf das Wahlverhalten?*

Der theoretische Überbau gliedert sich in drei Teile: Im ersten Teil wird das sozialpsychologische Erklärungsmodell und seine drei Einflussfaktoren Parteibindung, Kandidatenorientierung und Themenorientierung dargestellt. Gibt es tatsächlich einen Trend zur Personalisierung des Wahlverhaltens, kann dies eine Verschiebung der relativen Stärke dieser drei Einflussfaktoren bedeuten. In einem zweiten Teil wird, an obiges Modell anschließend, die Bedeutung von Kandidatenimages thematisiert. Diese sind aufgrund der verstärkten Fokussierung auf Spitzenkandidaten von Bedeutung, da das medial transportierte Image von Kandidaten einen entscheidenden Beitrag zur Meinungsbildung der Wählerschaft leisten und die Wahlentscheidung beeinflussen kann. Um einen möglichen Trend der Personalisierung ausmachen zu können, wird der Fokus auf die Entwicklung des Wahlverhaltens in Deutschland gelegt. Auf die rückläufige Parteibindung aufbauend wird der Prozess des *Dealignments* verdeutlicht, der als Vorbedingung der Personalisierung von Wahlen gesehen werden kann. Ebenfalls gehen wir auf die veränderte Medienberichterstattung ein, mit welcher eine zunehmende Kandidatenorientierung auch erklärt werden kann. Mit Bezug auf die Literatur zur Rolle von Kandidatenorientierung für das Wählen in Deutschland befassen wir uns in erster Linie mit Längsschnittanalysen, da nur diese eine Aussage über den historischen Prozess der Personalisierung erlauben.

Auf Basis der Theorie und der deutschen Literatur zum Thema Kandidatenorientierung und Personalisierung wird vermutet, dass es auch bei der Bundestagswahl 2013 zu einer stark personalisierten Wahl gekommen ist. Eine umfassende Analyse ist aufgrund der zeitlichen Nähe zur Wahl zwar noch nicht möglich, jedoch finden sich deutliche Anzeichen dafür, dass im Zuge der Debatte um Vortragshonorare von Peer Steinbrück dessen Popularität deutlich abnahm, während Angela Merkels Popularität über den ganzen Zeitraum groß war. Diese Unterschiede über die Zeit und zwischen den beiden Kandidaten stehen in deutlichem Zusammenhang mit der Wahlabsicht der Wähler und den Vorhersagen der in diesem Band analysierten Prognosemarktdaten, was auf einen erheblichen Effekt der Kandidatenorientierung auf die Bundestagswahl 2013 hindeutet.

7.2 Das sozialpsychologische Modell als Erklärungsmodell für Wahlverhalten

Der sozialpsychologische Ansatz zur Erklärung des Wahlverhaltens[1] basiert auf einem bezugstheoretischen Konzept (Campbell et al. 1960; Ohr 2000; Pappi und Shikano 2007; Lass 1995). Die soziale Gruppenzugehörigkeit übt dabei einen Einfluss auf die individuelle Wahlentscheidung über die Parteibindung, die Kandidatenorientierung und die Themenorientierung aus. Die Wahlentscheidung wird hierbei durch den Langfristfaktor Parteibindung sowohl direkt, als auch indirekt beeinflusst. Der indirekte Einfluss äußert sich durch die Einfärbung der Einstellungen und Eindrücke der Wähler zu politischen Sachfragen (Themenorientierung) und der Einstellung gegenüber Kandidaten (Kandidatenorientierung), welche wiederum als kurzfristige Faktoren die Wahlentscheidung direkt und eigenständig beeinflussen.

7.2.1 Die Parteibindung

Das Konzept der Parteibindung wird von einem Großteil der Politikwissenschaftler als wichtigstes Konstrukt der modernen Wahlforschung betrachtet. Über die Parteibindung werden die laut sozialpsychologischem Erklärungsmodell für das Individuum persönlich und politisch relevanten Erfahrungen definiert. Sie wird dabei als eine Art psychologische Parteimitgliedschaft, als eine feste, in der Persönlichkeit verankerte emotionale Bindung an eine politische Partei verstanden, in die alle als politisch wahrgenommenen Ereignisse des bisherigen Lebens eingeflossen sind. Diese Bindung hängt mit der sozialen Herkunft und der familiären Sozialisation der Wahlberechtigten zusammen (Schmitt-Beck 2011, S. 155). Parteibindung bedeutet dabei nicht automatisch politische Aktivität beziehungsweise Parteimitgliedschaft. Auch bedeutet sie nicht die ausnahmslose Wahl der betreffenden Partei. So kann sich ein Wähler auch einmal gegen die gebundene Partei entscheiden. Dies wird dann als punktuelle „Untreue" beschrieben; die Parteibindung bleibt dennoch erhalten (Schmitt-Beck 2011, S. 155).

Die Stärke und Richtung der Parteibindung werden durch die Sozialisation des Einzelnen bestimmt. Je homogener das soziale Umfeld, desto stärker und stabiler ist die Parteibindung (Brettschneider 2002, S. 48). Im Laufe des Lebens intensiviert sich diese zunehmend (Lewis-Beck et al. 2008, S. 122). Im

---

[1] Für eine ausführliche Erörterung des sozialpsychologischen Modells siehe Kapitel 2 in diesem Band.

Rahmen der Bezugsgruppentheorie kann eine Partei als „soziale Großgruppe" (Falter und Schoen 2005, S. 90) gesehen werden, der sich eine Person zugehörig fühlen kann. Wie auch die Religion kann die Parteibindung einen bedeutenden Teil der Selbstdefinition eines Menschen ausmachen (Campbell et al. 1960; Falter und Schoen 2005, S. 206 ff.). Sie ist als situationsunabhängige, stabile Identifikation mit einer politischen Partei den Einflussfaktoren Kandidaten- und Themenorientierungen zeitlich und kausal vorgelagert (Falter und Schoen 2005, S. 195). Die unterschiedlich stark ausgeprägte Parteibindung dient als Filter und Orientierungshilfe. Als Filter steuert sie Wahrnehmung und Einstellungen der Wähler zum politischen Geschehen, Positionen, Parteien und Spitzenkandidaten (Brettschneider 2002, S. 50). Außerdem hilft sie dem Wähler, sich im Dschungel der Politik zurechtzufinden und erleichtert die Interpretation gesellschaftlicher Geschehnisse, da sie einen politischen Wegweiser bietet (Schmitt-Beck 2011, S. 156).

7.2.2 Die Themenorientierung

Themenorientiertes Wählen ist eine der beiden kurzfristigen Bestimmungsgrößen der Wahlentscheidung des sozialpsychologischen Erklärungsmodells. Hierbei muss laut Ohr (2000, S. 282) zwischen *Positionsthemen* und *Valenzthemen* unterschieden werden. Positionsthemen sind Themen, die in der Bevölkerung zu sogenannten Streitfragen zählen. Ein bestimmtes Thema wird hierbei von der Wählerschaft wahrgenommen und als wichtig eingeordnet. Daraufhin werden die einzelnen Positionen der Parteien vom Wähler evaluiert und sich für die Partei entschieden, die die eigene Position am besten vertritt. Valenzthemen hingegen zeichnen sich dadurch aus, dass die Ziele weitestgehend unstrittig sind – es kommt darauf an, wie kompetent eine Partei bei einer bestimmten Frage wirkt. Mittel und Wege, dieses Ziel zu erreichen, sind bei den Valenzthemen divergent. Die Wahlentscheidung fällt laut Brettschneider positiv für jene Partei aus, der am ehesten die Lösung des Problems zugetraut wird (Brettschneider 2002, S. 55 f.).

Wie schon zuvor erörtert, hängt die Wahrnehmung der Themen auch von der Parteibindung ab. Aus diesem Grund muss Brettschneider zufolge (2002, S. 56 f.) zwischen parteigebundenen und ungebundenen Wählern differenziert werden, da ein unterschiedlich starker Einfluss von Themenorientierung auf den Wahlentscheid in beiden Personengruppen vermutet werden kann. Allerdings wird häufig in Frage gestellt, dass die Themenorientierung einen signifikanten Einfluss auf die Wahlentscheidung ausübt: Die meisten Wähler seien weder besonders interessiert noch genügend informiert. In dieser Arbeit spielt die Themenorientierung insofern eine Rolle, als dass ein gering wahrgenommener Unterschied der Themen der Parteien in Kombination mit geringer bis keiner Parteibindung ausschlaggebend für einen Einfluss der Kandidatenorientierung sein kann (Brettschneider 2002, S. 56).

7.2.3 Die Kandidatenorientierung

Die Kandidatenorientierung ist der zweite kurzfristige Einflussfaktor des sozialpsychologischen Erklärungsmodells, dessen Interaktion mit der Themenorientierung und der Parteibindung zwischen den Wählern variiert. In die Kandidatenorientierung der Wähler spielen politische beziehungsweise rollennahe sowie unpolitische beziehungsweise rollenferne Effekte der Kandidaten mit hinein. Sie ergibt sich aus der Gesamtbeurteilung des Kandidaten und aus der Parteibindung der Wähler. Auch die Themenorientierung kann hierbei eine Rolle spielen. Auf Individualebene kann von kandidatenorientiertem Wählen gesprochen werden, „wenn die Einstellungen zu den Spitzenkandidaten das Wählerverhalten in *nennenswertem Umfang* und *eigenständig* beeinflussen, das heißt unabhängig von den Themenorientierungen und der Parteiidentifikation" (Brettschneider 2002, S. 57). Die Voraussetzungen für die Kandidatenorientierung sind ähnlich wie bei der Themenorientierung. Die Kandidaten müssen von den Wählern gekannt und bewertet werden. Daraufhin wird die Entscheidung für den bevorzugten Kandidaten getroffen. Vergleichbar mit dem themenorientierten Wählen vermutet Brettschneider, dass aufgrund vorhandener beziehungsweise nicht vorhandener Parteibindung der Einfluss der Kandidatenorientierung variiert (Brettschneider 2002, S. 57). Kandidatenorientiertes Wählen gibt es vor allem dann, wenn der Kandidat der einzige Anhaltspunkt für die Wahlentscheidung des Wählers ist. Dies ist der Fall bei ungebundenen Wählern oder bei jenen, die ihre Entscheidung nicht aufgrund von Themen treffen. Die Themenorientierung wird unter anderem dann irrelevant, wenn Parteien zu ähnliche Positionen einnehmen, sich gleich stark von der Position des Wählers unterscheiden oder wenn den Parteien gleich starke Lösungskompetenzen zugeschrieben werden. Für eine Wahlentscheidung auf Basis der Kandidatenorientierung ist deshalb entscheidend, dass Unterschiede zwischen den Kandidaten wahrgenommen werden und nicht beide als negativ eingestuft werden. Brettschneider geht somit von einer eigenständigen Beeinflussung des Wahlverhaltens durch die Kandidatenorientierung, unabhängig von Themenorientierung und Parteibindung, aus.

7.3 Die Personalisierung des Wählerverhaltens in Deutschland

Wie oben bereits dargestellt, gilt die Parteibindung als die „wichtigste Determinante der Wahlentscheidung" (Arzheimer, 2012). Seitdem die Wahlforschung seit den 1960er Jahren systematischer arbeitet, sind zahlreiche Studien erschienen, die das Zusammenspiel der drei Faktoren Parteibindung, Themenorientierung und Kandidatenorientierung sowie die Anwendbarkeit des sozialpsychologischen Modells überprüfen. Verschiedene Autoren stießen dabei auf Veränderungsprozesse, die sich auf das Zusammenspiel der Determinanten des sozialpsychologischen Modells auswirken: einerseits die Veränderung der politischen Kommunikation, was einen Bedeutungszuwachs des Kurzzeitfaktors Kandidatenorientierung nach sich zieht, sowie andererseits den langsamen, aber steten Rückgang der Parteibindung. Verfügten in Deutschland im Jahre 1960 noch 80 % der Wahlberechtigten über eine Parteibindung, so sind es heute nur noch knapp 50 % (Brettschneider 2002; Arzheimer 2012; Ohr et al. 2013; Ohr 2000; Schmitt-Beck 2011).

In der Logik des sozialpsychologischen Modells müsste diese Veränderung zu einer elementaren Bedeutungsverschiebung zwischen den Erklärungsfaktoren zugunsten der Kurzfristfaktoren innerhalb des Modells führen (Ohr 2000, S. 275). Eine in Deutschland weit verbreitete These ist die einer sogenannten *Personalisierung*, die besagt, dass der Einfluss von Kandidatenbewertungen auf die Wahlentscheidung gestiegen ist (Gabriel et al. 2009, S. 267).

7.3.1 Kandidatenorientierung und Wählerverhalten seit den 1960er Jahren

Die Personalisierung des Wahlverhaltens ist in den letzten Jahren höchst kontrovers diskutiert worden.[2] Ausgangspunkt dieser These ist, dass die Wähler ihre

---

[2] Personenorientiertes Wählen wurde lange in Verbindung mit sachfremder und irrationaler Wahl gebracht. Forschungen der letzten Jahre beispielsweise auf Basis des Rational-Choice-Ansatzes ergaben jedoch, dass Kandidatenorientierungen durchaus als Orientierungsmaß von politisch rationalen Wählern eingeordnet werden können, da sie als „probates Mittel zur Reduktion der Informationskosten" (Westle 2009, S. 329) dienen. Einerseits ist es für einen Wähler kostengünstiger, sich ein Bild von den Kandidaten zu verschaffen, weil deren Persönlichkeit ein stabilerer Bezugspunkt sein kann, als die schnell wandelbaren sach- und tagespolitischen Positionen von Parteien. Andererseits kann „personelles Vertrauen eine durchaus relevante Entscheidungshilfe darstellen" (ebd.), nachdem politische Entscheidungen immer auch von der Fähigkeit und Integrität des Führungspersonals abhängig sind. Die Spitzenkandidaten sind mit der Aufgabe betraut, komplexe politische Sachfragen der breiten

7 Der Einfluss von Kandidatenimages

Wahlentscheidung primär auf Basis ihrer Wahrnehmung und Bewertung der Spitzenkandidaten treffen. Hierbei spricht man von einer sogenannten *globalen* Personalisierung. Eine umstrittene *spezifische* Interpretation der Personalisierungsthese erweitert diese Vermutung und setzt dabei an, dass unpolitische Persönlichkeitsmerkmale der Kandidaten von größerer Bedeutung sind als ihre politischen Eigenschaften, was empirisch jedoch nicht belegt ist (Brettschneider 2002, S. 144 ff.; Westle 2009, S. 330).

Anhand der Ergebnisse von Längsschnittanalysen kann eine Aussage über Parteibindung und Kandidatenorientierung im Spiegel der Zeit getroffen werden, mithilfe derer weitergehend auf den spezifischen Einfluss von Kandidatenorientierung beziehungsweise Parteibindung auf die Wahlentscheidung geschlossen werden kann (Huß 2007, S. 38 f.). Um den Stellenwert der Kandidatenorientierung für die Wahlentscheidung zu untersuchen, greift Ohr auf Wahlstudien von insgesamt elf Bundestagswahlen zwischen 1961 bis 1998 zurück (Ohr 2000, S. 273).[3] Als Zielvariable bestimmt der Autor die Zwei-Parteienwahl CDU/CSU versus SPD, indem er die Entscheidung für eine der beiden Parteien untersucht (S. 278). Die Kandidatenorientierung wird anhand der Gesamtbewertung des Kandidaten gemessen, da er diese für aussagekräftiger als die Kanzlerpräferenz erachtet (Ohr 2000, S. 281). Den Kandidatenorientierungen kommt über den ganzen Zeitraum ein erhebliches Einflussgewicht zu, auch wenn für die Parteibindung kontrolliert wird. Was die Entwicklung über die Zeit angeht, ist ein deutlicher Anstieg der Kandidatenorientierung zu verzeichnen. Ohr zieht den Schluss, dass Kandidatenorientierungen in den letzten Jahrzehnten an Gewicht für die Erklärung der Wahlentscheidung gewonnen haben (Ohr 2000, S. 289 f.). Daran anschließend untersucht Wagner (2011) die Personalisierungshypothese für den Zeitraum zwischen 1998 und 2009, indem er den Zusammenhang zwischen Kandidaten- und Parteibewertungen betrachtet. Er zieht das Fazit, dass Parteibewertungen zwar relevanter für die Wahlentscheidungen sind als Politikerbewertungen, jedoch sind auch Kandidatenbewertungen

---

Wählerschaft zugänglich zu machen und mindern so die Notwendigkeit der Auseinandersetzung mit schwer verständlichen Themenkomplexen, die einen hohen politischen Sachverstand erfordern (Schmitt-Beck 2011, S. 206). Insofern kann ein rationaler Wähler auf Basis der Kandidatenorientierung eine „gute Wahlentscheidung" treffen, die zu „vertretbaren Kosten mit Informationen unterfütter[t]" (Ohr 2000, S. 275) werden kann und auf seinem eigenen kognitiven Urteil beruht.

[3] Weitergehend beschränkt sich Ohr bei der empirischen Analyse auf das westdeutsche Wahlgebiet, da von einer ebenbürtigen Bedeutung von Parteibindung und Kandidatenorientierung im ostdeutschen Bereich aufgrund unterschiedlicher politischer Prägung nicht ausgegangen werden könne (Ohr 2000, S. 278).

nicht irrelevant. Seine Ergebnisse deuten darauf hin, dass sich der Trend einer zunehmenden Personalisierung ab 1998 nicht mehr beobachten lässt.

7.3.2 Dealignment-Prozesse als Ursache für personalisiertes Wählerverhalten

Im Rahmen der Diskussion um die Personalisierungshypothese wurde in der Wahlforschung die große Debatte losgetreten, ob die zunehmende Fokussierung der Spitzenkandidaten mit einer Entpolitisierung oder Personalisierung der Wahl gleichzusetzen ist oder zu eben dieser führt. Eine Position betrachtet dabei als erklärenden Faktor für die Personalisierung des Wahlverhaltens den als *Dealignment* beschriebenen Prozess einer nachlassenden Bindekraft der Parteien (Schmitt-Beck 2011, S. 206). Unter *Dealignment* werden dabei der Rückgang des Anteils der parteigebundenen Wähler sowie die geringere Intensität der verbliebenen Bindungen verstanden (Schmitt-Beck 2011, S. 157).

Für die Gruppe der ungebundenen Wähler ist die Kandidatenorientierung von besonderem Belang, da ihre Einstellung situationsabhängig ist und deshalb stärkeren Schwankungen unterliegt, was mit einem häufigeren Wechselwählen dokumentierbar ist (Brettschneider 2002, S. 58). Im heutigen Wettbewerb sind die Parteien für den Erfolg ihrer Partei darauf angewiesen, Unterstützung unter diesen parteipolitisch ungebundenen Wähler zu finden. Da die Kandidateneffekte bei dieser Gruppe ganz besonders ausgeprägt sind (Ohr 2000, S. 297; Schmitt-Beck 2011, S. 216), sind die Parteien also mit der Herausforderung konfrontiert, Kandidaten an die Spitze zu setzen, die nicht nur die Stammwählerschaft aktivieren, sondern auch die parteipolitisch Ungebundenen von ihrer Partei überzeugen (Gabriel et al. 2009, S. 268).

Die These, in modernen Demokratien sei der Einfluss von Kandidatenbewertungen auf die Wahlentscheidung der Bürger gestiegen, ist mittlerweile zum Allgemeingut der Wahlforschung und der politischen Publizistik geworden. Mit Blick auf die parlamentarischen Regierungssysteme Europas charakterisieren Beobachter diese Entwicklung als „Präsidialisierung" von Parlamentswahlen und greifen damit unter einer anderen Bezeichnung die ältere Personalisierungsdebatte auf. Sie wollen damit zum Ausdruck bringen, dass die Personalisierung der Wahlkampfstrategien der Parteien und der Medienberichterstattung bei den Wählern in parlamentarischen Demokratien zu einer Veränderung der Entscheidungskriterien geführt habe. Den Kandidaten für das Amt des Regierungschefs in parlamentarischen Demokratien wachse eine ähnliche Bedeutung für den Wahlentscheid zu wie den Präsidentschaftskandidaten in präsidentiellen Systemen. Zugleich bildeten sich die Einstellungen zu den Spitzenkandidaten bei Wahlen in parlamentarischen Systemen zunehmend unabhängig von deren Parteizugehörigkeit. Stattdessen komme der Kompetenz und der Persönlichkeit der Bewerber um das Amt des Regierungschefs eine wachsende Bedeutung zu (Gabriel et al. 2009, S. 268). Der negative Zusammenhang zwischen Parteibindung und Kandidatenorientierung beim Wahlentscheid ist auch im Zeitvergleich belegt: So nimmt die Erklärungskraft der Kandidatenorientierung im Gegensatz zu jener der Parteibindung seit den 1970er Jahren bis in die 1990er Jahre zu (Ohr 2000, S. 292). Damit kann das Dealignment die Personalisierung des Wählerverhaltens weitgehend erklären.

7.3.3 Personalisiertes Wählen als Folge veränderter politischer Kommunikation

Einige Autoren verzeichnen neben dem oben beschriebenen Dealignment-Prozess in den vergangenen Jahrzehnten eine Veränderung der politischen Kommunikation und der Medienberichterstattung. Allem voran die Verbreitung des Fernsehens, das aufgrund seiner umfassenden Reichweite, seiner hohen Glaubwürdigkeit sowie seiner geringen Informationskosten in den vergangenen Jahrzehnten die Tageszeitung als Informationsquelle für politische Sachthemen ablöste, trage zu einer Veränderung in der Berichterstattung bei (Gassen 2007, S. 219 f.). Der Wählerschaft wird durch die gesendeten Bilder der Eindruck vermittelt, die Bewertung von Parteien und Politikern geschehe auf Basis ihrer eigenen Wahrnehmung und Interpretation und nicht etwa, verglichen mit der Tageszeitung, basierend auf dem Urteil Dritter (Ohr 2000, S. 279). Eine „modernisierte Kampagnenführung" (Schmitt-Beck 2011, S. 205) ist die Folge der umfassenden Wirkung des Fernsehens. Dahinter verbirgt sich, dass sich die Berichterstattung zunehmend auf die Spitzenkandidaten und ihre persönlichen und politischen Eigenschaften konzentriert, während die ideologische Ausrichtung der Partei oder ihre politischen Inhalte in den Hintergrund rücken. Die Wahlkämpfe und die mediale Berichterstattung seien deshalb *personalisierter* geworden (Ohr et al. 2013, S. 208).

Die Personalisierung der Medienberichterstattung ist jedoch nicht automatisch gleichzusetzen mit der Personalisierung des Wahlverhaltens. Zwar sind die Einstellungen der Wähler zu den Spitzenkandidaten durch die mediale Berichterstattung beeinflusst, dennoch unterliegen „die von den Medien verbreiteten Inhalte […] einem Verarbeitungsprozess, in dem bereits vorhandene individuelle Dispositionen" (Gabriel und Neller 2005, S. 216) von entscheidender Bedeutung sind. So entstehen die Urteile über Kandidaten aus einem Zusammenspiel zwischen „Prädispositionen des Urteilenden (zum Beispiel Stereotypen über Menschen,

Idealvorstellungen von Politikern) und der Wahrnehmung der jeweils aktuellen Kandidaten" (Westle 2009, S. 330).

In welchem Maße eine Personalisierung der politischen Kommunikation tatsächlich Einfluss auf die Wahlentscheidung der Bürger nimmt, bleibt innerhalb der deutschen Wahlforschung strittig. Als Konsens der Wahlforschung gilt, dass bei einer partiell personalisierten Wahlentscheidung besonders die „politisch relevanten Qualitäten" (Ohr et al. 2013, S. 208) der Spitzenkandidaten das Urteil der Wähler beeinflussen. Völlig unumstritten ist auch die These, „dass die Bewertung der Spitzenkandidaten einen relevanten Beitrag zur Erklärung der Wahlentscheidung leistet" (Ohr et al. 2013, S. 208). In der Logik des sozialpsychologischen Modells spielen die Medien deshalb eine Schlüsselrolle, da sie die Wähler mit den notwendigen Informationen für die Herausbildung einer Kandidatenorientierung versorgen (Gabriel und Neller 2005, S. 215).

7.3.4 Kandidateneigenschaften

Während der Dealignment-Prozess und die veränderte politische Kommunikation eine Personalisierung von Wahlen erklären können, ist damit noch nicht gesagt, welche Kandidateneigenschaften für eine Wahl hilfreich beziehungsweise hinderlich sind. Auch die Begründung des Einflusses der Kandidatenorientierung für das Wählerverhalten kann nicht erklären, welchen Kandidaten die Wähler eher zugeneigt sind. Entscheidend dafür sind die *Kandidatenimages*. Gemäß Brettschneider können die in der Literatur vorgeschlagenen zahlreichen Image-Kategorien zu vier Eigenschaftsdimensionen gebündelt werden: *Themenkompetenz, Führungsqualitäten, persönliche Integrität* und *persönliche Merkmale* (Brettschneider 2002, S. 143). Die Themenkompetenz umfasst die Bewertung der politischen Standpunkte der Kandidaten zu einzelnen Sachfragen sowie die Fähigkeit der Kandidaten zur Lösung von Problemen, die innerhalb der Bevölkerung als wichtig erachtet werden. Die Führungsqualitäten zielen auf die Durchsetzungsfähigkeit der Kandidaten hinsichtlich spezifischer Positionen ab. Gemeint sind Eigenschaften wie Führungsstärke, Entscheidungsfreude, Tatkraft, Organisationstalent oder Überzeugungskraft. Die Integritätskomponente betrifft die Vertrauenswürdigkeit, Ehrlichkeit und Verlässlichkeit des Kandidaten als Mensch und Politiker. Als Orientierungs- und Bewertungsmaß ist sie deswegen von besonderer Bedeutung, weil sie einfacher einzuschätzen ist, als die Sachkompetenz oder die Führungsqualitäten und Vertrauenswürdigkeit der Kandidaten. Die persönlichen Merkmale sind im weiteren Sinne unabhängig vom Amt und der politischen Rolle des Kandidaten. Allgemein handelt es sich bei ihnen um Attribute wie beispielsweise das Aussehen, die Ausstrahlung, das Alter, die Herkunft oder die Religion des Politikers (Brettschneider 2002, S. 143 ff.). Bereits in den vorangegangenen Bundestagswahlen der Jahre 1998 (Schröder vs. Kohl), 2002 (Schröder vs. Stoiber), 2005 (Schröder vs. Merkel) und 2009 (Merkel vs. Steinmeier) spielten Kandidatenimages eine bedeutsame Rolle. So untersuchte beispielsweise Schmitt-Beck (2011) den Einfluss der Kandidatenorientierung auf die Kanzlerpräferenz bei der Bundestagswahl 2009 entlang den von Brettschneider hergeleiteten Imagedimensionen (siehe dazu auch Gabriel et al. 2009; Gabriel und Neller 2005). Während Angela Merkel in allen vier Imagedimensionen gleichbleibend positiv bewertet wurde, zeigten sich im Gegensatz dazu die Bewertungen Franz-Walter Steinmeiers im Verlauf des Wahlkampfes als wenig konstant. Die Kandidatenbewertungen hatten nicht nur einen Einfluss auf die Kanzlerpräferenz, sondern auch auf die Wahlentscheidung (Schmitt-Beck 2011, S. 220).

7.4 Die Debatte um Peer Steinbrücks Vertragshonorare und der Einfluss der Kandidatenimages bei den Bundestagswahlen 2013

Auf Basis der vorausgehenden Abschnitte können einige Vermutungen über das Verhältnis von Kandidatenorientierung, Parteibindung und Wahlabsicht getroffen werden. Auf Grundlage des sozialpsychologischen Modells erwarten wir einen nach wie vor starken Effekt der Parteibindung auf die Wahlabsicht, welcher durch die Kandidatenorientierung gefiltert wird. Die Ausführungen über die Personalisierung in Deutschland lassen zusätzlich einen Trend in Richtung stärkere Personalisierung bei Wahlen vermuten, wobei bei geringerer Parteibindung die Einflussstärke der Spitzenkandidaten auf die Wahlabsicht steigt. Daraus folgt die Erwartung, dass besonders die Gruppe der ungebundenen Wähler von den Spitzenkandidaten im Wahlkampf zu den Bundestagswahlen 2013 überzeugt wurden.

Im Kontext des deutschen Parteienwettbewerbs nimmt die Kandidatenorientierung generell einen starken Einfluss auf die Kanzlerpräferenz. Für die Bundestagswahl 2009 arbeitet Schmitt-Beck (2011) einen Amtsinhaberbonus für Angela Merkel heraus. Dieser Bonus kann auch als Einflussfaktor der Bundestagswahl 2013 vermutet werden, da die Kandidatenbewertungen für Merkel in den Umfragen ähnlich überragend wie bei der Bundestagswahl 2009 ausgefallen sind. Auch die mediale Berichterstattung scheint ihrem Image und möglicherweise dadurch auch ihren Bewertungen zu Gute gekommen zu sein (siehe nachfolgend). Auf Grundlage von Brettschneiders Erörterungen zur Kandidatenorientierung, welche besagen, dass wahrgenommene Unterschiede zwischen den Kandidaten der Ausgangspunkt für eine kandidatenorientierte Wahlentscheidung sind, wird ein Effekt von Kandidatenimages auf die Wahlentscheidung bei der Bundestagswahl 2013 vermutet. Wie im letzten Kapitel ebenfalls dargelegt wurde, werden die Kandidatenimages insbesondere durch die mediale Berichterstattung beeinflusst, weshalb wir im folgenden Kapitel den Zusammenhang zwischen Kandidatenorientierung und Wahlentscheid mit Bezug auf mediatisierte Wahlkampfereignisse interpretieren.

Um die Bundestagswahl 2013 in Hinblick auf die Personalisierungsthese zu überprüfen, ziehen wir Umfragewerte zu den Kandidatenimages, zur Kanzlerpräferenz und zur Wählermobilisierung heran. In Anbetracht der Vermutung, dass die Wahlentscheidung und die Kandidatenorientierung von spezifischen Persönlichkeitsmerkmalen abhängig ist, werden zuerst die Kandidatenimages von Peer Steinbrück und Angela Merkel genauer betrachtet. Danach vergleichen wir Umfragewerte zur Kanzlerpräferenz mit jenen zur Wahlabsicht und den Vorhersagen des Prognosemarktes (zu diesem Vorgehen siehe Kapitel 3 in diesem Band). Neben einem Vergleich zwischen den Spitzenkandidaten untersuchen wir insbesondere die Dynamik in Bezug auf diese Variablen über die Zeit des Wahlkampfes. Um die Validität unserer Beobachtungen zu testen, kontextualisieren wir die Ergebnisse, indem wir Wahlkampfereignisse beschreiben, die für die Images der Spitzenkandidaten von Bedeutung waren.

7.4.1 Die Kandidatenimages der Kanzlerkandidaten

Wie bereits in den theoretischen Abschnitten beschrieben, lässt sich die Wahrnehmung und Bewertung der Einzeleigenschaften von Kandidaten in politische und unpolitische Merkmale differenzieren (Huß 2007, S. 26 f.; Lass 1995). Der folgende Abschnitt soll das in der Bevölkerung wahrgenommene und primär über mediale Inhalte vermittelte Image der beiden Kandidaten der Bundestagswahl 2013 einfangen und wiedergeben. Von besonderem Interesse ist dabei das Image von Peer Steinbrück, weil seine Popularität während des Wahlkampfs stark variierte, was einen empirischen Test für den Zusammenhang zwischen Kandidatenorientierung und Wahlabsicht auf aggregierter Ebene ermöglicht.

7.4.1.1 Peer Steinbrück
Bereits seit dem Frühjahr 2011 stand hinsichtlich der sozialdemokratischen Kanzlerkandidatur für die Bundestagswahl 2013 eine Entscheidung zwischen dem SPD-Kanzlerkandidaten des Jahres 2009 Frank-Walter Steinmeier und dem ehemaligen SPD-Finanzminister Peer Steinbrück fest. Aus diesem Grunde forderte SPD-Parteichef Sigmar Gabriel die beiden potenziellen Kanzlerkandidaten vor der

7 Der Einfluss von Kandidatenimages

politischen Sommerpause 2012 auf, sich im Hinblick auf die näher rückenden Wahlen im Laufe des Sommers über eine mögliche Kandidatur klar zu werden. So meldete sich Frank-Walter Steinmeier im September 2012 mit der Nachricht zurück, dass eine erneute Kandidatur für ihn ausgeschlossen sei – Peer Steinbrück dagegen konstatierte am 28. September 2012, dass er seinem Vorschlag als Kanzlerkandidat zustimmen würde. Damit ergab sich, dass Peer Steinbrück im Ausschlussverfahren um den SPD-Kanzlerkandidaten als einziger Kandidat übrig blieb. Dies führte zu seiner Nominierung als Kanzlerkandidat, die – anders als zunächst von SPD-Parteichef Gabriel unter dem Motto „Erst der Inhalt, dann die Person" (Gabriel 2012) vorgesehen – vorgezogen und deshalb nicht wie geplant erst nach Klärung der Rentenpolitik der SPD vor Ende des Jahres 2012 bekanntgegeben wurde. Begründet wurde die vorgezogene Nominierung damit, dass der Wunsch „sehr vieler Meinungsträgerinnen und Meinungsträger nach einer vorgezogenen Klärung der Kanzlerkandidatur" (Gabriel 2012) bestünde. So kam es, dass Peer Steinbrück am 1. Oktober 2012 zum offiziellen Kanzlerkandidaten der SPD ernannt wurde.

Das Image Peer Steinbrücks wurde einerseits durch seine Selbstinszenierung geprägt. Steinbrück ließ beispielsweise in der *Süddeutschen Zeitung* verlauten: „Ich bin mir der Herausforderung sehr bewusst. Wir wollen diese Bundesregierung ablösen. Wir wollen nicht nur, dass sie teilweise ersetzt wird. Wir wollen, dass sie durch eine rot-grüne Regierung ersetzt wird." (Süddeutsche Zeitung 2012a). Als sein Ziel erklärte er es, die SPD, wie sein Vorbild Gerhard Schröder, in strategische Lage zu bringen.

Andererseits wurde von verschiedensten medialen Berichterstattern Bezug auf die Kür des sozialdemokratischen Kanzlerkandidaten genommen. Für die *Süddeutsche Zeitung* galt Steinbrück aufgrund seiner großen Zahl an Eigenschaften wie Ehrgeiz, Machtwillen, Durchsetzungskraft, konzeptioneller Stärke, Autorität und Souveränität als „die beste Wahl" der SPD (Süddeutsche Zeitung 2012b). Weiter wurde angeführt, dass seine „Statur und Kontur, [s]eine rustikale Natur und [s]eine politische Textur" (Süddeutsche Zeitung 2012b) für die Euro-Krise hilfreich sein könnten. Er sei von allen aktiven SPD-Politikern derjenige mit dem „höchsten Feingoldgehalt – also finanzpolitische Sachkunde samt der Gabe, sie auf den Punkt zu bringen; er kann polarisieren und zugleich die Mitte und den Mittelstand an sich binden" (Süddeutsche Zeitung 2012b).

Auch *DIE ZEIT* hielt Steinbrück für den am besten geeigneten sozialdemokratischen Kandidaten, unter anderem aufgrund seiner Autorität, der Kanzlerin im Hinblick auf die zentralen Felder der Finanz- und Wirtschaftspolitik das Wasser reichen könne (ZEIT 2012).

Die *BILD* vertrat die Meinung, dass durch die Kandidatur Steinbrücks ein spannender Wahlkampf bevorstünde, da es nicht allein um politische Inhalte, sondern gleichzeitig auch um die Persönlichkeiten des Wahlkampfes ginge. Einer „kontrolliert-aufgeräumten Kanzlerin, die jede Krise zu meistern scheint und der die Deutschen vertrauen" sah sie den „leidenschaftliche[n], kantige[n], aber eben oft auch dünnhäutige[n] Steinbrück" gegenüber gestellt (BILD 2012a).

Die *Frankfurter Allgemeine Zeitung (FAZ)* wiederum betrachtete die Kür Steinbrücks zum Kanzlerkandidaten eher als eine Art Notlösung aufgrund einer mangelnden Auswahl an Alternativen. Auch kritisierte sie seine Eigenschaft des mangelnden Selbstzweifels, die sie als ein „gefährliches Handicap" für einen Kanzler wertet (Frankfurter Allgemeine Zeitung 2012).

Die *Frankfurter Rundschau* bezeichnete Steinbrücks Charisma sowie seine Beliebtheit als ein Pfund, „mit dem die SPD wuchern kann" (Frankfurter Rundschau 2012). Sie sah Steinbrück als denjenigen Faktor, der eine Gefahr gegenüber einer Kanzlerin darstellen könne, „die so tut, als wäre ihre Politik so konservativ, sozial und liberal zugleich, dass man konkurrierende Parteien gar nicht mehr bräuchte".

Zusammenfassend wurde Peer Steinbrück von den Medien als ein Kanzlerkandidat wahrgenommen, der aufgrund seiner finanz- und wirtschaftspolitischen Kompetenz als ein scharfer Konkurrent zur amtierenden Kanzlerin Angela Merkel galt. Er wurde als das aufschäumende Gegenmodell zu einer kontrollierten Bundeskanzlerin wahrgenommen. Besonders positiv im Hinblick auf seine Chance, den Wahlkampf für sich zu entscheiden, wurde seine Eigenschaft eingestuft, die Wählerschaft der bürgerlichen Mitte anzusprechen. Als problematisch wiederum galt, dass er als einer der Befürworter der Agenda 2010 in die Fußstapfen Gerhard Schröders trat, was seine Kandidatur insbesondere innerhalb des linken Parteiflügels nicht unumstritten machte. So wurden ihm Schwierigkeiten bei der Aktivierung der SPD-Basis prognostiziert (Süddeutsche Zeitung 2012a).

7.4.1.2 Angela Merkel

Laut einem von Infratest erhobenen Eigenschaftsprofil Merkels von Mitte August 2012, ist sie für knapp sechs von zehn befragten Bundesbürgern (57 %) eine Politikerin, auf die man sich verlassen kann. Ebenso viele (57 %) attestieren ihr, für christlich-konservative Werte zu stehen und 52 % halten die Bundeskanzlerin für einen ehrlichen Menschen. 40 % der Befragten sind der Ansicht, dass es Angela Merkel um Macht und nicht um Inhalte geht. Die Kritik, Angela Merkel habe keine klar erkennbaren Überzeugungen und sie würde zum Profilverlust der CDU beigetragen, lehnen jeweils 59 % ab. Allerdings kritisieren knapp 37 % ihre fehlenden politischen Überzeugungen, während 35 % Angela Merkel für einen Profilverlust der CDU mitverantwortlich machen (Infratest Dimap 2012a).

7.4.1.3 Gegenüberstellung Angela Merkel und Peer Steinbrück

In einer Erhebung des ARD-DeutschlandTREND am Tage der Bekanntgabe der Kandidatur Steinbrücks sprachen sich 36% der Befragten für Steinbrück im Amt des Bundeskanzlers aus, 50% votierten für Amtsinhaberin Angela Merkel (siehe Abb. 7.1). Vor allem im Hinblick auf sein soziales Engagement konnte Steinbrück mit 40% vor Angela Merkel mit 24% punkten. Hinsichtlich ihrer wirtschaftspolitischen Kompetenz konnten sich beide Kandidierenden mit jeweils 37% das Wasser reichen. Mehr Vertrauen wurde der amtierenden Kanzlerin jedoch bei der Bewältigung der Euro- und Finanzkrise (35:25%) sowie im Hinblick auf ihre Glaubwürdigkeit als Politikerin (36:26) zugeschrieben (Infratest Dimap 2012b). Merkel wurde eine besondere Lösungskompetenz von internationalen Konflikten (70:10) sowie Stärke hinsichtlich ihrer Führungspersönlichkeit (67:19) zugeschrieben. Auch bei dem unpolitischen Merkmal der Sympathie wurde Merkel mit 56% besser als Steinbrück mit lediglich 25 Prozentpunkten eingestuft. Insgesamt kann festgestellt werden, dass Angela Merkel als eine äußerst beliebte Führungspersönlichkeit in den Wahlkampf ging.

7.4.2 Diskussion um die Honorare Peer Steinbrücks

Nur wenige Tage nach Bekanntgabe der Kandidatur Peer Steinbrücks um das Kanzleramt enthüllte das Nachrichtenmagazin *Fokus*, dass der ehemalige Finanzminister zusätzlich zu seiner Parlamentsarbeit Geld mit Vorträgen in der Finanz- und Versicherungsbranche verdiente. Dadurch wurde bekannt, dass Steinbrück in den vergangenen Jahren mehr als 70 Vorträge hielt, die allesamt in der Kategorie „mehr als 7.000 €" verbucht waren, was dem Kanzlerkandidaten in der Summe mehr als eine halbe Million Euro eingebracht haben soll (Focus 2012). Es entwickelte sich ein riesiger medialer Wirbel über die Nebeneinkünfte von Politikern sowie eine große öffentliche Debatte im Hinblick auf die (mangelnde) Transparenz außerparlamentarischer Arbeit.

Peer Steinbrück reagierte auf die Enthüllungen verständnislos und wehrte sich energisch gegen die Vorwürfe, da er alle Vortragshonorare stets einwandfrei verbucht habe: „Dort, wo ich Honorare bekommen habe, habe ich sie nach den Regeln des Deutschen Bundestages angegeben." (BILD 2012b). Aufgrund seines Umgangs mit seinen Nebeneinkünften riss die Kritik an Steinbrücks Honoraren jedoch nicht ab: Nach und nach wurden öffentliche Forderungen hinsichtlich einer detaillierten Aufschlüsselung der Honorare und Auftraggeber Steinbrücks laut. Steinbrück reagierte, indem er eine Verschärfung der Transparenzregeln forderte

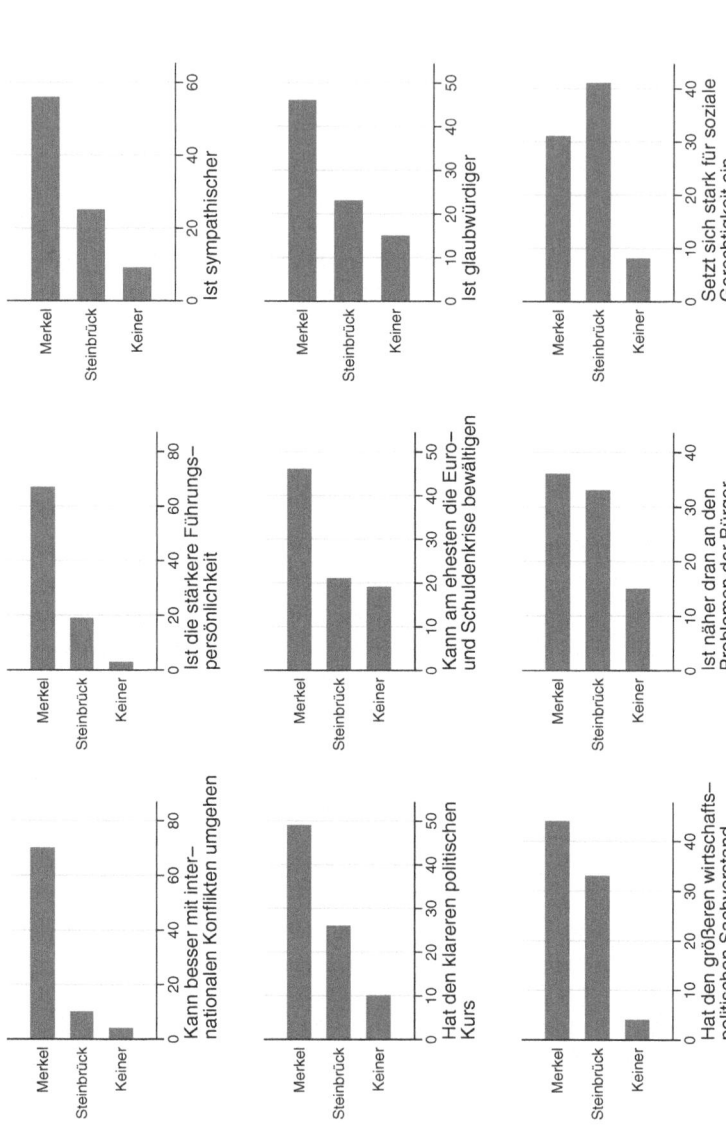

Abb. 7.1 Merkel und Steinbrück im Profilvergleich (Angaben in Prozent). Eigene Darstellung©; Quelle: DeutschlandTREND EXTRA (Infratest Dimap 2013)

und die Offenlegung aller Honorare ankündigte: „Wenn die Arbeit in zwei bis drei Wochen abgeschlossen ist, werden Auftraggeber, Ort und Thema jedes einzelnen Vortrages veröffentlicht. Außerdem werde ich das durchschnittliche Honorar der bezahlten Vorträge vor und nach Steuern in den Jahren 2009 bis 2012 veröffentlichen." (BILD 2012c). Tatsächlich schlüsselte Peer Steinbrück wie angekündigt etwa drei Wochen später detailliert auf, inwieweit er in der vergangenen Legislaturperiode außerparlamentarisch tätig gewesen war und vergütet wurde. Beispielsweise auf der Internetseite von abgeordnetenwatch.de, einer Nichtregierungsorganisation, die sich für mehr politische Transparenz einsetzt, konnten Steinbrücks Vortragshonorare und Auftragsgeber ab Ende Oktober 2012 eingesehen werden. So kam ans Licht, dass das Standardhonorar Steinbrücks sich auf 15.000 € belief und er einen Großteil seiner Vorträge in der Finanz- und Versicherungsbranche hielt, beispielsweise bei einer Investorenkonferenz der Deutschen Bank in Wien, beim Investorenforum von JP Morgan, bei der Swiss Life-Versicherung, beim „Führungstreffen der Wirtschaft" der Hypo-Vereinsbank oder beim Investmentkongress der DAB bank AG (Reyher 2012). Insgesamt verbuchte er durch seine Vortragsarbeit mehr als eine Million Euro. Sowohl parteiintern, als auch in der breiten Öffentlichkeit, schlugen Steinbrücks Nebeneinkünfte hohe Wellen. Auch wurde die Frage aufgeworfen, inwiefern ein gewählter Politiker seiner Hauptaufgabe, der Parlamentsarbeit, adäquat nachkommen könne, wenn er zu einem derart hohen Maß mit der Bewältigung außerparlamentarischer Aufträge beschäftigt sei. Zwar fehlte Steinbrück seinem Umfeld zufolge nicht häufiger als andere Abgeordnete, jedoch verpasste er einige namentliche Abstimmungen. So soll unbestätigten Informationen der *Süddeutschen Zeitung* zufolge Bundestagspräsident Norbert Lammert (CDU) Steinbrück bereits einmal gemahnt haben, an einer Abstimmung teilzunehmen und eine auswärtige Veranstaltung abzusagen (Süddeutsche Zeitung 2012c).

Die Diskussion um seine hohen Nebeneinkünfte dürften dem Kanzlerkandidaten Peer Steinbrück langfristig geschadet haben. So kam Infratest Dimap in der monatlichen DeutschlandTREND-Umfrage vom November 2012 zu dem Ergebnis, dass zwar eine Mehrheit von 56 % der Befragten Nebeneinkünfte von Politikern aus Vorträgen und Buchpublikationen grundsätzlich richtig findet. Jedoch gehen etwa zwei Drittel der Befragten (67 %) davon aus, dass Peer Steinbrück seine Nebentätigkeiten bei der Bundestagswahl schaden würden. Deutlich wird dies bereits durch die Bewertung seiner politischen Arbeit im November 2012, also kurz nach Aufkommen der Diskussion: Zu diesem Zeitpunkt zeigen sich 50 % zufrieden mit Peer Steinbrücks Arbeit, was immerhin 9 Punkte weniger ist als noch im vorangegangenen Monat Oktober (Infratest Dimap 2012c).

Der Profilvergleich im November 2012 (nicht abgebildet) zeigte, dass Merkel von 62 % als deutlich führungsstärker, von 51 % sympathischer sowie von 47 % der Befragten als glaubwürdiger betrachtet wird. Steinbrück konnte im Gegensatz dazu lediglich bei 22 % aufgrund seiner Führungsstärke, bei 30 % aufgrund seiner Sympathie sowie bei 25 % aufgrund seiner Glaubwürdigkeit punkten. Darüber hinaus wurde Merkel als die Politikerin mit der größeren Kompetenz im Hinblick auf die Bewältigung der Euro- und Schuldenkrise betrachtet (42:25 %). Die einzigen Bereiche, in denen Steinbrück die Amtsinhaberin ausstach, sind seine wirtschaftspolitische Kompetenz (38:31 %) sowie sein stärkeres Engagement in Fragen des sozialen Ausgleichs (35:31 %) (Infratest Dimap 2012c).

Ein Kriterium für die Bewertung der Kanzlerkandidaten stellt die Kanzlerpräferenz dar. Bei der Betrachtung der ARD-DeutschlandTREND Extra Daten vom August 2013 ist zu erkennen, dass sich von Beginn an eine Mehrheit der Befragten bei einer Direktwahl für Angela Merkel entschieden hätte. In diesem Zusammenhang kann auch von einem sogenannten Amtsinhaberbonus ausgegangen werden, also dem Vorteil eines zur Wiederwahl stehenden Kandidaten aufgrund seiner Amtsausführung in der vorangegangenen Legislaturperiode (Schüttemeyer 2010, S. 17). Wie Abb. 7.2 zeigt, erfährt Steinbrücks Kanzlerpräferenz

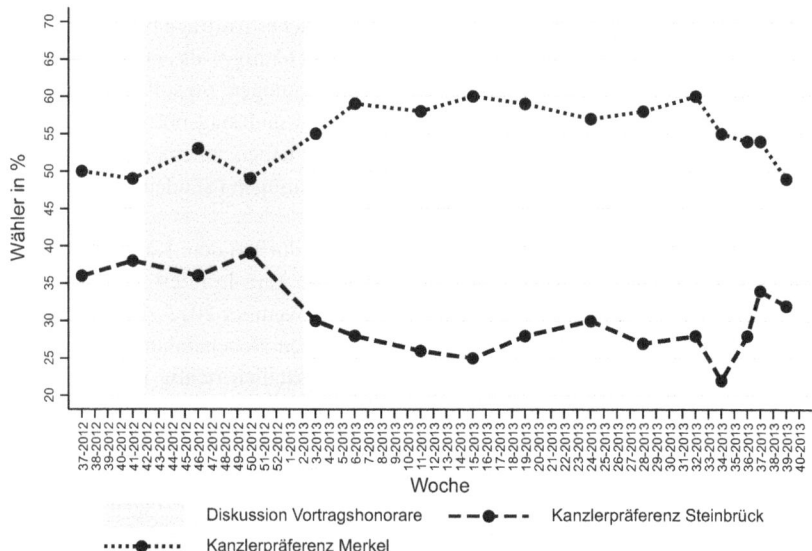

Abb. 7.2 Die Kanzlerpräferenzen von Peer Steinbrück und Angela Merkel im Zeitvergleich. Eigene Darstellung©; Quellen: Eigene Daten, Infratest dimap

7 Der Einfluss von Kandidatenimages 135

trotz anfänglicher Stabilität im Anschluss der Diskussion einen Negativtrend, der sich bis zum Frühjahr des Jahres 2013 fortsetzt. So bevorzugten im Monat April etwa 60 % der Wähler Angela Merkel als Kanzlerin, während Peer Steinbrück gerade noch auf 25 % Rückhalt in der Wählerschaft zurückgreifen kann. Damit baute Angela Merkel ihren Vorsprung von gut 10 % vor der Debatte um die Vertragshonorare auf über 20 Punkte aus. Jedoch muss an dieser Stelle angemerkt werden, dass die Diskussion um die hohen Vortragshonorare Peer Steinbrücks zwar ein Auslöser für einen Negativtrend sein können, jedoch kann nicht ausgeschlossen werden, dass jener Negativtrend auch durch andere Ereignisse beeinflusst oder mit hervorgerufen wurde. Außerdem kann die lange Dauer des Negativtrends spätestens ab Februar 2013 nicht mehr mit der Diskussion um seine Vortragshonorare erklärt werden. Entweder haben andere Wahlkampfereignisse seinen Negativtrend verstärkt oder die Diskussion hat für Peer Steinbrück in eine Abwärtsspirale geführt, welche als Mitläufereffekt verstanden werden kann (vgl. Kapitel 10 in diesem Band).

Mithilfe einer direkten Gegenüberstellung der Kanzlerpräferenz der Parteianhänger sowie der unentschlossenen Wähler lässt sich ebenfalls erkennen, dass Angela Merkel mehr Rückhalt im eigenen Lager hat als Peer Steinbrück. So hätten sich 97 % der CDU/CSU-Anhänger, also nahezu die geschlossene Unions-Anhängerschaft, direkt für Angela Merkel entschieden, wohingegen nur 65 % der SPD-Anhänger Steinbrück bevorzugten – 23 % der SPD-Parteianhänger hätten sogar für Angela Merkel gestimmt. Bei den unentschlossenen Wählern lag Angela Merkel mit 43 % gegenüber 28 % für Peer Steinbrück ebenfalls in Führung. 19 % hätten sich spontan für keinen der beiden Kandidaten entschieden (Infratest Dimap 2013). So verbuchte Merkel im Vergleich der Akzeptanz auch außerhalb ihrer eigenen Anhängerschaft höhere Werte (vgl. Neu 2013, S. 21 f.).

7.4.3 Kanzlerpräferenz und Wahlverhalten

Die Diskussion um die Vertragshonorare führte also zu einer deutlich geringeren Popularität Peer Steinbrücks gegenüber Angela Merkel. Hatte dies auch einen Einfluss auf die Wahlentscheidung, wie wir es gemäß der Personalisierungshypothese erwarten würden? Anhand von Abb. 7.3 wird der Verlauf der Kanzlerpräferenz im Wahlkampfjahr deutlich. Die SPD kann sich nach anfänglich guten Kandidatenbewertungen für Peer Steinbrück nicht von dem Einbruch im Januar 2013 erholen. Der Negativtrend von Steinbrücks Popularität bleibt nicht ohne Auswirkungen auf die Wahlabsichten. Die Abnahme der Kanzlerpräferenz im Zuge der Debatte um die Vortragshonorare um etwa 20 % führt zu einer Verringerung der Wahlabsicht

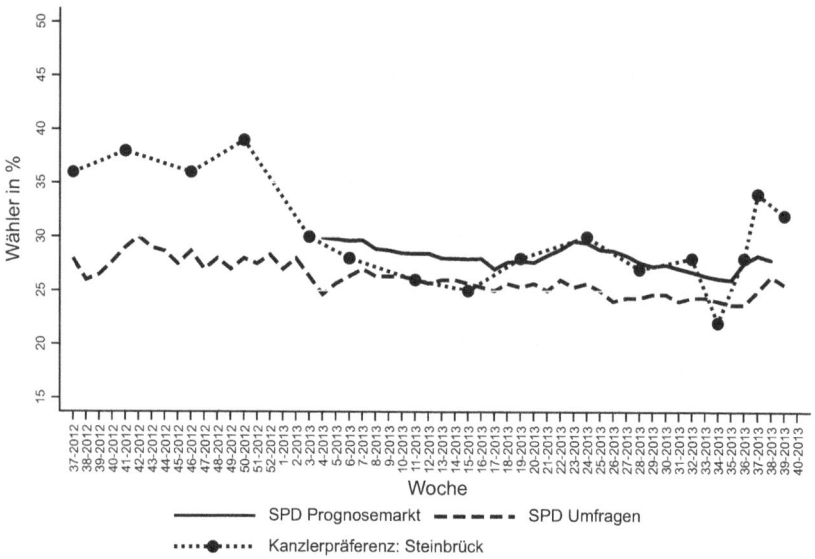

Abb. 7.3 Kanzlerpräferenz für Peer Steinbrück und Umfrage- und Prognosemarktwerte der SPD. Eigene Darstellung©; Quellen: Eigene Daten, Infratest dimap; wahlrecht.de

für die SPD um ca. 3 %.[4] Auch wenn man den weiteren Verlauf der Kanzlerpräferenz und der Umfrage- und (ab Woche 4) Prognosemarktwerte betrachtet, wird deutlich, dass zwischen Kandidatenorientierung und Wahlabsicht eine deutliche Korrelation besteht. Das zeigt sich zuletzt auch in der abrupten Verbesserung der Popularität Steinbrücks und der damit einhergehenden Verbesserung der Werte für die SPD im Zuge der TV-Debatte Anfang September 2013 (siehe dazu Kapitel 9 in diesem Band).

Der Einbruch in der Popularität Steinbrücks scheint Merkel direkt zu Gute zu kommen, da seine negativen Bewertungen nahezu spiegelverkehrt in positive Bewertungen für die Kanzlerin übersetzen (Abb. 7.4). So wünscht sich im gesamten Wahljahr eine Mehrheit der Befragten die bisherige Bundeskanzlerin auch weiterhin als Regierungschefin. Auch die Verbesserung der Popularitätswerte von Merkel steht in deutlichem Zusammenhang mit den Wahlabsichten der Wähler und den Prognosen für den Wähleranteil von CDU/CSU am Wahltag. Im Zeitraum von Oktober 2012 bis Januar 2013 geht eine Steigerung der Kanzlerpräferenz von Merkel

---

[4] Gemessen als der Durchschnitt der Werte zur Sonntagsfrage dreier Umfrageinstitute (siehe Kapitel 3 in diesem Band).

7 Der Einfluss von Kandidatenimages

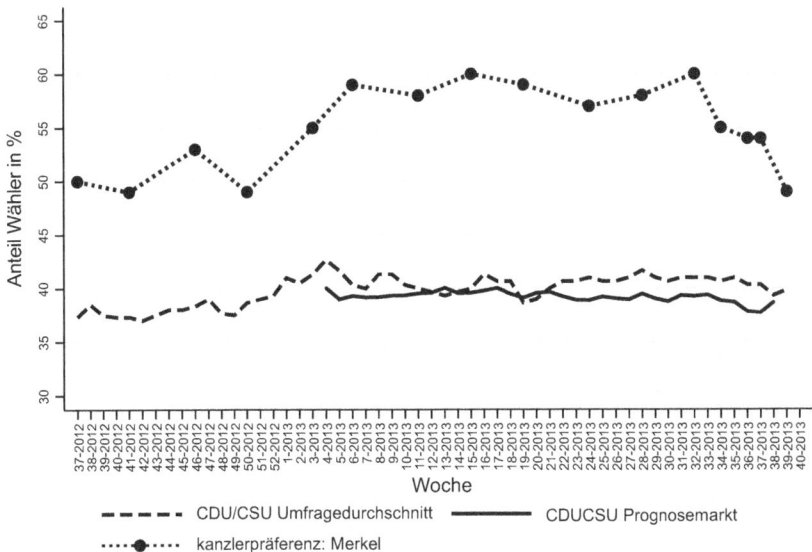

Abb. 7.4 Kanzlerpräferenz für Angela Merkel und Umfrage- und Prognosemarktwerte der CDU/CSU. Eigene Darstellung©; Quellen: Eigene Daten, Infratest dimap, wahlrecht.de

um knapp 20 % mit einer Erhöhung der Wahlabsicht zugunsten von CDU/CSU um etwa 3 Prozentpunkte einher. Auch die stabilen Popularitätswerte ab Februar 2013 spiegeln sich in stabilen Umfrage- und Prognosemarktwerten wider. Nur der Rückgang der Kanzlerpräferenz in den letzten zwei Monaten vor der Bundestagswahl steht in geringem Zusammenhang mit den Umfrage- und Prognosemarktdaten zum Wähleranteil von CDU/CSU.

Insgesamt deuten die Zahlen zur Kanzlerpräferenz und die Umfrage- beziehungsweise Prognosemarktwerte auf einen deutlichen Zusammenhang zwischen Kandidatenorientierung und Wahlabsicht hin. Auf Basis der hier dargestellten aggregierten Daten kommt man zu dem Schluss, dass die Popularität der Spitzenkandidaten das Wahlergebnis um mehrere Prozentpunkte beeinflusst haben dürfte. Dies geht auch daraus hervor, dass Umfrage- und Prognosemarktdaten sehr ähnlich auf die Veränderung der Popularität der Spitzenkandidaten reagiert haben, was darauf hindeutet, dass die Wähler durch die Kandidaten nicht nur zur Wahl der „eigenen" Partei aktiviert wurden, sondern dass einige Wähler durch die Kandidaten von deren Partei überzeugt wurden (zu dieser Interpretation siehe Kapitel 3 in diesem Band).

7.5 Fazit

Dieses Kapitel hat gezeigt, dass das sozialpsychologische Modell seine Erklärungskraft für das Wahlverhalten behält. Insbesondere die Wichtigkeit der Parteibindung und die Filterfunktion der Kandidatenorientierung als Erklärungsfaktoren kann nach wie vor betont werden. Ist die Parteibindung nicht vorhanden, fällt der Einfluss der Kandidatenorientierung umso stärker aus. Denn wie die Ausführungen über die Personalisierung von Wahlen in Deutschland erwarten ließen, hat sich gezeigt, dass die Kandidatenorientierung bei der Bundestagswahl 2013 von großer Bedeutung war. Auf Basis der Darstellung der Wahlkampfereignisse der Bundestagswahl 2013 ist die bemerkenswerteste Erkenntnis, dass die oft skizzierte Eigenschaft Angela Merkels, nämlich ihre „Teflonbeschichtung", bestätigt werden kann. So spiegeln sich die Skandale um Peer Steinbrück in den Kandidatenbewertungen und der Kanzlerpräferenz wider, wohingegen beispielsweise die NSA-Affäre und europäische Finanzkrise an Angela Merkel abzuperlen scheinen; die Eurokrise scheint Merkel sogar geholfen zu haben (siehe Kapitel 5 in diesem Band). Dies lässt darauf schließen, dass Peer Steinbrücks Image nicht in der Art gefestigt war wie das seiner Kontrahentin, wodurch es sich als anfälliger erwies.

Für eine weiterführende Analyse wäre es interessant zu sehen, für welche Wählergruppen der „Skandal" um Peer Steinbrücks Vortragshonorare von Bedeutung war, ob ein solches Ereignis an der Parteibindung eines Wählers rütteln kann beziehungsweise ob eine positive Kandidatenbewertung über negative Wahlkampfereignisse hinwegblenden kann. Generell wäre es sinnvoll, auch die dritte Variable der Themenorientierung mit in die Analyse aufzunehmen, da Kandidatenorientierung und Parteibindung bekannterweise mit der Themenorientierung interagieren.

Literatur

Arzheimer, Kai. 2012. Mikrodeterminanten des Wahlverhaltens: Parteiidentifikation. In: *Wählerverhalten in der Demokratie. Eine Einführung.*, Hrsg. Oscar W. Gabriel und Bettina Westle, 223–246. Baden-Baden: Nomos.

BILD. 2012a. Das wird spannend. BILD.de vom 29. September 2012. http://www.bild.de/news/standards/bild-kommentar/das-wird-spannend-26464906.bild.html. Zugegriffen: 21. Jan. 2014.

BILD. 2012b. Peer Steinbrück: Riesen-Wirbel um Neben-Einkünfte – auf wie viel Geld muss er jetzt verzichten? BILD.de vom 2. Oktober 2012. http://www.bild.de/politik/inland/peer-steinbrueck/auf-wieviel-geld-muss-steinbrueck-jetzt-verzichten-26502342.bild.html. Zugegriffen: 21. Jan. 2014.

BILD. 2012c. Jetzt spricht Steinbrück: SPD-Kanzlerkandidat will Details zu Nebeneinkünften offenlegen. BILD.de vom 5. Oktober 2012. http://www.bild.de/politik/inland/peer-

steinbrueck/honorar-streit-steinbrueck-legt-die-karten-auf-den-tisch-26559326.bild. html. Zugegriffen: 21. Jan. 2014.
Brettschneider, Frank. 2002. *Spitzenkandidaten und Wahlerfolg. Personalisierung, Kompetenz, Parteien: Ein internationaler Vergleich*. Wiesbaden: Westdeutscher.
Campbell, Angus, Phillip E. Converse, Warren E. Miller, und Donald E. Stokes. 1960. *The American voter*. USA: Wiley.
Falter, Jürgen W., und Harald Schoen. 2005. *Handbuch Wahlforschung*. Wiesbaden: VS Verlag für Sozialwissenschaften.
Focus. 2012. 7000 Euro für 10 Antworten: SPD-Kanzlerkandidat Peer Steinbrück kassierte für Interview ab – Deutschland. FOCUS Online vom 30. September 2012. http://www.focus.de/politik/deutschland/7000-euro-fuer-10-antworten-spd-kanzlerkandidat-peer-steinbrueck-kassierte-fuer-interview-ab_aid_829708.html. Zugegriffen: 21. Jan. 2014.
Frankfurter Allgemeine Zeitung. 2012. Steinbrücks Nominierung: Kür ohne Würde. *FAZ. NET vom 28. September 2012*. http://www.faz.net/aktuell/politik/inland/steinbruecks-nominierung-kuer-ohne-wuerde-11907754.html. Zugegriffen 21 Jan 2014.
Frankfurter Rundschau. 2012. Leitartikel zu Peer Steinbrück: Der unvollständige Kandidat. *fr-online.de vom 28. September 2012*. http://www.fr-online.de/meinung/leitartikel-zu-peer-steinbrueck-der-unvollstaendige-kandidat,1472602,19748906.html. Zugegriffen: 21. Jan. 2014.
Gabriel, Sigmar. 2012. Rede von Sigmar Gabriel bei der Pressekonferenz im Willy-Brandt-Haus. *Sozialdemokratische Partei Deutschlands (SPD)*. 28. September 2013. http://www.spd.de/presse/Pressemitteilungen/77294/20120928_rede_gabriel.html. Zugegriffen: 21. Jan. 2014.
Gabriel, Oscar W., und Katja Neller. 2005. Kandidatenorientierung und Wahlverhalten bei den Bundestagswahlen 1994–2002. In: *Wahlen und Wähler: Analysen aus Anlass der Bundestagswahl 2005*, Hrsg. Jürgen W. Falter und Oscar W. Gabriel, 213–243. Westdeutscher.
Gabriel, Oscar W., Silke I. Keil, und S. Isabell Thaidigsmann. 2009. Kandidatenorientierungen und Wahlentscheid bei der Bundestagswahl 2005. In: *Wahlen und Wähler*, Hrsg. Oscar W. Gabriel, Bernhard Weßels, und Jürgen W. Falter, 267–303. Wiesbaden: VS Verlag für Sozialwissenschaften.
Gassen, Vera. 2007. *Düsseldorfer Forum Politische Kommunikation*. Berlin: LIT Verlag Münster.
Huß, Torsten. 2007. *Personalisierung von Politik: Kandidatenorientierung und Wahlverhalten*. Saarbrücken: Müller.
Infratest Dimap. 2012a. Eigenschaftsprofil Angela Merkel 2012. *infratest-dimap.de*. August. http://www.infratest-dimap.de/umfragen-analysen/bundesweit/umfragen/aktuell/eigenschaftsprofil-angela-merkel/. Zugegriffen: 25. Jan. 2014.
Infratest Dimap. 2012b. ARD-DeutschlandTREND September extra 2012 „Steinbrück". *infratest-dimap.de*. 28. September 2012. http://www.infratest-dimap.de/umfragen-analysen/bundesweit/ard-deutschlandtrend/2012/september-extra/. Zugegriffen: 25. Jan. 2014.
Infratest Dimap. 2012c. ARD-DeutschlandTREND November 2012. *infratest-dimap.de*. https://www.infratest-dimap.de/de/umfragen-analysen/bundesweit/ard-deutschlandtrend/2012/november/. Zugegriffen: 25. Jan. 2014.

Infratest Dimap. 2013. ARD-DeutschlandTREND extra II. *infratest-dimap.de*. 27. August 2013. http://www.infratest-dimap.de/umfragen-analysen/bundesweit/ard-deutschlandtrend/2013/august-extra-ii/. Zugegriffen: 25. Jan. 2014.

Lass, Jürgen. 1995. *Vorstellungsbilder über Kanzlerkandidaten: zur Diskussion um die Personalisierung von Politik*. Wiesbaden: Deutscher Universitäts-Verlag.

Lewis-Beck, Michael S., Helmut Norpoth, William G. Jacoby, und Herbert F. Weisberg. 2008. *The American Voter Revisited*. Michigan: University of Michigan Press.

Neu, Viola. 2013. Wahlanalyse der Bundestagswahl in Deutschland am 22. September 2013,. *Konrad-Adenauer-Stiftung*. 26. September 2013, http://www.kas.de/wf/de/33.35530/. Zugegriffen: 21. Jan. 2014.

Ohr, Dieter. 2000. Wird das Wählerverhalten zunehmend personalisierter, oder: Ist jede Wahl anders? Kandidatenorientierungen und Wahlentscheidung in Deutschland von 1961 bis 1998. In: *50 Jahre Empirische Wahlforschung in Deutschland. Entwicklung, Befunde, Perspektiven, Daten.*, Hrsg. Markus Klein, Wolfgang Jagodzinski, Ekkehard Mochmann, und Dieter Ohr, 272–308. Wiesbaden: Westdeutscher.

Ohr, Dieter, Markus Klein, und Ulrich Rosar. 2013. Bewertungen der Kanzlerkandidaten und Wahlentscheidung bei der Bundestagswahl 2009. In: *Wahlen und Wähler*, Hrsg. Bernhard Weßels, Harald Schoen, und Oscar W. Gabriel, 206–230. Wiesbaden: Springer Fachmedien.

Pappi, Franz Urban, und Susumu Shikano. 2007. *Wahl- und Wählerforschung*. 1 Aufl. Nomos.

Reyher, Martin. 2012. *Die Steinbrück-Honorare (Kurzanalyse)*. http://beta.abgeordnetenwatch. de/2012/10/30/die-steinbruck-honorare-kurzanalyse. Zugegriffen: 21. Jan. 2014.

Schmitt-Beck, Rüdiger. 2011. Spitzenkandidaten. In: *Zwischen Langeweile und Extremen: Die Bundestagswahl 2009*, Hrsg. Rattinger Hans, Sigrid Roßteutscher, Rüdiger Schmitt-Beck, und Weßels Bernhard, 205–222. Nomos.

Schüttemeyer, Suzanne S. 2010. Amtsbonus. In: *Lexikon der Politikwissenschaft Bd. 1: A-M: Theorien, Methoden, Begriffe*, Hrsg. Dieter Nohlen und Rainer-Olaf Schultze, 17. München: C.H. Beck.

Süddeutsche Zeitung. 2012a. Steinbrück-Kür im Newsblog: Der Tag zum Nachlesen. sueddeutsche.de vom 28. September 2012, http://www.sueddeutsche.de/politik/spd-gabriel-schlaegt-steinbrueck-als-kanzlerkandidaten-vor-1.1481362. Zugegriffen: 21. Jan. 2014.

Süddeutsche Zeitung. 2012b. SPD-Kanzlerkandidat : Warum Steinbrück die beste Wahl ist. *sueddeutsche.de vom 28. September 2012*, http://www.sueddeutsche.de/politik/debatte-um-nebeneinkuenfte-steinbrueck-kassierte-fuer-vortraege-millionen-euro-1.1509628. Zugegriffen: 21. Jan 2014.

Süddeutsche Zeitung. 2012c. Peer Steinbrück kassierte für Vorträge 1,25 Mio. Euro. *sueddeutsche.de vom 29. Oktober 2012*, http://www.sueddeutsche.de/politik/debatte-um-nebeneinkuenfte-steinbrueck-kassierte-fuer-vortraege-millionen-euro-1.1509628. Zugegriffen: 21. Jan. 2014.

Wagner, Aiko. 2011. Die Personalisierung der Politik. Entscheiden Spitzenkandidaten Wahlen? In: *Der unbekannte Wähler? Mythen und Fakten über das Wahlverhalten der Deutschen*, Hrsg. Evelyn Bytzek und Sigrid Roßteutscher, 81–97. Frankfurt am Main: Campus.

Westle, Bettina. 2009. Die Spitzenkandidatin Angela Merkel (CDU/CSU) und der Spitzenkandidat Gerhard Schröder (SPD) in der Wahrnehmung der Bevölkerung bei der Bundestagswahl 2005. In: *Wähler in Deutschland*, Hrsg. Steffen Kühnel, Oskar Niedermayer, und Bettina Westle, 329–365.Wiesbaden: VS Verlag für Sozialwissenschaften.

ZEIT. 2012. Peer Steinbrück: Der Vizekanzler-Kandidat. Die Zeit vom 28. September 2012, http://www.zeit.de/politik/deutschland/2012-09/spd-steinbrueck-kanzler-kandidat. Zugegriffen: 21. Jan. 2014.

ZEIT. 2013. Presseschau: „Mutti ist die Beste". Die Zeit vom 23. September 2013. http://www.zeit.de/politik/deutschland/2013-09/bundestagswahl-wahlergebnis-presseschau. Zugegriffen: 21. Jan. 2014.

Wenn Kandidat und Partei nicht zusammenpassen

8

Michael Dietel, Kevin Knackstedt,
Maximilian Matthies und Dennis Thering

8.1 Einleitung

Der Vorwurf fehlender Parteiprogrammatiken und intensiv medial diskutierte, hauptsächlich persönliche Fehltritte von Kandidaten verweisen auf die zunehmende Bedeutung von Spitzenkandidaten für die Meinungsbildung der Wähler vor der Stimmabgabe. Diese dem amerikanischen Vorbild folgende Entwicklung der personenzentrierten Wahlkämpfe setzt die bereits zu beobachtende Abkehr von der bisherigen Praxis in Deutschland fort. Die damit verbundene Änderung strategischer Kommunikations- und Wahlkampfführung ist für die Weiterentwicklung der Wahl- und Kampagnenforschung möglicherweise wegweisend. Vor diesem Hintergrund bearbeiten die Autoren die Frage, inwiefern die Kongruenz wahrgenommener Themenkompetenz von Kandidaten mit der Themenführerschaft von Parteien die Kanzlerpräferenz erklären kann.

M. Dietel (✉) · K. Knackstedt
Hamburg, Deutschland
E-Mail: micha.dietel@googlemail.com

K. Knackstedt
E-Mail: kevin.knackstedt@gmail.com

M. Matthies · D. Thering
Lüneburg, Deutschland
E-Mail: max.matthies@gmail.com

D. Thering
E-Mail: dennis.thering@gmx.de

Im Folgenden wird ein etablierter Erklärungsansatz zum Wahlverhalten als Grundlage für die Beschreibung der Auswirkungen von Kandidateneigenschaften auf die Meinungsbildung herangezogen. Diese Theorie über die Erwartung an die Kandidateneigenschaften (Hayes 2005) kombiniert langfristig wahrgenommene Themenkompetenzen von Parteien und deren Bewertung mit einem Ansatz zum Zustandekommen einer Wahlabsicht durch sozialpsychologische Einflüsse gemäß der Ann Arbor School (Campbell et al. 1960; Lewis-Beck et al. 2008). Die Theorie geht davon aus, dass ein Kandidat Sympathien gewinnen kann, wenn er die Erwartungen seiner Wähler, die durch langfristige Themensetzung ihrer Parteien definiert werden, durch seine Kompetenzen zu übertreffen vermag. Ist dies nicht der Fall, schlägt die Nichterfüllung in eine negative Bewertung seitens der Wähler um, was eine Abstrafung an den Wahlurnen zur Folge hat. Die Theorie vermag darüber hinaus zu erklären, was es für eine Wirkung auf die Wählermobilisierung hat, wenn es einem Kandidaten gelingt, seiner Partei nicht eigene Themenfelder zu erobern. Um bei einer Wahl erfolgreich zu sein, sollten Parteien Kandidaten nominieren, die den Erwartungen seitens der Wähler gerecht werden und diese wenn möglich übertreffen.

Die Theorie wird für den Zeitraum der Wahlkampagne zu den Bundestagswahlen 2013 empirisch getestet. Die Datenanalyse verdeutlicht, dass Bundeskanzlerin Merkel die von ihr erwarteten Themenkompetenzen bedient. Dadurch erlangt sie die Fähigkeit, auch Themenkompetenzen zu übernehmen, welche man von ihr, aufgrund ihrer Parteizugehörigkeit, nicht erwarten würde. Dies wiederum hat zur Folge, dass sie die Erwartungen der Wähler übertrifft und die Präferenz für sie als Bundeskanzlerin steigt. Weiter zeigt die Auswertung der Daten, dass es Herausforderer Steinbrück nicht gelingt, die Erwartungen an ihn, welche die Themenkompetenzen seiner Partei wiederspiegeln, zu erfüllen. Demzufolge entfaltet sich für Steinbrück nicht das Potenzial, seine Kanzlerpräferenz durch das Übertreffen der in ihn gesetzten Erwartungen auszuweiten.

8.2 Die Bedeutung der Kandidatenkompetenz für die Ausprägung der Kanzlerpräferenz

Während der sozial-psychologische Ansatz die Bildung einer Parteiidentifikation erklären kann, erfordert die Herausbildung einer Kanzlerpräferenz die Hinzunahme einer weiteren theoretischen Perspektive. Eben diese liefert die von Hayes (2005) entwickelte Theorie zu Kandidateneigenschaften, welche im Folgenden eine – mit Blick auf die Kanzlerpräferenz – nützliche Ergänzung des sozialpsychologischen Ansatzes darstellt.

Hayes' Theorie zur Erwartung an die Kandidateneigenschaften geht davon aus, dass Parteien und ihre Kandidaten durch eine strategische Positionierung und deren individueller Wahrnehmung beim Wähler langfristige, Legislaturperioden überdauernde Themenkompetenzen generieren. Weiter zeigt die Theorie auf, in welcher Weise Wähler reagieren, wenn ein Kandidat nicht nur die durch seine Parteizugehörigkeit erwartete Themenschwerpunkte setzt, sondern sich in Themengebieten, welche zu den Kernkompetenzen einer konkurrierenden Partei gehören, zu profilieren versucht. Obwohl dieser Ansatz mit Blick auf das Zwei-Parteien-System der USA entwickelt wurde, kann Hayes' Theorie auch auf andere Regierungs-Oppositionssysteme angewandt werden.

Die Kommunikationsforschung legt nahe, dass Wähler die ihnen entgegengebrachten Informationen besser verarbeiten, wenn eben diese Informationen die beim Wähler schon vorhandenen Überzeugungen bestätigen (zum Beispiel Zaller 1992). Deshalb ist es für Parteien und Kandidaten einfacher, sympathisierende Wähler zu mobilisieren, als neue Wähler durch Argumente und Informationen zu überzeugen (siehe Kapitel 2 in diesem Band). Außerdem wurde gezeigt, dass eine direkte Verbindung zwischen den Themen, die eine Partei besetzt, und der öffentlichen Rezeption der Kompetenzen, die den Kandidaten dieser Partei zugeschrieben werden, besteht (Petrocik 1996). Nicht zuletzt aus diesem Grund sind die Kandidaten an die von ihrer Partei und deren Wahlkampagne vorgegebenen Themen grundsätzlich gebunden. Parteien und Kandidaten verknüpfen in ihrer Wahlkampagne die seitens der Wähler als relevant erachteten Themen mit der Parteiagenda, welche die Kompetenz zur Lösung jener Themen transportiert. Gemäß Wagner und Weßels (2012) werden auch Spitzenkandidaten und Parteien von den Wählern nicht separat evaluiert. Vielmehr interagieren die Evaluationen für Parteien und Kandidaten miteinander und diese Interaktion hat einen wesentlichen Einfluss auf den Wahlentscheid.

Es stellt sich nun die Frage, inwiefern die wahrgenommene Kongruenz zwischen Kandidaten und Parteien die Kanzlerpräferenz im deutschen Bundestagswahlkampf 2013 erklären kann. Wir konzentrieren uns dabei auf die Themenkompetenzen von Kandidaten und Parteien. Dabei unterscheiden wir zwei Hypothesen. Die erste Hypothese nimmt an, dass für einen Kandidaten die Kanzlerpräferenz umso höher ist, je höher seine Kompetenz bei den Kernthemen seiner Partei eingeschätzt wird. Ein Beispiel: Je stärker Peer Steinbrück die Themen soziale Gerechtigkeit und soziale Verantwortung – Kernthemen seiner Partei – bedienen kann, desto höher ist für ihn die Kanzlerpräferenz. Dies kann natürlich umgekehrt ebenfalls eintreten. Gelingt es dem Kandidaten aufgrund der Dissonanz der von ihm erwarteten mit den von ihm medial dargestellten Kompetenzen nicht, die parteiprogrammatischen Themen glaubhaft zu verkörpern, muss er bei der Wahl Stimmenverluste hinnehmen.

Die zweite Hypothese geht davon aus, dass Kandidaten ihre Beliebtheitswerte steigern können, wenn es ihnen gelingt, bei den Kernthemen des Gegners als kompetent zu gelten. Wir leiten diese Hypothese der Studie von Hayes (2005) ab, der sie nicht nur auf die Themenkompetenzen anwendet, sondern auf eine Vielzahl von Kandidateneigenschaften, welche mit dessen Parteizugehörigkeit assoziiert werden. Gemäß dieser Hypothese kann der jeweilige Spitzenkandidat einer Partei durch Erweiterung seiner Kompetenzen auf die langfristen Kernthemen der Gegenpartei entscheidende strategische Vorteile erzielen. Je besser es Angela Merkel gelingt, sich als kompetent beim Thema soziale Gerechtigkeit zu etablieren, desto größer wird die gesamte Kanzlerpräferenz für sie. Gemäß Hayes verhilft diese Überwindung parteithematischer Schranken den Kandidaten zu einem größeren Erfolg, als die Konzentration auf die Kernthemen der eigenen Partei (Hayes 2005, S. 5). Im Gegensatz zu Hayes gehen wir aber davon aus, dass die Eroberung von Kompetenzen aus den Kernthemen des gegnerischen Lagers nur gelingen kann, wenn der Kandidat bei den Kernthemen des eigenen Lagers als kompetent gilt, da er sonst nicht glaubwürdig wirkt. Die Erfüllung der ersten Hypothese ist daher eine notwendige Bedingung für das Zutreffen der zweiten Hypothese.

Aus praktischen Gründen und aufgrund des deutschen Regierung-Opposition-Systems gehen wir in Anlehnung an Hayes von zwei sich gegenüber stehenden Blöcken aus. CDU/CSU und FDP bilden unter CDU-Führung gemeinsam die Regierungskoalition von 2009 bis 2013. SPD und Grüne als Oppositionsblock die Gegenposition unter SPD-Führung. Die Partei Die Linke wurde während des Wahlkampfes von keinem dieser Lager als möglicher Koalitionspartner in Betracht gezogen, weshalb sie für die Untersuchung zur Kanzlerpräferenz vernachlässigt wird. Die beiden genannten Blöcke werden jeweils von der stärkeren Partei (diesbezüglich orientiert am Wahlergebnis der Bundestagswahl 2009) und deren Spitzenkandidaten angeführt. Daraus ergibt sich letztlich eine Konstellation, die der von Hayes (2005) in den USA geschilderten Wahlkampfsituation zwischen Republikanern und Demokraten ungefähr entspricht – ein Zwei-Lager-System. Für die Bundestagswahl 2013 kann eindeutig von dieser Situation ausgegangen werden, da sich die Parteien sowohl im Verlauf des Wahlkampfes als auch nach Bekanntgabe der Wahlergebnisse auf die genannten Koalitionsmöglichkeiten festgelegt haben.

8.3 Daten und Operationalisierungen

Das Erkenntnisinteresse der Forschungsfrage liegt auf der Kanzlerpräferenz, die sich abhängig von anderen Variablen in Umfragen und letztlich teilweise im Wahlergebnis widerspiegelt (siehe dazu Kapitel 7 in diesem Band). Die für diese Arbeit genutzten Daten werden von Infratest-Dimap in monatlichen Umfragen erhoben und hier in ihrer publizierten Fassung verwendet. Die Kanzlerpräferenz wurde mittels folgender Frage gemessen: „Wenn man den Bundeskanzler direkt wählen könnte, für wen würden Sie sich entscheiden: für Angela Merkel oder für Peer Steinbrück?" Die Daten zu dieser Frage haben wir für den Zeitraum von einem Jahr vor der Bundestagswahl bis zum Wahlmonat September 2013 zusammengetragen.

Zur Erklärung der Kanzlerpräferenzwerte ziehen wir in dieser Arbeit die Themenkompetenzen der Kandidaten und Parteien heran. Die Themenkompetenzen der Kandidaten sind dabei veränderlicher als die Themenkompetenzen der Parteien. Wie bereits erwähnt, hat der Kandidat einen Einfluss darauf, mit welchen Themen er sich auseinandersetzt und seine diesbezügliche Kompetenz den Wählern zu demonstrieren versucht. Themenkompetenzen der Parteien manifestieren sich hingegen langfristig und ändern sich entsprechend selten. Die Themenführerschaft für CDU/CSU und FDP als auch für SPD und Grüne haben wir zu drei Zeitpunkten den Umfragedaten entnommen. Gemäß den Daten des Umfrageinstituts Infratest Dimap ergibt sich eine eindeutige Zuordnung der Themen (Infratest Dimap 2012, 2013): CDU/CSU und FDP haben sich demnach langfristig in den Themen der Bereiche Wirtschaft und Arbeit eine Expertise angeeignet, die bei der Wählergesamtheit entsprechend wahrgenommen wird. SPD und Grüne hingegen stehen allgemein für Kompetenzen im Bereich Soziales (siehe auch Kapitel 6 in diesem Band).

Wir greifen ebenfalls auf Infratest Dimap-Daten zurück, um abzubilden, welche Themenkompetenzen die Befragten den Kandidaten zuordnen. Wir konzentrieren uns daher auf die folgenden Fragen des Infratest-Telefoninterviews: »Wenn Sie jetzt einmal Angela Merkel und Peer Steinbrück vergleichen: Wer von beiden hat den größeren wirtschaftspolitischen Sachverstand? Wer von beiden setzt sich stärker für soziale Gerechtigkeit ein?« Während bei der ersten Frage eindeutig nach der Themenkompetenz gefragt wird, ist dies bei der zweiten Frage leider etwas weniger eindeutig. Wir gehen hier aber davon aus, dass mit einem stärkeren Engagement für soziale Gerechtigkeit auch die Vorstellung eines höheren Sachverstandes in dieser Frage einhergeht.

Obwohl wir in erster Linie untersuchen, welchen Einfluss die wahrgenommenen Kandidateneigenschaften auf die Kanzlerpräferenz haben, vermuten wir, dass auch der Amtsinhaberbonus Auswirkungen auf die Wahrnehmung von Merkels Eigenschaften im Vergleich zu Steinbrück auf die Kanzlerpräferenz hat. Die Theorie ökonomischen Wählens legt unter anderem nahe, dass Wähler den Amtsinhaber nicht zuletzt aufgrund der wirtschaftlichen Situation beurteilen (siehe Kapitel 5 in diesem Band). Um für diesen Einfluss der Wirtschaftslage auf die Kandidatenpräferenz zu kontrollieren, verwenden wir die Arbeitslosenquote im Vergleich zum

Vorjahr als Indikator für die wirtschaftliche Konjunktur (siehe auch Hogberg und Peterson 1998).

8.4 Analyse des Zusammenhangs von Kandidatenkompetenzen und Parteithemen bei der Bildung einer Kanzlerpräferenz

Im Folgenden untersuchen wir anhand deskriptiver Analysen den Zusammenhang zwischen den Kompetenzwerten der Kandidaten und der Kanzlerpräferenz für die Bundestagswahl 2013. Ziel ist es herauszufinden, wie beide Kandidaten die an sie gestellten Erwartungen in Übereinstimmung mit ihren jeweiligen Parteithemen erfüllen können und welche Auswirkungen eine mögliche Kongruenz auf die Kanzlerpräferenz der Wähler hat. Zuerst folgen bivariate Analysen zum Zusammenhang zwischen Themenkompetenz und Kanzlerpräferenz. Um die Interpretation dieser bivariaten Analysen zu validieren, ergänzen wir unsere Analyse um eine qualitative Beschreibung einiger wichtiger Wahlkampfereignisse, bei denen ein Kandidat die Erwartungen der Wähler erfüllte oder enttäuschte. Um die Interpretation weiter zu stärken, untersuchen wir schließlich, wie die beobachteten Zusammenhänge zwischen Themenkompetenz und Kanzlerpräferenz mit der Wirtschaftskonjunktur in Verbindung stehen.

8.4.1 Bivariate Analysen über den Zusammenhang von Themenkompetenz und Kanzlerpräferenz

Bei der bivariaten Analyse erwarten wir einerseits, dass die Themenkompetenz von Kandidaten bei den Kernthemen ihrer Partei mit der Kanzlerpräferenz einhergeht. Mit Bezug auf die Bundestagswahlen 2013 erwarten wir also, dass eine Veränderung von Kompetenzwerten für den Bereich Wirtschaft für die CDU-Kandidatin Merkel und in den Kompetenzwerten im Bereich Soziales für den SPD-Kandidaten Steinbrück eine zeitnahe Reaktion in den Werten der Kanzlerpräferenz nach sich zieht. Wenn nach einer Verbesserung der Kompetenzwerte beim Kernthema der Partei die Kanzlerpräferenz steigt (und vice versa), wird dies als ein Beleg für die Richtigkeit der ersten Hypothese betrachtet.

Gemäß der zweiten Hypothese erwarten wir, dass die Themenkompetenz von Kandidaten bei den Kernthemen der gegnerischen Partei mit der Kanzlerpräferenz einhergeht. Dies vor allem dann, wenn der Kandidat der gegnerischen Partei bei diesen Themen an Kompetenzwerten verliert. Mit Bezug auf die Bundestagswahlen

8 Wenn Kandidat und Partei nicht zusammenpassen

2013 erwarten wir also, dass eine Verbesserung von Kompetenzwerten im Bereich Soziales für Merkel bei gleichzeitigem Rückgang dieser Werte für Steinbrück einen starken positiven Effekt auf die Kanzlerpräferenz der Amtsinhaberin zur Folge hat. Umgekehrt gehen wir davon aus, dass ein Zuwachs an Kompetenzwerten im Bereich Wirtschaft für Steinbrück bei gleichzeitigem Rückgang dieser Werte für Merkel die Präferenzwerte für Steinbrück deutlich erhöht.

Die Werte zur Kanzlerpräferenz können den Abb. 8.1 und 8.2 entnommen werden. Es zeigt sich, dass Kanzlerin Merkel zu Beginn des Betrachtungszeitraumes mit einem deutlichen Vorsprung auf Steinbrück die anscheinend besseren Voraussetzungen im Duell hat. Im Zeitverlauf kann sie ihre Beliebtheitswerte noch um rund zehn Prozent steigern. Erst gegen Ende des Betrachtungszeitraumes neigt sich die Linie wieder und endet bei den ursprünglichen Werten von September 2012. SPD-Kandidat Steinbrück hingegen kann keinen vergleichbar positiven Verlauf für sich verbuchen. Gegen Mitte des Betrachtungszeitraumes im April 2013 sind seine Werte auf dem Tiefpunkt von nur 25 % (und damit elf Punkte unter dem Ausgangswert) angelangt. Dieser Zeitpunkt kann als Ende des Negativtrends betrachtet werden, in dessen Folge sich die Werte wieder erholten. Mit Ausnahme der Augustumfrage – bei der die Kanzlerpräferenz von Steinbrück mit nur 22 %

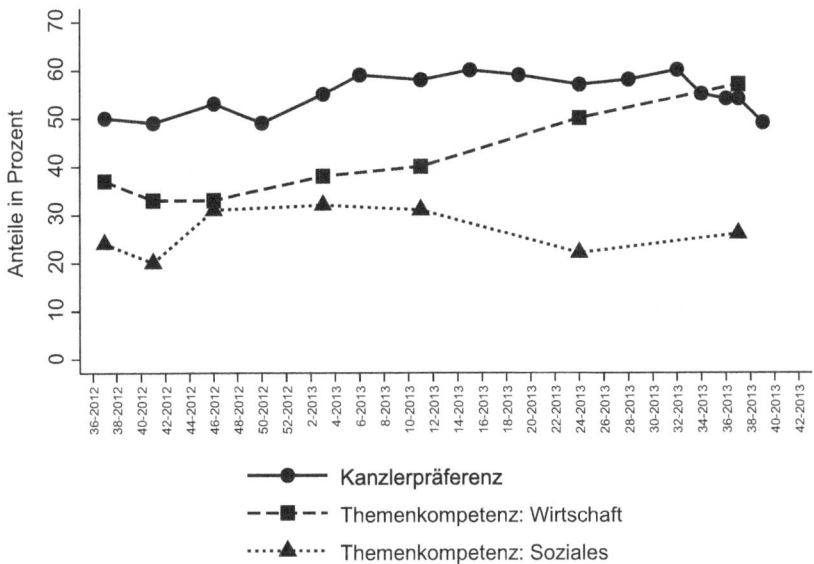

Abb. 8.1 Themenkompetenz und Kanzlerpräferenz von Angela Merkel. (Eigene Darstellung©; Quelle: Eigene Daten, Infratest dimap)

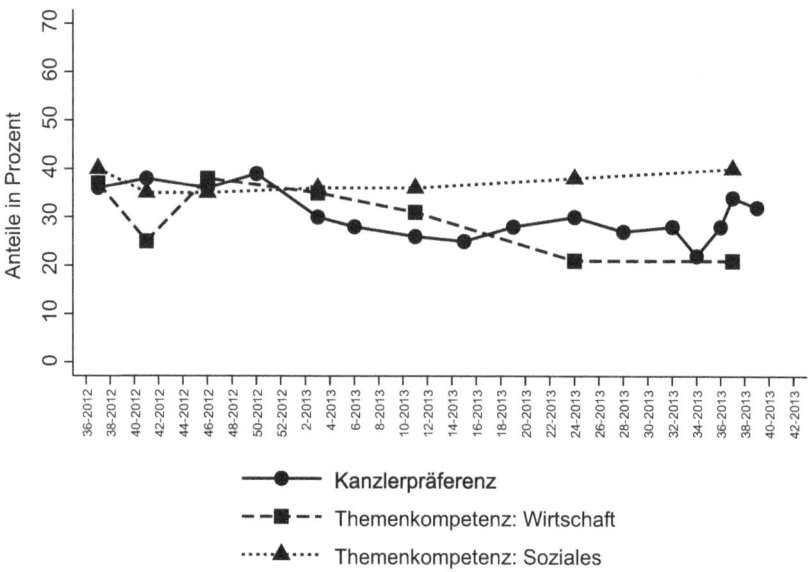

Abb. 8.2 Themenkompetenz und Kanzlerpräferenz von Peer Steinbrück. (Eigene Darstellung©; Quelle: Eigene Daten, Infratest dimap)

ausgewiesen wird – gelingt es Steinbrück ab Mai 2013, seine Werte zu stabilisieren und zur Bundestagswahl wieder auf seinem Ausgangsniveau anzukommen.

Wie aus den beiden Abbildungen ersichtlich wird, ist mit Bezug auf die Themenkompetenzen eine Aussage zur Verteilung der wahrgenommenen Eigenschaften möglich. Über den gesamten Zeitraum hat Merkel etwas bessere Kompetenzwerte als Steinbrück. Da Merkel im Durchschnitt deutlich höhere Werte bei der Kanzlerpräferenz verbucht, kann dies als Indiz für einen Zusammenhang zwischen Themenkompetenz der Kandidaten und der Kanzlerpräferenz gewertet werden. Allerdings ist der Unterschied bei der Kanzlerpräferenz weit größer als bei den Themenkompetenzen, weshalb der Zusammenhang von Themenkompetenz und Kanzlerpräferenz begrenzt sein muss. Differenziert für die beiden Themengebiete zeigt sich, dass Kanzlerin Merkel in Übereinstimmung mit ihrer Partei die Wirtschaftsexpertise zugewiesen wird. Kandidat Steinbrück wird mit dem Thema Soziales assoziiert.

Neben den Unterschieden im Niveau interessiert vor allem die Betrachtung über den Zeitverlauf. Gemäß der ersten Hypothese sollte die Kanzlerpräferenz umso höher ausfallen, je eher ein Kandidat bei den Kernthemen seiner Partei als kompetent gilt. Wie aus Abb. 8.1 hervorgeht, ist dieser Zusammenhang bei Angela Merkel während des Wahlkampfes zwar vorhanden, aber wenig ausgeprägt. Anfang 2013 geht eine Steigerung der wahrgenommenen Wirtschaftskompetenz mit einer erhöhten Kanzlerpräferenz einher, was für die Bestätigung der Hypothese spricht. Allerdings nimmt ihre Kanzlerpräferenz gegen Ende des Wahlkampfes nicht mehr zu, obwohl ihre Werte mit Bezug auf Wirtschaftskompetenz weiter steigen. Ein Grund für die Abschwächung des Zusammenhangs könnte sein, dass Angela Merkel die Sympathisanten der CDU bereits Mitte des Wahlkampfes vollumfänglich aktiviert hatte. Ein weiterer Grund für die Abschwächung des Zusammenhangs könnte sein, dass die Präferenz für Merkel als Folge einer Abschwächung ihrer Kompetenzwerte im Bereich Soziales abnahm (siehe nachfolgend). Auch Peer Steinbrücks Umfragewerte sprechen nur sehr bedingt für einen Zusammenhang zwischen der Kompetenz beim Parteithema Soziales und der Kanzlerpräferenz (Abb. 8.2). So mag ein Rückgang von Steinbrücks Kompetenzwerten im Bereich Soziales Ende 2012 einen leichten, möglicherweise verzögerten negativen Effekt auf seine Popularität als Kanzlerkandidat gehabt haben, eindeutig ist dies aber nicht. Insgesamt kann also nur von einem schwachen Zusammenhang zwischen der Kompetenz beim Kernthema der eigenen Partei und der Kanzlerpräferenz ausgegangen werden.

Gemäß der zweiten Hypothese sollte die Popularität eines Kandidaten desto höher ausfallen, je besser seine Kompetenzwerte bei einem Themengebiet sind, welches für das konkurrierende Parteilager zentral ist. Mit Bezug auf die Umfragewerte von Angela Merkel lässt sich ein schwacher Zusammenhang konstatieren. Wie vorhergesagt steigt ihre Kanzlerpräferenz zu Beginn des Wahlkampfes zusammen mit den Kompetenzwerten im Bereich Soziales. Eine Abnahme dieser Kompetenzwerte scheint jedoch im weiteren Verlauf des Wahlkampfes keinen Effekt auf die Popularität der Kanzlerin gehabt zu haben. Teilweise lässt sich das Ausbleiben eines stärkeren Zusammenhangs mit dem entgegengesetzten Trend bei den Kompetenzwerten im Bereich Wirtschaft begründen. So ist es gut möglich, dass sich die Kompetenzwerte in den Bereichen Soziales und Wirtschaft in den letzten Monaten vor dem Wahlgang gegenseitig neutralisiert haben, weshalb die Kanzlerpräferenz bis kurz vor der Wahl stabil geblieben ist.

Während der Zusammenhang zwischen der Kompetenz auf dem zentralen Themengebiet des gegnerischen Lagers bei Angela Merkel nur bedingt sichtbar wird, zeigt sich dieser Zusammenhang bei ihrem Herausforderer deutlich. Peer Steinbrücks Kompetenzwerte im Bereich Wirtschaft verringerten sich ab Ende 2012 erheblich, was sich in den Werten zu seiner Kanzlerpräferenz widerspiegelt. So ging die Halbierung seiner Kompetenzwerte im Bereich Wirtschaft mit einer Reduktion seiner Kanzlerpräferenz um etwa 10 Prozentpunkte einher. Insgesamt scheinen die Umfragewerte unsere zweite Hypothese zu bestätigen. Wiederum dürfte der Zusammenhang zwischen Kompetenzwerten und Kanzlerpräferenz jedoch nur mäßig stark sein, die Kompetenz bei den gegnerischen Themengebieten scheint aber einen stärkeren Effekt auf die Popularität von Kanzlerkandidaten zu haben, als die Kompetenz bei den Kernthemen der eigenen Partei.

8.4.2 Wahlkampfereignisse, Wirtschaftskonjunktur und der Zusammenhang von Themenkompetenz und Kanzlerpräferenz

Natürlich müssen die im vorherigen Kapitel beschriebenen statistischen Zusammenhänge vorsichtig interpretiert werden. Denn die bisherige Analyse basiert auf einer geringen Anzahl von Beobachtungen und es ist möglich, dass es sich bei den beobachteten Korrelationen nicht um direkte kausale Zusammenhänge handelt. Um die bisherige Analyse zu validieren, ergänzen wir unsere Analyse deshalb um eine qualitative Beschreibung einiger wichtiger Wahlkampfereignisse, bei denen ein Kandidat die Erwartungen der Wähler an seine Themenkompetenzen erfüllte oder enttäuschte. Es erfolgt eine beispielhafte Darstellung, da eine Berücksichtigung des Datenmaterials über den gesamten Erhebungszeitraum in Verbindung mit der kompletten Menge an etwaigen Wahlkampfereignissen die Grenzen dieser Arbeit überschreiten würde.

Wie aus Abb. 8.1 ersichtlich wird, steigt der Kompetenzwert im Bereich Soziales von Bundeskanzlerin Merkel zwischen Oktober und November 2012 um elf Prozentpunkte auf 31 an. Gleichzeitig stagniert der Wert von Herausforderer Steinbrück bei 25%. Es lässt sich vermuten, dass Merkel mit einem sozialpolitischen Thema bei den Wählern punkten konnte, was ein Indiz für eine Themenenteignung im Kompetenzfeld von Steinbrück und der SPD darstellen würde. Als Beleg dient die CDU-Regionalkonferenz Ende Oktober in Schwerin. Hier forderte Merkel die Einführung eines flächendeckenden Mindestlohns. Merkel münzte das SPD-Thema sozusagen in eine für sie erfolgversprechende Richtung. Zudem brachte Merkel die sogenannte Mütterrente ins Gespräch. Mütter, deren Kinder vor 1992 geboren wurden, sollten demnach in der Rentenversicherung besser gestellt werden. Zusätzlich sollte sichergestellt werden, dass langjährige Versicherte im Alter mit ihren Rentenbezügen nicht unter das Niveau der Grundsicherung fallen. Bezüglich der in dieser Arbeit aufgestellten zweiten Hypothese kann festgehalten werden: Merkel gelang es möglicherweise, ein Thema im Kompetenzfeld des politischen Gegners zu besetzen. Gleichzeitig stieg Merkels Kanzlerpräferenz um vier Prozentpunkte auf 53.

Ein Anstieg des Kompetenzwertes für Wirtschaft lässt sich für CDU-Kanzlerkandidatin Merkel von November 2012 bis Januar 2013 beobachten. Der Wert steigt von 33 auf 38 Prozentpunkte. Wir vermuten, dass der Anstieg in Zusammenhang mit der Ankündigung Merkels stand, das Wirtschaftswachstum fördern zu wollen. Zugleich sprach Merkel sich gegen Steuererhöhungen aus. Im Januar kündigte die SPD eine Mindestlohninitiative an. Die CDU widersetzte sich einer Einführung gesetzlich verankerter und zugleich flächendeckender Mindestlöhne, da sie Arbeitsplätze vernichte. In dem geschilderten Zeitraum lässt sich ein Anstieg der Kanzlerpräferenz von Merkel um zwei Prozentpunkte von 53 auf 55 feststellen. Die Zementierung der eigenen wirtschaftspolitischen Position könnte also einen positiven Effekt auf die Kompetenzwerte Merkels für Wirtschaft und ihre Kanzlerpräferenz gehabt haben.

Zwischen März und Juni 2013 steigt der Sozialkompetenzwert für SPD-Kanzlerkandidat Peer Steinbrück von 36 auf 38 Prozentpunkte. Seine Kanzlerpräferenz springt von 26 auf 30 Prozentpunkte. Ein zentrales Wahlkampfereignis in dieser Zeit stellt die Steueraffäre des Fußballmanagers Uli Hoeneß dar. Er hatte für ein von ihm verwaltetes Konto in der Schweiz die fällige Kapitalertragssteuer nicht wie gesetzlich vorgesehen in Deutschland entrichtet. Durch eine Selbstanzeige wollte Hoeneß Straffreiheit erlangen. Die SPD machte sich im Bundestagswahlkampf für die Abschaffung von strafbefreienden Selbstanzeigen bei Steuerhinterziehung stark. Außerdem forderte sie verschiedene Reformen in der Steuerpolitik. Dazu gehörten unter anderem die Einführung eines Partnerschaftstarifs, die Erhöhung des Spitzensteuersatzes, die Anhebung der Vermögenssteuer, Rücknahme von Begünstigungen bei der Erbschaftssteuer, eine Erhöhung der Abgeltungssteuer sowie die Abschaffung besonderer steuerlicher Privilegien für einzelne Berufsgruppen. Diese Ziele verankerte die SPD in ihrem Regierungsprogramm 2013–2017, das am 11. März 2013 vorgestellt wurde. Durch die ansteigenden Werte ließe sich annehmen, dass die SPD und Kanzlerkandidat Steinbrück das Kernthema Soziales für den Wähler im Wahlkampf forcieren konnten. Die hier durchgeführte Analyse offenbarte aber nur eine geringe Korrelation zwischen Steinbrücks Sozialkompetenz und der Kanzlerpräferenz. Allerdings dürften noch andere Faktoren für die Kanzlerpräferenz eine Rolle gespielt haben. So wurde in demselben Zeitraum nach wie vor intensiv über Fehler in der Wahlkampagne von Steinbrück und Uneinigkeiten zwischen ihm und Parteichef Gabriel berichtet.

Zuletzt stellt sich die Frage, ob die Zusammenhänge zwischen Themenkompetenz und Kanzlerpräferenz durch die Wirtschaftskonjunktur überlagert werden. Dies ist vor allem mit Blick auf den Zusammenhang von Wirtschaftskompetenz und Kanzlerpräferenz wahrscheinlich, da in diesem Fall beide Größen durch die Wirtschaftskonjunktur beeinflusst werden könnten. Abbildung 8.3 und 8.4 zeigen

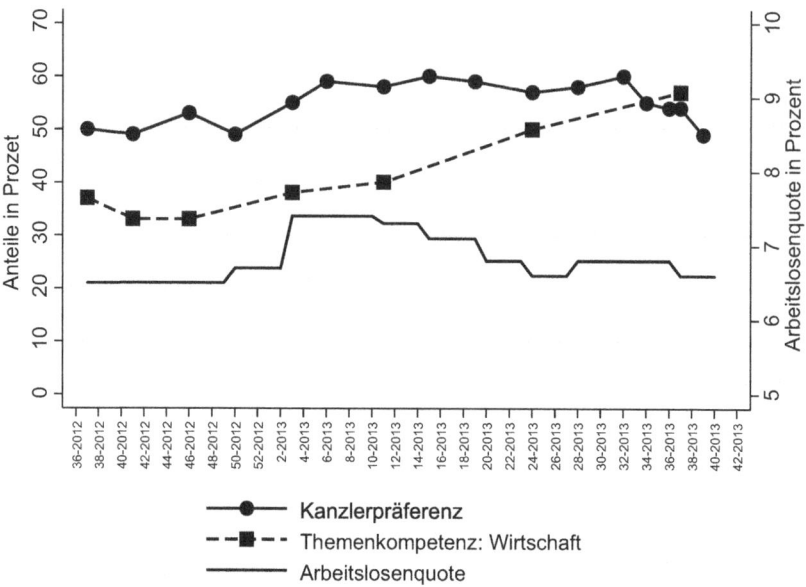

Abb. 8.3 Themenkompetenz und Kanzlerpräferenz von Angela Merkel im Zusammenhang mit der Arbeitslosenquote. (Eigene Darstellung©; Quelle: Eigene Daten, Infratest dimap)

die Umfragewerte für die Kanzlerpräferenz und Wirtschaftskompetenz zusammen mit der Arbeitslosenquote über den von uns untersuchten Zeitraum. In der Betrachtung der Arbeitslosenquote können typische saisonale Schwankungen festgestellt werden, die sich in einer höheren Quote für die Wintermonate manifestieren. Von März bis Juni 2013 sanken die Arbeitslosenzahlen dann erwartungsgemäß wieder. Diese vermeintlich positive Beschäftigungsentwicklung auf dem Arbeitsmarkt könnte – trotz ihres erwartbaren, weil saisonalen Charakters – also ein weiterer Grund für die deutlichen Veränderungen bei den Wirtschaftskompetenzwerten und/oder der Kanzlerpräferenz sein.[1]

Anders als erwartet steht für Kanzlerin Angela Merkel die wahrgenommene Wirtschaftskompetenz kaum in einem Zusammenhang mit der Wirtschaftskonjunktur. Auch bei Peer Steinbrück wird kein Zusammenhang zwischen der Wirtschaftskonjunktur und der wahrgenommenen Wirtschaftskompetenz beziehungsweise der Kanzlerpräferenz sichtbar. Diese Beobachtungen lassen den Schluss

---

[1] In demselben Berichtszeitraum stieg auch der IFO-Geschäftsklimaindex deutlich an (Bundesagentur für Arbeit 2013; ifo Institut 2013). Der IFO-Geschäftsklimaindex gibt Auskunft über das Stimmungsbild der deutschen Wirtschaft und basiert auf Meldungen von Unternehmen zur konjunkturellen Lage.

8 Wenn Kandidat und Partei nicht zusammenpassen

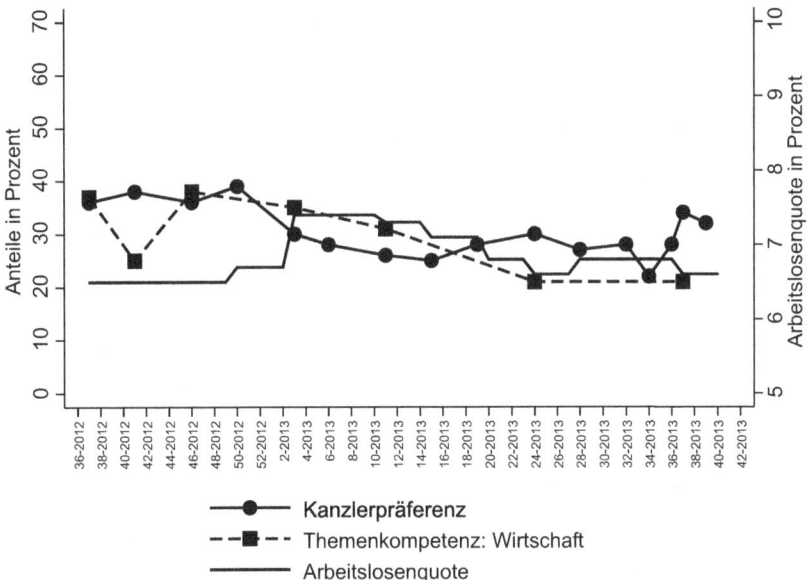

Abb. 8.4 Themenkompetenz und Kanzlerpräferenz von Peer Steinbrück im Zusammenhang mit der Arbeitslosenquote. (Eigene Darstellung©; Quelle: Eigene Daten, Infratest dimap)

zu, dass wahrgenommene Wirtschaftskompetenz und Wirtschaftskonjunktur als voneinander unabhängige Variablen verstanden werden können. Dies stärkt unsere Interpretation der Zusammenhänge zwischen Themenkompetenz und Kanzlerpräferenz. Denn auch wenn wir für die Wirtschaftskonjunktur „kontrollieren" finden wir einen moderaten Zusammenhang zwischen der Themenkompetenz der Kandidaten und der Kanzlerpräferenz, wobei die Themenkompetenz bei parteieigenen Themen einen geringeren Effekt hat als jene, welche das konkurrierende Lager besitzt.

8.5 Fazit

Noch bevor der Bundestagswahlkampf 2013 überhaupt in seine heiße Phase eintrat – gekennzeichnet durch eine hohe Mobilisierung innerhalb der einzelnen Parteien und den multimedialen Schlagabtausch der Koalitionslager –, sah sich die von der Bundeskanzlerin Angela Merkel geführte CDU den Vorwürfen ausgesetzt, keine eigene Programmatik zu verfolgen, sondern vielmehr die erfolgversprechenden Inhalte des politischen Oppositionslagers von SPD und Grünen zu adaptieren.

Dahingegen wurde etwa zeitgleich Kritik am Spitzenkandidaten der Sozialdemokraten, Peer Steinbrück, geübt: Als wirtschaftspragmatische Führungsperson passe er nicht zu einer ideologisch geprägten, mitte-links orientierten Arbeiterpartei. Der scheinbare Opportunismus Merkels wurde seitens der Wähler nicht als Nachteil wahrgenommen. Steinbrück hingegen gelang es nicht, in der Wählerschaft ein kongruentes Bild seiner Person und inhaltlicher Positionierungen der SPD zu erzeugen. Zudem begleiteten in den Medien breit diskutierte Fehltritte Steinbrücks dessen Kandidatur und führten möglicherweise zu einer Diskrepanz zwischen der Wahrnehmung seiner Kompetenz und den Erwartungen, die die Wähler an ihn als SPD-Kanzlerkandidaten stellten. Insbesondere die Diskussion um seine Honorare dürfte seiner Reputation als sozialer SPD-Politiker geschadet haben. Es zeigt sich somit, dass die in diesem Kapitel angewandte Theorie der erwarteten Themenkompetenzen von Kandidaten einen nicht unwesentlichen Anteil der Kanzlerpräferenz und daraus folgend auch des Wahlergebnisses der Bundestagswahl 2013 erklären kann.

Die Beschränkung der Indikatoren auf die Themenkompetenz von Kandidaten und Parteien auf je eine Ausprägung, welche in diesem Kapitel vorgenommen wurde, spiegelt sicherlich nur teilweise das Spektrum der vielfältigen Wählerwahrnehmungen wider. Eine Ausweitung der Analyse auf weitere Themengebiete würde die Validität der Befunde deutlich stärken. Zusätzlich würde eine höhere Datendichte die Aussagekraft der analysierten Komponenten erhöhen. An dieser Stelle ist ebenfalls anzumerken, dass die Wirkung der eingangs kritisierten Strategie der CDU – ihren Fokus im Wahlkampf weniger auf Themen, sondern eher auf eine emotional gestützte Personenkampagne zu legen – in diesem Kapitel nicht berücksichtigt wurde. Das Ausmaß, in dem der Amtsinhaberbonus der Kanzlerin durch die Fokussierung auf ihre Person gefördert wurde, ist aus der uns vorliegenden Perspektive nur schwer abzusehen. Auch erhebt die auf diesen Seiten präsentierte Analyse selbstverständlich nicht den Anspruch, den Ausgang der Bundestagswahl in vollumfänglichem Maße erklären zu können. Diverse Faktoren haben dazu beigetragen, das Wahlergebnis in der uns bekannten Form zu beeinflussen.

Literatur

Bundesagentur für Arbeit. 2013. Arbeitslosigkeit im Zeitverlauf. http://statistik.arbeitsagentur. de/Statischer-Content/Statistik-nach-Themen/Zeitreihen/Generische-Publikationen/ Arbeitslosigkeit-Deutschland-Zeitreihe.xls. Zugegriffen: 10. Feb. 2013.
Campbell, Angus, Phillip E. Converse, Warren E. Miller, und Donald E. Stokes. 1960. *The American voter*. New York: Wiley.
Hayes, Danny. 2005. Candidate qualities through a Partisan lens: A theory of trait ownership. *American Journal of Political Science* 49 (4): 908–923.

Hogberg, David, und Geoff Peterson. 1998. Comparative incumbency in national legislatures. Patterns and variations. In: *American political science association meeting 1998*. http://www.uwec.edu/petersgd/research/apsa98.pdf. Zugegriffen: 24. Jan. 2014.
ifo Institut. 2013. ifo Konjunkturperspektiven, September 2013. ifo Institut. Zugegriffen: 24. Jan. 2014.
Infratest Dimap. 2012. ARD Deutschlandtrend. http://www.infratest-dimap.de/umfragen-analysen/bundesweit/ard-deutschlandtrend/2012/. Zugegriffen: 24. Jan. 2014.
Infratest Dimap. 2013. ARD Deutschlandtrend. http://www.infratest-dimap.de/umfragen-analysen/bundesweit/ard-deutschlandtrend/2013/. Zugegriffen: 24. Jan. 2014.
Lewis-Beck, Michael S., Helmut Norpoth, William G. Jacoby, und Herbert F. Weisberg. 2008. *The American voter revisited*. Ann Arbor: University of Michigan Press.
Petrocik, John R. 1996. Issue ownership in presidential elections, with a 1980 case study. *American Journal of Political Science* 40 (3): 825–850. doi:10.2307/2111797..
Wagner, Aiko, und Bernhard Weßels. 2012. Parties and their leaders. Does it matter how they match? The German general elections 2009 in comparison. *Electoral Studies* 31 (1): 72–82. doi:10.1016/j.electstud.2011.06.007.
Zaller, John. 1992. *The nature and origins of mass opinion*. Cambridge; New York: Cambridge University Press.

Das TV-Duell

9

Tobias Claßen, Lisa Guckel und Marvin Kuhn

9.1 Einleitung

In Deutschland wurde das erste TV-Duell während des Bundestagswahlkampfes 2002 zwischen Bundeskanzler Gerhard Schröder (SPD) und Edmund Stoiber (CSU), Spitzenkandidat der Unionspartien und Ministerpräsident Bayerns, ausgetragen. Seitdem gehört dieses Fernsehereignis nach US-amerikanischem Vorbild zum festen Ablauf eines Bundestagswahlkampfes und stößt auf eine große Resonanz sowohl bei den Zuschauern, als auch in den Medien. Das am 1. September 2013 ausgestrahlte TV-Duell zwischen Angela Merkel (CDU) und Peer Steinbrück (SPD) verfolgten 17,6 Mio. Menschen. Damit konnte es fast 2,5 Mio. Zuschauer mehr an die Fernsehschirme locken als das Duell von 2009 (Süddeutsche Zeitung 2013b). Trotz des großen Interesses und der möglicherweise großen Relevanz für Wahlausgänge bleibt die Wirkung von TV-Duellen und Wählerverhalten in Deutschland noch wenig untersucht (Klein und Pötschke 2005; Maier und Faas 2011; Maurer und Reinemann 2003; Maurer et al. 2007). Dieses Kapitel

T. Claßen (✉)
Norderstedt, Deutschland
E-Mail: post@tobias-classen.de

L. Guckel · M. Kuhn
Hamburg, Deutschland
E-Mail: lisaguckel@web.de

M. Kuhn
E-Mail: Marvin.Kuhn@web.de

© Springer Fachmedien Wiesbaden 2015
O. Strijbis, K.-U. Schnapp (Hrsg.), *Aktivierung und Überzeugung im Bundestagswahlkampf 2013*, DOI 10.1007/978-3-658-05050-4_9

versucht daher einen Beitrag zur Erforschung der Wählerwirkung von TV-Duellen zu leisten.

Das TV-Duell lässt sich als Teil der zunehmenden Personalisierung des Wahlkampfes betrachten (siehe dazu Kapitel 7 in diesem Band). Obgleich die These der verstärkten Personalisierung der jüngeren Wahlkämpfe umstritten ist[1], so ist doch nicht von der Hand zu weisen, dass das TV-Duell einen starken Fokus auf die Kandidaten der beiden Volksparteien legt, wobei diese bei der Bundestagswahl nicht direkt zur Wahl stehen – anders als bei den Präsidentschaftswahlen in den Vereinigten Staaten. Zudem existieren etliche Unterschiede zwischen den deutschen TV-Duellen und dem Vorbild aus den USA: Dort wurde das erste Aufeinandertreffen zwischen den beiden Kandidaten der großen Parteien im Jahre 1960 erstmals und seit 1976 regelmäßig durchgeführt (Vgl. Maurer und Reinemann 2003, S. 10 ff.). Während in Deutschland nur noch ein Duell stattfindet (2002 waren es zwei), werden in den USA durchschnittlich drei absolviert. Größter Unterschied ist zudem die Anwesenheit von Publikum, das in den USA vor Ort der Auseinandersetzung zwischen den beiden Kandidaten direkt zuhören kann und beim so genannten „Town Hall"-Format zudem direkt in das Gespräch einbezogen wird, indem Anwesende Fragen an die Kontrahenten stellen dürfen. Während der deutschen TV-Duelle sind neben den Kandidaten lediglich Moderatoren der ausstrahlenden Fernsehsender anwesend.

Politische Fernsehdebatten mit den Spitzenkandidaten werden in der Bundesrepublik allerdings nicht erst seit 2002 ausgestrahlt. Bereits vor den Bundestagswahlen 1976, 1980, 1983 und 1987 fanden sogenannte „Elefantenrunden" statt, bei denen allerdings die Spitzenkräfte aller im Parlament vertretenen Parteien anwesend sind (vgl. Maurer und Reinemann 2003, S. 13ff.). Das alleinige Aufeinandertreffen der beiden Anwärter auf die Kanzlerschaft ist somit ein noch sehr junges Format, das sich – wie oben beschrieben – vom US-amerikanischen Vorbild unterscheidet. Da das TV-Duell auch in Deutschland mittlerweile nicht mehr wegzudenken ist, stellt sich die folgende Frage: Lässt sich ein Einfluss durch die TV-Duelle auf das Ergebnis der Bundestagswahl feststellen und ist dieser direkt auf das TV-Duell selbst oder die Nachberichterstattung zurückzuführen?

Um eine Antwort auf diese Frage in Bezug auf die Bundestagswahl 2013 zu finden, gehen wir wie folgt vor: In einem ersten theoretischen Teil leiten wir Erwartungen zum Einfluss von TV-Duellen auf das Wählerverhalten her. Der besondere Fokus liegt hier auf der TV-Debatte als eine Form des Medien-Primings und -Framings. In einem zweiten Teil liefern wir die Mikrofundierung für den Zusammenhang zwischen den TV-Duellen, ihrer Nachberichterstattung und dem Wähler-

---

[1] Bereits der Bundestagswahlkampf der SPD im Jahre 1972 war stark auf den amtierenden Bundeskanzler Willy Brandt zugeschnitten („Wählt Willy Brandt").

verhalten. Da die Individualdaten für 2013 noch nicht zur Verfügung stehen, wird ein Blick zurück auf das Jahr 2009 geworfen. Für das TV-Duell 2009, das zwischen Angela Merkel und Frank-Walter Steinmeier (SPD), dem damaligen Bundesaußenminister, ausgetragen wurde, stehen die Daten der German Longitudinal Election Study (GLES) 2009 zur Verfügung. Zuletzt fokussieren wir die TV-Debatte 2013, in der sich Bundeskanzlerin Angela Merkel sowie ihr Herausforderer, der ehemalige Bundesfinanzminister Peer Steinbrück, gegenüberstanden. Wir untersuchen die Wirkung des TV-Duells auf das Wählerverhalten, indem wir die TV-Debatte und die Nachberichterstattung dazu kurz beschreiben und die Veränderung der Umfrage- und Prognosemarktwerte kurz vor und nach der Sendung analysieren.

Dieses Kapitel liefert Hinweise darauf, dass TV-Duelle einigen Einfluss auf die Wähler ausüben. Das TV-Duell bietet dabei den großen Parteien nicht nur die Möglichkeit, die eigenen Sympathisanten zu aktivieren, es ermöglicht ebenfalls, unentschiedene Wähler und Sympathisanten anderer Parteien zu überzeugen. Dabei ist die Nachberichterstattung zum TV-Duell mindestens so relevant wie die Debatte selbst. Bei der Bundestagswahl 2013 im Spezifischen hat das TV-Duell insbesondere der SPD ermöglicht, eine noch größere Wahlniederlage zu verhindern.

9.2 Direkte und indirekte Einflüsse des TV-Duells auf das Wahlverhalten

Eine bedeutende Frage rund um die TV-Duelle ist, ob diese in erster Linie einen direkten oder einen indirekten Effekt auf die Wähler haben. Bei einem direkten Effekt wird davon ausgegangen, dass die Kandidaten durch ihr Verhalten während der TV-Debatte einen Einfluss auf die Wähler ausüben können, zum Beispiel indem sie diese von ihren Standpunkten überzeugen. Beim indirekten Effekt wird auf die Bedeutung der Medienberichterstattung auf die Wähler hingewiesen und es wird hervorgehoben, dass die Medien durch ihre Auswahl von Ereignissen, über welche sie berichten und den Bezugsrahmen innerhalb dessen sie diese Ereignisse darstellen, eine große Wirkung ausüben können. In diesem Kapitel werden wir zuerst mögliche direkte Effekte von TV-Duellen auf das Wahlverhalten herleiten, um uns danach den indirekten Effekten zu widmen.

9.2.1 Der direkte Einfluss des TV-Duells auf das Wahlverhalten

Je nachdem, welche Theorie angewandt wird, kann ein Einfluss des TV-Duells auf die Wahlentscheidung erwartet werden oder nicht. Das Ann-Arbor-Modell (Campbell et al. 1960; Lewis-Beck et al. 2008) zum Beispiel legt nahe, dass ein Ereignis wie eine Fernsehdebatte die Wahlabsicht des Wählers kaum zu ändern vermag. Der Grund ist die zentrale Rolle, die die Parteiidentifikation in diesem Modell einnimmt. Die Parteiidentifikation ist fest in der Persönlichkeit des Wählers verankert und kann nur durch außergewöhnliche Ereignisse grundlegend verändert werden. Daraus folgt, dass die Identifikation bedeutenden Einfluss auf die spätere Wahlentscheidung nimmt. Dabei führt eine höhere Parteiidentifikation zu weniger Bereitschaft, Informationen zu sammeln, um hieraus eine Wahlpräferenz zu bilden, da diese bereits mehr oder weniger feststeht und umgekehrt.

Ein weiterer Bestandteil des Modells ist die Bewertung der Kandidaten. In den USA ist diese Komponente noch relevanter als in Deutschland. Aber auch bei den TV-Duellen während des Bundestagswahlkampfes spielt dieser Aspekt eine wesentliche Rolle. Im Fernsehen wird stets über Befragungen ausgewählter Zuschauer berichtet. Bei diesen Befragungen geht es vor allem darum zu klären, welcher Kontrahent von den Zuschauenden als Duellsieger angesehen wird. Somit könnte aber erwartet werden, dass auch gemäß dieser Theorie die TV-Debatte einen relevanten Einfluss auf das Wahlverhalten hat. Allerdings wird die Kandidatenbewertung im Ann-Arbor-Modell als Bestimmungsfaktor der Wahlentscheidung bewertet, welcher bereits stark durch die Parteiidentifikation beeinflusst wird. Im Zusammenspiel zwischen Parteiidentifikation und Kandidatenbewertung kann deshalb vermutet werden, dass die Wähler den Kandidaten umso positiver bewerten, je mehr sie sich mit seiner Partei identifizieren (Gabriel 1997). In Bezug auf das TV-Duell vor der Bundestagswahl legt das Modell daher nahe, dass es nur geringe Chancen hat, die ursprüngliche Wahlentscheidung, die von der Parteiidentifikation geprägt ist, zu beeinflussen. Zwar können kurzfristige Präferenzen für den Kandidaten der anderen Partei auftreten, diese verflüchtigen sich jedoch wieder oder ändern sich zugunsten des Kandidaten der bevorzugten Partei.

Ein weiterer theoretischer Ansatz wurde in der wissenschaftlichen Auseinandersetzung mit den Präsidentschaftsdebatten im US-amerikanischen Wahlkampf angewandt. Gemäß dieser Version des Rational-Choice-Ansatzes besitzt der Wähler drei verschiedene Haltungen („attitudes") (vgl. Ambramowitz 1978): 1) seine eigene inhaltliche Position, 2) eine Präferenz für einen der Kandidaten, und 3) seine Wahrnehmung der thematischen Positionierung des Kandidaten. Wenn diese drei Haltungen nicht miteinander übereinstimmen, führt dies beim Wähler zu Unbehagen. Um dieses Unbehagen aufzulösen, verändert der Zuschauer während einer Debatte zumindest eine Haltung so, dass alle drei Haltungen Anlass zu derselben Wahl geben. Entscheidend ist nun, welche dieser drei Haltungen dominiert.

Gemäß der räumlichen Theorie (Downs 1957), welche den Mainstream der Theorie des rationalen Wählens ausmacht, wird der Kandidat anhand seiner inhaltlichen Position ausgewählt. Das heißt, dass die eigene inhaltliche Position des Wählers dominiert. Gemäß einer anderen Version rationalen Wählens dominiert die Präferenz für einen Kandidaten. Der Wähler nimmt die Positionen des Kandidaten selektiv so wahr, dass sie mit seinen eigenen Positionen übereinstimmen. Über Abweichungen zwischen den inhaltlichen Positionen des Wählers und „seines" Kandidaten wird durch Ersteren dabei hinweggesehen. Dabei gilt es zu beachten, dass sich eine selektive Wahrnehmung um so eher einstellt, je vieldeutiger (oder negativ umschrieben: nichtssagender) ein Kandidat inhaltlich agiert.

Beim Prozess der Überzeugung wiederum werden die Ansichten des Wählers von denen des Kandidaten beeinflusst. Diese Hypothese legt nahe, dass die Teilnehmer des TV-Duells durch ihr Auftreten und ihre inhaltliche Position in der Lage sind, Einfluss auf den Zuschauer zu nehmen und diesen von ihren Positionen zu überzeugen. Hier wird von der Grundannahme der räumlichen Theorie des Wählens, wonach die inhaltlichen Präferenzen der Wähler exogen sind, das heißt vor dem Wahlkampf feststehen, abgewichen. Wenn ein Teilnehmer der Debatte durch sein Auftreten oder durch überzeugende Argumentation den Zuschauer von seinen Inhalten überzeugen kann, ist er somit auch in der Lage, die Wahlentscheidung des Zuschauers zu verändern. Im Gegensatz zum sozialpsychologischen Ann-Arbor-Modell kann gemäß der hier besprochenen Version rationalen Wählens das TV-Duell das Wahlverhalten also verändern.

9.2.2 Die Nachberichterstattung zum TV-Duell beeinflusst die Wahlentscheidung

Jeder Bürger ist Teil einer Welt, welche von Massenmedien bestimmt ist, und wird über diese mit Ereignissen, Akteuren oder Entwicklungen konfrontiert. Medien sind aber selektiv in ihrer Berichterstattung. So können sie weitgehend selbst bestimmen, über welche Ereignisse sie berichten und über welche nicht. Die Entscheidung über bestimmte Inhalte zu berichten und der Einfluss der Berichterstattung auf die politischen Einstellungen und letztlich auf Wahlentscheidungen wird auch Medien-Priming genannt (Iyengar und Kinder 2010). Das Medien-Priming ist eine spezielle Form des Konzeptes des allgemeinen Priming. Der Primingansatz geht davon aus, dass die Zugänglichkeit von beim Wähler gespeicherten Wissenseinheiten durch eine Vielzahl von Umwelteinflüssen beziehungsweise

Ereignissen erhöht wird. Diese Zugänglichkeit wird beim Medien-Priming mittels der Informationen aus den Medien erreicht. So wird zum Beispiel bei der Berichterstattung über eine bestimmte Partei, Wissen über diese aktiviert. Im Zusammenhang mit dem Medien-Priming ist unter anderem folgende Hypothese plausibel: Alle am TV-Duell teilnehmenden Parteien erfahren durch das TV-Duell einen Zulauf an Wählerstimmen. Die positive Beeinflussung entsteht durch die kognitive Wahrnehmung der Partei, welche am Duell teilgenommen hat und somit in den Medien präsent ist. Somit assoziiert der Wähler die wahrgenommene Partei mit seinem gespeicherten Wissen.

Die Medien haben aber nicht nur die Möglichkeit zu entscheiden, ob sie über ein Ereignis berichten, sie haben weitgehend auch die Möglichkeit zu bestimmen, wie sie darüber berichten. Die dabei verwendeten Interpretations- beziehungsweise Bezugsrahmen – englisch: „Frames" – beeinflussen weitgehend, wie die Ereignisse wahrgenommen werden (vgl. Scheufele 2011, S. 269). Ein bei TV-Debatten relevantes Frame ist die Darstellung der Kandidaten als „Sieger" oder „Verlierer" derselben. Gehen wir davon aus, dass die Darstellung der Kandidaten als Sieger oder Verlierer einen Effekt auf die Bereitschaft der Teilnehmer hat, sich von diesen überzeugen zu lassen, so können wir davon ausgehen, dass der als Sieger dargestellte Kandidat einen Zugewinn an Wählerstimmen für seine Partei erwirken kann, während der als Verlierer dargestellte Kandidat durch seine „Niederlage" einen Verlust an Wählerstimmen für seine Partei verantworten muss.

Es ist denkbar, dass zusätzlich zu den durch die Medien vermittelten Effekten, direkte Priming- und Framing-Effekte während des TV-Duells stattfinden. So können die Kandidaten während eines Duells Themen nicht nur auf die politische Agenda, sondern auch in einen spezifischen Kontext setzen. Wenn ein Kandidat zum Beispiel die europäische Finanzkrise anspricht, so kann er dieses mit einem sozialpolitischen Thema wie der Bekämpfung von Jungendarbeitslosigkeit verknüpfen, womit er die Finanzkrise in einen spezifischen Bezugsrahmen setzt. Alternativ dazu könnte er die europäische Finanzkrise auch in einen wirtschaftspolitischen Bezugsrahmen stellen, indem er diese beispielsweise mit der Vermeidung von Euro-Bonds in Verbindung bringt. Somit sind zwei Frames zu einem Thema vorhanden, wobei der Frame, welcher besser wahrgenommen beziehungsweise mit positiveren Eigenschaften verbunden wird, zu einem Stimmenzuwachs führt. Daraus lässt sich schließen, dass ein Kandidat dann seine Präsenz ideal nutzen kann, wenn er nicht nur die für seine Kampagne wichtigen Themen auf die politische Agenda setzen kann, sondern wenn er diese Themen außerdem so framen kann, dass sie eine für ihn positive Wirkung entfalten.

9.3 Der Einfluss des TV-Duells 2009 auf das Wählerverhalten: Eine Analyse auf der Individualebene

In diesem Abschnitt sollen durch die Analyse von Umfragedaten zur Bundestagswahl 2009 mögliche Einflüsse des TV-Duells beziehungsweise der Nachberichterstattung auf das Wählerverhalten auf der Individualebene aufgezeigt werden. Mit diesen Erkenntnissen wird im abschließenden Abschnitt die Interpretation der Effekte auf der aggregierten Ebene für das TV-Duell 2013 durchgeführt. Damit bildet die Analyse auf der Individualebene von 2009 die Mikrofundierung für die Analyse auf der Makroebene für 2013. Natürlich wären Individualdaten vom TV-Duell 2013 passender für unsere Analyse. Leider liegen diese Daten uns zum jetzigen Zeitpunkt nur für das Jahr 2009 vor.

9.3.1 Die German Longitudinal Election Study (GLES) zum TV-Duell 2009

Die Probanden für die relevante Komponente 5 der GLES, die die Analyse des TV-Duells betrifft, wurden durch Anzeigen in regionalen Tageszeitungen rekrutiert. Dabei umfasst die Grundgesamtheit alle Personen, die bei der Bundestagswahl 2009 wahlberechtigt waren. Aus diesem Pool an eingegangenen Bewerbungen wurde dann anhand eines vorab erstellten Quotenplanes[2] (vgl. Rattinger et al. 2011, S. 12) die Auswahl getroffen. Vor allem sind die vier Befragungswellen und die Angabe zur Parteiidentifikation für uns von Interesse. Die Befragung wurde mit der ersten Welle kurz vor dem TV-Duell am 13. September 2009 in Testräumen durchgeführt. Nach der gemeinsamen Verfolgung des TV-Duells erfolgte die zweite Befragungswelle ebenfalls wieder vor Ort. Im Gegensatz hierzu wurden die dritte und vierte Befragungswelle auf postalischem Wege durchgeführt. Die dritte Welle erfolgte dabei zwischen dem TV-Duell und dem Wahlgang am 27. September, während die vierte und somit letzte Befragungswelle nach der Bundestagswahl stattfand.[3]

---

[2] Hauptkriterien bei der Auswahl waren Geschlecht, Alter, Bildung, politisches Interesse und Parteiidentifikation.
[3] Die Fragebögen der dritten Welle wurden am 16. und 17. September verschickt, wobei die ausgefüllten Fragebogen der dritten Welle zwischen dem 18. und 27. September wieder bei den Forschern eingegangen sind. Die Fragebögen zur vierten Welle wurden am 26. September verschickt. Hierzu gingen die Fragebögen zwischen dem 27. September und 12. Oktober 2009 wieder ein.

An dieser Laborstudie nahmen 449 Probanden, davon 412 an allen vier Befragungswellen, an fünf Standorten teil.[4] Diese 412 Probanden, von denen 363 das TV-Duell verfolgten, bilden die Grundlage für die Analyse dieses Kapitels.[5] Für die Untersuchung wurden aus allen vier Wellen der Studie die Antworten auf die Frage „Und welcher Partei würden Sie dann ihre Zweitstimme geben? (Falls Sie bereits ihre Stimme per Briefwahl abgegeben haben: Welcher Partei haben Sie ihre Zweitstimme gegeben?)" verwendet. Darüber hinaus wurde mit der folgenden Frage vor dem TV-Duell die Parteiidentifikation festgestellt: „In Deutschland neigen viele Leute längere Zeit einer bestimmten politischen Partei zu, obwohl sie auch ab und zu eine andere Partei wählen. Wie ist das bei Ihnen: Neigen Sie – ganz allgemein – einer bestimmten Partei zu? Und wenn ja, welcher?".

9.3.2 Der Gesamteffekt des TV-Duells auf die Wahlentscheidung

In der Betrachtung der Wahlabsichten der einzelnen Wellen lässt sich feststellen, dass die beiden großen Parteien CDU/CSU und die SPD – vor allem die letztere – nach dem TV-Duell Zugewinne verzeichnen konnten (Tab. 9.1). Die zwei kleineren Parteien FDP und DIE LINKE verloren dagegen an Zustimmung, während die Grünen ihren Wert halten konnten. Im Anschluss an die Nachberichterstattung des TV-Duells konnten die drei kleineren Parteien jedoch wieder Zugewinne verbuchen, während die beiden größeren Verluste eingefahren haben. Dies deutet auf den im theoretischen Teil hergeleiteten Priming-Effekt: Beide Parteien, deren Kandidaten am TV-Duell teilnehmen konnten, profitierten durch ihre Präsenz, während die kleinen Parteien, welche beim TV-Duell außen vor gelassen werden, dadurch Nachteile erfuhren. Außer auf Seiten der SPD nähern sich die Werte denen der ersten Welle jedoch wieder an. Die beiden großen Parteien haben möglicherweise durch das TV-Duell ihre Wähler aktivieren können, während die kleineren Parteien

---

[4] Es handelt sich dabei um die Standorte (Anzahl der Probanden): Landau/Pfalz (77), Stuttgart-Hohenheim (99), Mannheim (89), Kaiserslautern (109) und Jena (75).

[5] In Stuttgart-Hohenheim, Mannheim und Jena verfolgten die Probanden das TV-Duell in Bild und Ton mit, während die Probanden in Landau und Kaiserslautern lediglich den Ton der Debatte hörten. In Mannheim sah darüber hinaus die Hälfte aller Probanden die ersten 15 min einer direkt im Anschluss ausgestrahlten Sondersendung „Anne Will" zum TV-Duell. Die restlichen 51 Personen bildeten in Kaiserslautern eine Kontrollgruppe, die anstelle des TV-Duells einen Kinofilm sah. Unter den 412 Probanden waren 49 Personen aus der Kontrollgruppe. Der unterschiedliche Einsatz der Treatments ermöglicht es, Effekte nonverbaler Kommunikation ebenfalls zu analysieren. Aufgrund des Umfanges des Buchkapitels wird darauf verzichtet, diesen unterschiedlichen Einsatz zu berücksichtigen.

9 Das TV-Duell

Tab. 9.1 Antworten in Prozent auf die Frage „Welche Partei würden beziehungsweise haben Sie bei der Bundestagswahl 2009 Ihre Zweitstimme gegeben?"

	Welle „Direkt vor dem TV-Duell"	Welle „Direkt nach dem TV-Duell"	Welle „Knapp eine Woche nach dem TV-Duell"	Welle „Nach der Bundestagswahl"
Union	21,8	22,6	20,9	23,8
SPD	13,1	18,7	15,8	18,0
FDP	16,0	14,6	16,5	15,5
Grüne	16,3	16,3	17,2	14,6
Die Linke	10,0	8,5	10,2	12,4
Sonstige	2,9	3,6	4,4	7,3
Nicht entschieden	17,2	13,6	12,4	0,0
Keine Angabe	2,7	2,1	2,6	2,8
Nichtwahl	0	0	0	5,6
Total	100,0	100,0	100,0	100,0

dies erst später vermochten. Die SPD scheint hingegen vom TV-Duell nachhaltig profitiert zu haben, bleiben doch ihre Werte zu allen Zeitpunkten nach dem TV-Duell etwas höher als davor. Dies verweist eher auf einen Framing- als einen Priming-Effekt, da nur eine der beiden Parteien, welche beim TV-Duell repräsentiert war, davon profitierte (siehe nachfolgend).

Die Betrachtung der Veränderung der aggregierten Wähleranteile lässt aber noch keinen Schluss darüber zu, wie groß der Effekt des TV-Duells auf die Respondenten tatsächlich war. Denn es ist durchaus möglich, dass mehr Wähler aufgrund des TV-Duells ihre Präferenz geändert haben, als bei der Betrachtung der aggregierten Daten ersichtlich wird. Deshalb haben wir für alle Respondenten untersucht, wann sie ihre Präferenz zum letzten Mal vor der Wahl gewechselt haben, das heißt wann sie ihre Wahlentscheidung getroffen haben.[6] Insgesamt 53,1 % der 377 nun betrachteten Probanden haben konstant als Wahlabsicht dieselbe Partei angegeben (vgl. Tab. 9.2). Somit spielt für mehr als die Hälfte der Befragten das TV-Duell und die Nachberichterstattung überhaupt keine Rolle. Sie haben ihre Entscheidung bereits vorher getroffen. 6,1 % der Probanden gaben seit der Welle „Direkt nach dem TV-Duell" konstant dieselbe Partei an. Für diese Personen kann angenommen werden, dass das TV-Duell einen direkten Einfluss auf die Wahlentscheidung hatte, da

---

[6] Für die weitere Betrachtung wurden nun die 12 Fälle „keine Angabe" sowie die 23 Fälle „Nichtwahl" von der bisher 412 Probanden umfassenden Analyse abgezogen. Unter den 377 verbliebenen Probanden befinden sich 45 aus der Kontrollgruppe.

Tab. 9.2 Konstanz der Antworten durch alle vier Wellen auf die Frage „Welche Partei würden beziehungsweise haben Sie bei der Bundestagswahl 2009 Ihre Zweitstimme gegeben?"

Konstante Angabe seit der Welle „Direkt vor dem TV-Duell"	53 % (200)
Konstante Angabe seit der Welle „Direkt nach dem TV-Duell"	6 % (23)
Konstante Angabe seit der Welle „Knapp eine Woche nach dem TV-Duell"	11 % (43)
Konstante Angabe seit „Wahlgang"	29 % (111)
Total	100 % (377)
Bemerkung: Anzahl Fälle in Klammern	

im kurzen Zeitraum zwischen den Befragungswellen vor und nach dem TV-Duell kaum andere Ereignisse Einfluss auf die Wahlabsicht ausgeübt haben dürften. Dies ist eine bemerkenswerte Größe, die bei knappen Wahlausgängen entscheidend sein könnte. Allerdings ist es gut möglich, dass der direkte Effekt des TV-Duells hier überschätzt wird, da im Sample 88,1 % das TV-Duell gesehen haben, während es in der gesamten Wahlbevölkerung 28,4 % waren.[7] Außerdem handelt es sich hier nicht um ein repräsentatives Sample, was den Abweichungen der Wahlentscheide des Samples vom tatsächlichen Wahlergebnis entnommen werden kann.

Ab der Welle „Knapp eine Woche nach dem TV-Duell" gaben 11,4 % beziehungsweise 43 Probanden dieselbe Partei an. Somit könnte die Nachberichterstattung einen doppelt so großen Effekt auf die Wahlentscheidung haben wie das TV-Duell selbst. Da nun zwischen den Wellen „Direkt nach dem TV-Duell" und der Welle „Knapp eine Woche nach dem TV-Duell" ein längerer Zeitraum liegt, ist hier allerdings der Ausschluss von anderen Einflüssen als die Nachberichterstattung auf die Wahlabsicht nicht möglich. Ein ähnliches Bild ergibt sich auch bei den Ergebnissen der letzten Welle „Nach der Bundestagswahl". 29,4 % beziehungsweise 111 Probanden haben sich erst kurz vor der Bundestagwahl doch noch für eine andere Partei als in der Welle davor entschieden. Die Mobilisierung der noch nicht entschlossenen Wähler scheint in den letzten Tagen vor der Wahl im Vergleich zum TV-Duell und der Nachberichterstattung einen wesentlich stärkeren Einfluss auf die Wahlentscheidung zu haben. Die Anzahl der Fluktuationen in der Wahlabsicht ist unter den 412 Probanden also beträchtlich und steigt von Welle zu Welle weiter an.[8]

---

[7] Berechnet aus den Angaben der *Süddeutschen Zeitung* (siehe Einleitung) und den Angaben zur Anzahl Wahlberechtigter des Bundeswahlleiters (www.bundeswahlleiter.de).

[8] Dies trifft umso mehr zu, wenn man mehrfache Änderungen der Wahlabsicht bei den Probanden ebenfalls berücksichtigt.

Tab. 9.3 Konstanz der Antworten durch alle vier Wellen auf die Frage „Welche Partei würden beziehungsweise haben Sie bei der Bundestagswahl 2009 Ihre Zweitstimme gegeben?"

Wahlabsicht konstant	39 % (148)
Wahlabsicht mit Parteiidentifikation übereinstimmend (Aktivierung)	18 % (66)
Wahlabsicht von Parteiidentifikation abweichend (Überzeugung)	43 % (263)
Total	100 % (377)
Bemerkung: Anzahl Fälle in Klammern	

Die Beobachtung, dass die Fluktuation in der Wahlabsicht zwischen den vier Wellen hoch ist, kontrastiert mit dem Resultat, dass die Wählerpräferenzen zwischen der ersten und der letzten Welle relativ stabil bleiben. Es stellt sich daher die Frage, ob die TV-Debatte, die Nachberichterstattung und andere Ereignisse in den letzten Wochen vor der Wahl die Wähler schließlich dazu bringen, gemäß ihrer langfristig stabilen Parteiidentifikation zu wählen, was die Stabilität der Wählerpräferenzen auf aggregierter Ebene erklären könnte, oder ob diese Ereignisse die Wähler tatsächlich dazu bringen, sich auch entgegen ihrer Parteiidentifikation zu entscheiden. Ersteres würde einem Prozess der Aktivierung entsprechen, bei welchem die Parteien zwar zu unterschiedlichen Zeitpunkten die mit ihnen sympathisierenden Wähler von ihrer Parteiidentifikation bewusst machen, schließlich jedoch alle Parteien fähig sind, „ihre" Wähler zu mobilisieren (siehe Kapitel 2 in diesem Band). Letzteres würde darauf hindeuten, dass die Parteiidentifikation die Wahl nicht vorstrukturiert und sich die Wähler tatsächlich kurzfristig durch Ereignisse wie das TV-Duell überzeugen lassen.

Tabelle 9.3 zeigt für das hier untersuchte Sample den Anteil Wähler, die zu jedem Zeitpunkt angaben, die Partei zu wählen, mit der sie sich identifizieren; den Anteil Wähler, die mindestens in einer Befragungselle von ihrer Parteiidentifikation abwichen, schließlich aber doch ihrer Identifikation entsprechend wählten; und den Anteil jener Wähler, die nicht die Partei wählten, die ihrer Parteiidentifikation entspricht. Es zeigt sich, dass sich 39 % der Probanden entsprechend ihrer Parteiidentifikation entschieden haben. 18 % haben sich erst in den letzten Wochen vor der Bundestagswahl dazu entschieden, jene Partei zu wählen, mit welcher sie sich am ehesten identifizieren. Diese Wähler wurden also erst am Schluss des Wahlkampfes von „ihrer" Partei aktiviert. Die meisten Probanden haben sich allerdings für eine andere Partei entschieden als für jene, mit welcher sie sich am ehesten identifizieren. Auch wenn von dem hier untersuchten Sample nicht ohne Weiteres auf die Gesamtheit aller Wähler geschlossen werden kann (siehe oben), so bestätigt dieses Resultat, dass das TV-Duell, die Nachberichterstattung zum Duell sowie andere Wahlkampfereignisse in den letzten Wochen vor der Wahl einen großen Einfluss auf den Wahlentscheid gehabt haben dürften.

9.4 Der Einfluss des TV-Duells auf das Wählerverhalten bei den Bundestagswahlen 2013

Der Bundestagswahlkampf 2013 besaß eine eindeutige Schlagseite zu Gunsten der Unionsparteien CDU und CSU, die in Umfragen zu jedem Zeitpunkt gegenüber der SPD in der Wählergunst deutlich im Vorteil waren. Die Chancen, dass die SPD das anvisierte Ziel, die Regierungskoalition bestehend aus CDU/CSU und FDP mit einer eigenen Koalition mit dem Bündnis 90/Die Grünen abzulösen, erschienen vor diesem Hintergrund als relativ gering (siehe Kapitel 10 in diesem Band). Auch die Umfragen zu der Frage, welcher der beiden Kandidaten auf das Amt des Kanzlers über eine höhere Beliebtheit verfügte, sprachen eine eindeutige Sprache (Kapitel 7 in diesem Band). Amtsinhaberin Angela Merkel war ihrem Kontrahenten Peer Steinbrück in dieser Hinsicht weit überlegen, genoss mitunter eine doppelt so hohe Zustimmung wie der SPD-Spitzenkandidat und blieb ihm in der Wählergunst zumeist über 20 Prozentpunkte voraus.

9.4.1 Die Themensetzung im TV-Duell und die Nachberichterstattung

Die Themen des TV-Duells 2013 spiegelten die allgemeine thematische Gemengelage des Wahlkampfes wider: Das von den Sozialdemokraten forcierte Themenfeld der sozialen und damit verbundenen wirtschaftlichen Gerechtigkeit spielte ebenso eine prominente Rolle wie der Hinweis der Bundeskanzlerin, dass durch die Bundesregierung eine äußerst stabile wirtschaftliche Lage in der Bundesrepublik geschaffen worden sei. Peer Steinbrück stellte in Aussicht, dass vor allem der flächendeckende gesetzliche Mindestlohn ein hilfreiches Instrument zur Vermeidung sozialer Ungerechtigkeit darstellt. Angela Merkel führte aus, dass Steuererhöhungen indes für die Wirtschaft schädlich sein würden. Ein weiterer zentraler Themenkomplex war die europäische Wirtschaftskrise sowie die Instabilität des Euros. Obgleich Deutschland seinen Weg bisher ohne größeren Schaden durch die Wirtschaftskrise gefunden hatte, blieb die Frage offen, welchen Einfluss die Bundesrepublik auf die zukünftige Entwicklung innerhalb der europäischen Union nehmen wollte. Darüber hinaus nahmen auch die langfristigen Themen der Renten- und Gesundheitsreform sowie der Energiewende eine große Präsenz ein (Focus Online 2013).

Welcher der beiden Kandidaten in der Nachberichterstattung als Sieger hervorgegangen ist, hing – wie stets – auch von der Wahl des Mediums ab. Das heißt, die Medien hatten einigen Spielraum, wenn es darum ging, einen der beiden Kandidaten als „Sieger" darzustellen oder ein „Unentschieden" auszurufen. Im

Allgemeinen genoss Peer Steinbrück leichte Vorteile ob seiner bekannt spielerischen Art und seiner unbestritten hervorragenden Rhetorik. Während Angela Merkel meist bei den Sachargumenten im Vorteil war, konnte der SPD-Herausforderer in Sachen Aggressivität punkten (Süddeutsche Zeitung 2013a).

Beachtlich ist allerdings die Zustimmung der potentiellen Wähler gegenüber den beiden TV-Duellanten. Wie bereits weiter oben erwähnt, stand Angela Merkel in der Gunst der Wähler vor der Debatte spürbar höher als Peer Steinbrück. Direkt nach dem TV-Duell durchgeführte Umfragen zeigten jedoch, dass dieser Vorsprung der Amtsinhaberin massiv zusammengeschmolzen war und nur noch wenige Prozentpunkte betrug. Somit kann man zumindest von einem kurzfristigen Effekt sprechen, den das TV-Duell mit sich gebracht hat. Auch wenn man den Zeitraum der Nachberichterstattung einbezieht, zeigt sich eine deutlich positive Wirkung für Peer Steinbrück. So lag er vor dem TV-Duell in der Kanzlerpräferenz noch über 25 % hinter Angela Merkel zurück, in den Wochen nach dem TV-Duell hingegen „nur" noch etwa 15 % (siehe Kapitel 7 in diesem Band).

9.4.2 Der Einfluss des TV-Duells auf die Umfrage- und Prognosemarktwerte

Spannend vor dem Hintergrund der Ausrichtung dieses Bandes auf die Interpretationen von Wählermobilisierungsprozessen, die durch Umfragen bzw. Prognosemärkte möglich werden (siehe Kapitel 3 in diesem Band), ist nun ein Vergleich der Entwicklung der Werte bei diesen beiden Datenquellen über die Zeit des Wahlkampfes. Sowohl bei den Werten der Parteien auf dem Prognosemarkt als auch den Umfragen machten sich die leichten Vorteile von Peer Steinbrück gegenüber Angela Merkel bemerkbar (siehe Abb. 9.1). Aufgrund der unglücklichen Wahlkampfführung der SPD, die auch von Fehlern des Spitzenkandidaten Peer Steinbrück selbst gespickt war, konnte damit gerechnet werden, dass Peer Steinbrück vom TV-Duell nur würde profitieren können. Die Bild sagte schon Wochen vor dem TV-Duell voraus, dass Peer Steinbrück dieses gewinnen würde, da die Erwartungen an ihn so gering seien (Bild Zeitung 2013). Diese Erwartung wurde von den Teilnehmern des Prognosemarktes bereits mit berücksichtigt, weshalb die SPD-Werte vor dem TV-Duell im Vergleich zu den Umfragewerten höher lagen als danach. Allerdings wurde angesichts des bis dahin schwachen Wahlkampfes mit einem schlechteren Auftreten Peer Steinbrücks und der daraus resultierenden Nachberichterstattung gerechnet. Daher konnte mit dem TV-Duell die SPD nicht nur bei den Umfragewerten, sondern auch auf dem Prognosemarkt eine Trendwende erreichen und dürfte aufgrund des TV-Duells circa 2 bis 4 % der Wählerstimmen

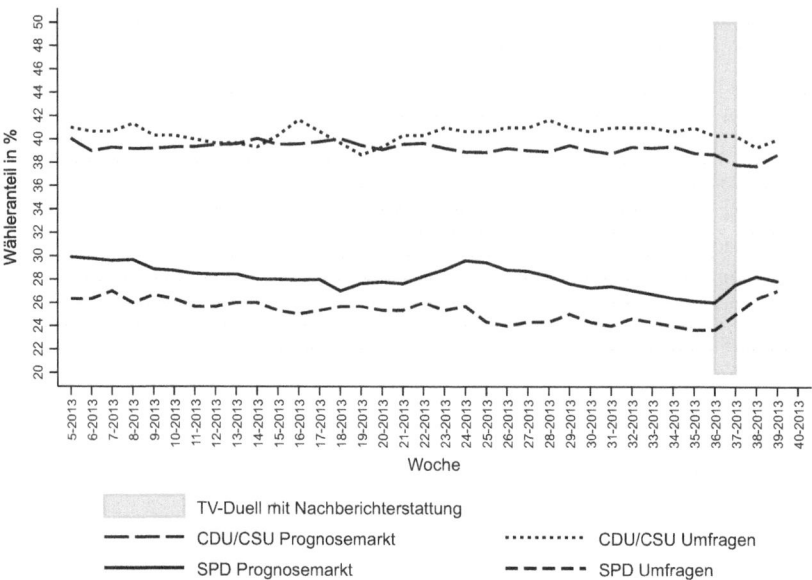

Abb. 9.1 Der Zusammenhang des TV-Duells mit den Umfrage- und Prognosemarktwerten von CDU/CSU und SPD. (Eigene Darstellung©; Quellen: Eigene Daten, wahlrecht.de)

gut gemacht haben. Bei der CDU/CSU ist nach dem TV-Duell auf dem Prognosemarkt ein leichter Trend nach unten festzustellen gewesen, der aber nur kurz anhielt und bis zur Bundestagswahl wieder ausgeglichen werden konnte. Auch die Umfragewerte blieben nach dem TV-Duell für die CDU/CSU stabil. Der Umstand, dass nur die SPD vom TV-Duell profitieren konnte, verweist wiederum eher auf einen Framing- denn auf einen Priming-Effekt. Es scheint, dass die in den Medien (überraschend) positive Darstellung von Steinbrücks Performanz für den Zuwachs der Wählerstimmen verantwortlich war und nicht die Präsenz eines SPD-Kandidaten im TV-Duell als solche.

Noch vorsichtiger müssen wir mit unserer Interpretation bei den kleineren Parteien sein. Hier kann bei allen drei Parteien nicht ausgeschlossen werden, dass andere Ereignisse als das TV-Duell für die Veränderungen der Umfrage- und Prognosemarktwerte verantwortlich waren. Zwar verlieren die Grünen seit dem TV-Duell immens sowohl bei den Umfragen wie auch auf dem Prognosemarkt (siehe Abb. 9.2). Dieser Trend ist aber schon vor dem TV-Duell ersichtlich und dürfte damit an anderen Ursachen liegen. Die FDP blieb bei den Umfragewerten konstant, bis die Landtagswahl in Bayern dieser Partei ein desaströses Ergebnis bescherte. Dieses Ergebnis führte dazu, dass die Parteispitze um die Zweitstimme

9 Das TV-Duell

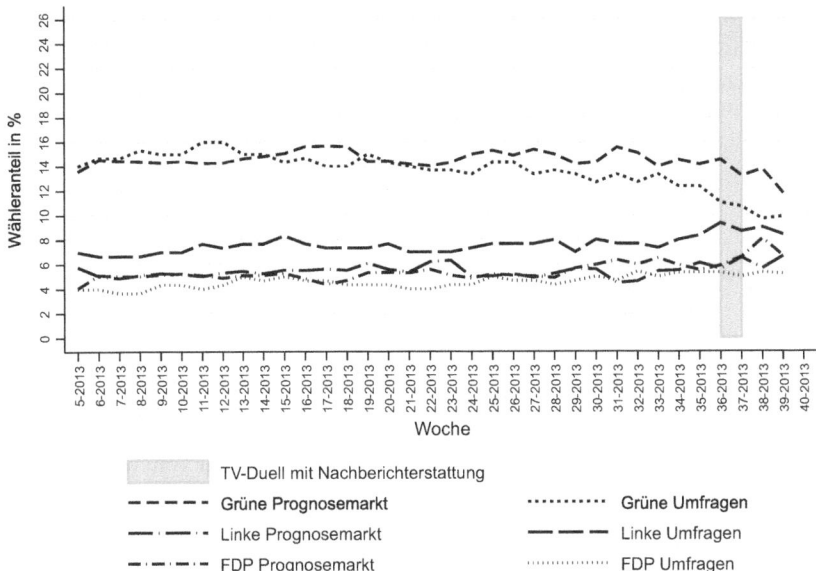

Abb. 9.2 Der Zusammenhang des TV-Duells mit den Umfrage- und Prognosemarktwerten von Bündnis '90/Die Grünen, die LINKE und FDP. (Eigene Darstellung©; Quellen: Eigene Daten, wahlrecht.de)

von Unionswählern regelrecht bettelte und erklärt möglicherweise, weshalb strategisches Wählen für die FDP, anders als auf dem Prognosemarkt erwartet wurde, weitgehend ausblieb (siehe Kapitel 10 in diesem Band). Bei der Partei Die Linke sind in diesem Zeitraum die Umfragedaten leicht zurückgegangen und die Prognosemarktdaten leicht gestiegen. Somit kann auch hier keine klare Aussage getroffen werden. Insgesamt scheinen die kleineren Parteien, wenn überhaupt, aufgrund des TV-Duells leichte Verluste erfahren zu haben, was darauf zurückzuführen wäre, dass CDU/CSU und SPD im Zuge der TV-Debatte deutlich mehr Öffentlichkeit erhielten. Dies entspricht unserer Erwartung über einen Priming-Effekt der TV-Duelle.

Zusammenfassend finden wir, ähnlich wie bei der Bundestagswahl 2009, Anhaltspunkte für einen relevanten Einfluss des TV-Duells auf das Wahlverhalten. Denn auch bei der Bundestagswahl 2013 konnte die SPD dank des TV-Duells gegenüber der CDU/CSU etwas aufholen. Sowohl für 2009 als auch für 2013 können wir von einem Framing-Effekt ausgehen, denn beide Male konnte sich ein ansonsten unterlegener Kanzlerkandidat der SPD beim TV-Duell mit Angela

Merkel auf Augenhöhe zeigen und vermochte sich somit als ernstzunehmende Alternative zu positionieren. Für die in beiden Fällen in Front liegende CDU/CSU hatte das TV-Duell keine große Wirkung. Ähnliches scheint auch für die kleinen Parteien zu gelten, welche durch das Medien-Priming zugunsten der großen Parteien, was das TV-Duell weitgehend darstellt, kleine bis gar keine Verluste hinnehmen mussten.

9.5 Fazit

In diesem Kapitel sind wir davon ausgegangen, dass das TV-Duell und seine Nachberichterstattung, konzeptualisiert als eine Form von Medien-Priming beziehungsweise Medien-Framing, einen Effekt auf das Wahlverhalten ausüben kann. Dies haben wir zuerst untersucht, indem wir den zeitlichen Zusammenhang des TV-Duells, der Nachberichterstattung und der Wahlabsichten von Wählern vor der Bundestagswahl 2009 auf Individualebene untersuchten. Diese Untersuchung ergab, dass die Individuen im Zusammenhang mit dem TV-Duell und der Nachberichterstattung in erheblichem Umfang ihre Wahlpräferenz änderten. Auf dieser Mikrofundierung basierend konnte angenommen werden, dass das TV-Duell auch bei der Bundestagswahl 2013 einen relevanten Effekt auf das Wählerverhalten haben würde. Dies wiederum untersuchten wir mit Hilfe von Umfrage- und Prognosemarktdaten auf der aggregierten Ebene.

Für die Bundestagswahl 2013 finden wir, ähnlich wie für die Wahl 2009, einen positiven Effekt des TV-Duells für die SPD von mehreren Prozentpunkten. Dies mag aus Sicht eines Außenstehenden, der die Prozentzahlen ins Verhältnis zur medialen und gesellschaftlichen Aufmerksamkeit setzt, als gering erscheinen. Allerdings können geringe Prozentpunktdifferenzen Wahlen entscheiden. Das zeigt sich etwa bei der Wahl 2002, die die SPD und Bündnis 90/Die Grünen mit dem knappen Vorsprung von 1,2 Prozentpunkten gegenüber der Union und der FDP für sich entscheiden. 2005 entschied ein einziger Prozentpunkt darüber, dass das Vorschlagsrecht für den Bundeskanzler in der Großen Koalition der Union und nicht der SPD zustand. Somit können wenige Prozentpunkte einen entscheidenden Einfluss auf ein Endergebnis einer Bundestagswahl und der daraus resultierenden Mehrheitsbildung haben.

Dieses Kapitel ist ein kleiner Beitrag zur Analyse des in Deutschland relativ neuen Formates des TV-Duells, welches weiterführender Untersuchungen bedarf. Mit Bezug auf die Bundestagswahl 2009 zum Beispiel könnten die hier verwendeten Individualdaten noch intensiver analysiert werden. Insbesondere wäre es hilfreich, das in der Studie durchgeführte Experiment zu berücksichtigen. Wie bereits erwähnt, ist auch für das TV-Duell zur Bundestagswahl 2013 zwischen Angela Merkel und ihrem neuen Herausforderer Peer Steinbrück die hier für 2009 verwendete Studie durchgeführt worden und wird dereinst der Forschungsgemeinschaft zur Verfügung stehen. Für die Bundestagswahl 2013 wird es sich deshalb anbieten, die hier auf aggregierter Ebene hervorgebrachten Effekte mit einer Analyse auf der Individualebene zu validieren.

Literatur

Ambramowitz, Alan I. 1978. The impact of a presidential debate on voter rationality. *American Journal of Political Science* 22 (3): 681–689.
Bild Zeitung. 2013. Bundestagswahl in 99 Tagen: So geht sie aus. BILD.de vom 15. Juni 2013, http://www.bild.de/politik/inland/bundestagswahl/das-bundestagswahl-orakel-30851896.bild.html. Zugegriffen: 11. Jan. 2014.
Campbell, Angus, Phillip E. Converse, Warren E. Miller, und Donald E. Stokes. 1960. *The American voter*. Hoboken: Wiley.
Downs, Anthony. 1957. *An economic theory of democracy*. New York: Harper.
Focus Online. 2013. Plus 17 Prozent-Punkte: Steinbrück beliebt wie nie – Macht ihn das Duell zum Kanzler? *Focus Online* vom 1. September, http://www.focus.de/politik/deutschland/bundestagswahl-2013/tv-duell-zur-bundestagswahl-2013-kann-peer-steinbrueck-seine-letzte-chance-gegen-angela-merkel-nutzen_aid_1086691.html. Zugegriffen: 8. Jan. 2014.
Gabriel, Oscar W. 1997. Parteiidentifikation, Kandidaten und politische Sachfragen als Bestimmungsfaktoren des Parteienwettbewerbs. In *Parteiendemokratie in Deutschland*, Hrsg. Oscar W. Gabriel, Oskar Niedermayer, und Richard Stöss, 233–254. Wiesbaden: VS Verlag für Sozialwissenschaften.
Iyengar, Shanto, und Donald R. Kinder. 2010. *News that matters: Television and American opinion, updated edition*. Chicago: University of Chicago Press.
Klein, Markus, und Manuela Pötschke. 2005. Haben die beiden TV-Duelle im Vorfeld der Bundestagswahl 2002 den Wahlausgang beeinflusst? Eine Mehrebenenanalyse auf der Grundlage eines 11-Wellen Kurzfristpanels. In *Wahlen und Wähler: Analysen aus Anlass der Bundestagswahl 2002*. 1. Aufl., Hrsg. Jürgen W. Falter, Oscar W. Gabriel, und Bernhard Wessels, 357–370. Wiesbaden: VS Verlag für Sozialwissenschaften.
Michael S. Lewis-Beck, Norpoth Helmut, William G. Jacoby, und Herbert F. Weisberg. 2008. *The American voter revisited*. Michigan: University of Michigan Press.
Maier, Jürgen, und Thorsten Faas. 2011. Das TV-Duell 2009 – langweilig, wirkungslos, nutzlos? Ergebnisse eines Experiments zur Wirkung der Fernsehdebatte zwischen Angela Merkel und Frank-Walter Steinmeier. In *Am Ende der Gewissheiten: Wähler, Parteien und Koalitionen in Bewegung*, Hrsg. Heinrich Oberreuter, 147–166. München: Olzog.
Maurer, Marcus, und Carsten Reinemann. 2003. *Schröder gegen Stoiber: Nutzung, Wahrnehmung und Wirkung der TV-Duelle*. 1. Aufl. Wiesbaden: Westdeutscher Verlag.
Maurer, Marcus, Carsten Reinemann, Jürgen Maier, und Michaela Maier. 2007. *Schröder gegen Merkel: Wahrnehmung und Wirkung des TV-Duells 2005 im Ost-West-Vergleich*. 1. Aufl. Wiesbaden: VS Verlag für Sozialwissenschaften.

Rattinger, Hans, Sigrid Roßteuscher, Rüdiger Schmitt-Beck, Bernhard Weßels, Frank Brettschneider, Thorsten Faas, Jürgen Maier, und Michaela Maier. 2011. German Longitudinal Election Study – TV-Duell Analyse, Befragung, 13.09.2009–12.10.2009, ZA 5309, Version 2.0.0. GESIS.

Scheufele, Bertram. 2011. Effekte von Medien-Framing und Medien-Priming bei Haupt- und Nebenwahlen: Theoretische Ansätze, empirische Befunde und konzeptionelle Überlegungen. In *Superwahljahr 2009. Vergleichende Analysen aus Anlass der Wahlen zum Deutschen Bundestag und zum Europäischen Parlament,* Hrsg. Jens Tenscher, 269–288. Wiesbaden: Springer Fachmedien.

Süddeutsche Zeitung. 2013a. Beide Kandidaten als Sieger ausgerufen. Süddeutsche.de vom 1. September 2013, http://www.sueddeutsche.de/politik/tv-duell-merkel-gegen-steinbrueck-fernseh-zweikampf-um-die-kanzlerschaft-1.1759344. Zugegriffen: 8. Jan. 2014.

Süddeutsche Zeitung. 2013b. 17,6 Mio. sahen Merkel gegen Steinbrück. Süddeutsche.de vom 2. September 2013, http://www.sueddeutsche.de/medien/quoten-beim-tv-duell-millionen-sahen-merkel-gegen-steinbrueck-1.1760286. Zugegriffen: 9. Nov 2013.

Haben die Umfragen das Wahlergebnis beeinflusst? Strategisches Wählen und Mitläufereffekte bei der Bundestagswahl 2013

10

Oliver Strijbis, Tom Paltins und Aguibou Bouare

10.1 Einleitung

Wahlumfragen sind aus der politischen Öffentlichkeit nicht mehr wegzudenken. Besonders vor Wahlen wird ihnen besondere Beachtung geschenkt und ihre Präsenz in den Medien nimmt deutlich zu. Wahlumfragen sind während des Wahlkampfes deshalb von besonderer Relevanz, da sie das Stimmungsbild in der Bevölkerung zu den einzelnen Parteien recht gut widerspiegeln können. Wahlumfragen werden daher in den Medien diskutiert und es werden davon Prognosen über den Wahlausgang abgeleitet. Umfragen haben demnach einen bedeutenden Einfluss auf die Erwartungen der Wähler über den Wahlausgang. Welche Schlüsse die Wähler aus diesen Erwartungen ableiten, das heißt, wie sie ihren Wahlentscheid von diesen Erwartungen abhängig machen, ist in der Literatur aber umstritten. Vorrangig werden zwei mögliche Effekte der Umfragedaten auf

---

O. Strijbis (✉)
Institut für Politikwissenschaft, Universität Hamburg, Wissenschaftszentrum Berlin, Berlin, Deutschland
E-Mail: oliver.strijbis@wzb.eu

T. Paltins
Hamburg, Deutschland
E-Mail: tom_paltins@web.de

A. Bouare
Hamburg, Deutschland
E-Mail: aguibou.bouare@yahoo.de

© Springer Fachmedien Wiesbaden 2015
O. Strijbis, K.-U. Schnapp (Hrsg.), *Aktivierung und Überzeugung im Bundestagswahlkampf 2013*, DOI 10.1007/978-3-658-05050-4_10

das Wahlverhalten untersucht: das strategische Wählen und der Mitläufereffekt. Diese Effekte können bei einer Wahl das Zünglein an der Waage sein und über Sieg oder Niederlage entscheiden.

Wähler haben mehrere Möglichkeiten, um aufgrund ihrer Erwartungen ihre Wahlentscheidung anzupassen. Dieses Kapitel untersucht, ob Erwartungen über den Wahlausgang die Wähler dazu veranlassen, ihre Stimme einer anderen Partei zu geben als ihrer ursprünglich präferierten und welche Mechanismen dafür verantwortlich sind. Dazu wird einerseits die Theorie des strategischen Wählers vorgestellt, welche bei Mehrparteiensystemen davon ausgeht, dass die Wähler so wählen, dass sie möglichst jene Regierungskoalition erhalten, welche sie präferieren. Als zweiter Mechanismus wird der Mitläufereffekt vorgestellt, der eine Gegenhypothese zum strategischen Wählen darstellt.

Entscheidend für das Beobachten von strategischem Wählen und dem Mitläufereffekt ist es, die Erwartungen der Wähler messen zu können. Wie wir ausführen werden, ermöglichen uns dies die in diesem Band verwendeten Vorhersagen eines Prognosemarktes, denn dieser misst die Erwartungen der Prognosemarktteilnehmer über das Wahlergebnis (siehe auch Kapitel 3 in diesem Band).

In diesem Kapitel versuchen wir zu messen, ob strategisches Wählen und/oder Mitläufereffekte bei den Bundestagswahlen 2013 eine Rolle gespielt haben. Diese Frage versuchen wir zu beantworten, indem wir Veränderungen in den Vorhersagen des Prognosemarktes mit Veränderungen in den Wahlabsichten der Wähler vergleichen. So untersuchen wir, ob die Erwartungen bezüglich einer rot-grünen Mehrheit einen Effekt auf die Wählermobilisierung der Grünen und der Partei Die Linke hatten, ob die FDP wie bei früheren Wahlen von strategischem Wählen profitieren konnte und ob die SPD Opfer des Mitläufereffektes wurde. Wir finden Anzeichen dafür, dass die Grünen tatsächlich unter der zunehmenden Unwahrscheinlichkeit einer rot-grünen Regierungsmehrheit gelitten haben, während Die Linke davon profitierte. Bei der FDP hingegen finden wir keine Anzeichen dafür, dass diese von strategischem Wählen profitiert hätte, ebenso wenig sprechen unsere Resultate für einen Mitläufereffekt zu Ungunsten der SPD.

Dieses Kapitel soll zuerst einen Überblick über die Theorien des strategischen Wählens und des Mitläufereffektes geben. Dann wird erläutert, wie wir strategisches Wählen und Mitläufereffekte zu beobachten versuchen. Darauf folgend beschreiben wir unsere Resultate. Schließlich werden die Vor- und Nachteile unserer Herangehensweise für das Messen von strategischem Wählen und dem Mitläufereffekt diskutiert.

10.2 Strategisches Wählen in Mehrparteiensystemen mit Wahlhürde

Die Forschung zu strategischem Wahlverhalten befasst sich zu einem großen Teil mit den wohl wichtigsten und umstrittensten Aussagen über strategisches Wählen, aufgestellt von Maurice Duverger (1966). *Duvergers Gesetz* beschreibt, dass ein Mehrheitswahlsystem zu einem Zwei-Parteien-System führt. Ein Mehrheitswahlsystem bedeutet, dass bei einer Wahl derjenige gewählt wird, welcher die meisten Stimmen bekommt; die restlichen Stimmen verfallen. Im Umkehrschluss besagt Duvergers Gesetz, dass das Verhältniswahlsystem zu einer Mehrzahl an Parteien führt. Eine Verhältniswahl bedeutet, dass Parteien prozentual etwa so viele Parlamentssitze erhalten, wie sie Stimmen bekommen.

Laut Duverger sind zwei Effekte für die Reduzierung von Kandidaten im Mehrheitswahlrecht verantwortlich: der mechanische und der psychologische (siehe auch Blais und Carty 1991). Die Effekte finden auf der Ebene der Wahlkreise statt. Da bei einem Mehrheitswahlrecht pro Wahlkreis nur ein Parlamentssitz zu vergeben ist, gewinnt die Partei mit einem relativen Mehr an Stimmen den einzigen Sitz des Wahlkreises, alle anderen Parteien gehen leer aus. Diese Umrechnung der Wählerstimmen in Parlamentssitze führt auf nationaler Ebene dazu, dass die kleinen Parteien einen Großteil ihrer Stimmen an die führenden Parteien verlieren. Durch die Umrechnung der Wählerstimmen in Parlamentssitze entsteht daher eine Überrepräsentation der großen Parteien, was als mechanischer Effekt bezeichnet wird. Der psychologische Effekt ist eine Reaktion der Wähler auf den mechanischen Effekt. Die Wähler sehen eine Stärkung der großen Parteien als Grund, ihre Stimme nicht an einen aussichtslosen Kandidaten zu verschwenden und wählen lieber den von ihnen bevorzugten Kandidaten einer der großen Parteien. Dies kann zu einer Kettenreaktion führen, die einen Kandidaten einer kleineren Partei schnell sehr viele Stimmen kosten kann. Gleichzeitig sehen die politischen Akteure selbst, wie groß ihre Siegeschancen sind und werden sich gegebenenfalls von der Wahl zurückziehen, Koalitionen schließen oder wachsende Probleme mit der Finanzierung ihres Wahlkampfes bekommen.

Cox (1997) erstellt ein theoretisches Modell, mit welchem er strategisches Wählerverhalten erklären möchte, das zu einem *Duvergerschen Gleichgewicht* führt. Er unterstellt den Wählern mit rationaler Entscheidung wählen zu gehen, also in der Lage zu sein, zu erkennen, ob ein Kandidat potentiell stärker oder schwächer ist. Ebenfalls geht er davon aus, dass jeder Wähler über eine Stimme verfügt. Wem er diese gibt, wird durch seine Kandidatenpräferenz, seine Erwartung über die Präferenzen der anderen Wähler und seinen Erwartungen über den tatsächlichen Wahlausgang bestimmt. Die Erwartungen über den tatsächlichen Wahlausgang werden dabei weitgehend durch Wahlumfragen und mediale Berichterstattung, die ein ungefähres Wahlergebnis bereits vorhersagen, bestimmt (Cox 1997, S. 73–74). Um *Duvergersche Gleichgewichte* in seiner Theorie herleiten zu können, stellt Cox vier Bedingungen auf. Erstens müssen die Wähler stabile Präferenzen von allen Kandidaten haben, damit sie zur Not ihre zweitliebsten Kandidaten wählen, wenn durch Umfragen klar wird, dass sie ansonsten ihre Stimme vergeuden. Hätten die Wähler nur eine Kandidatenpräferenz, so hätten sie keinen Grund, abhängig von ihren Erwartungen über den Wahlausgang ihre Stimme zu ändern. Die zweite Bedingung ist, dass es keine zu starke Partei geben darf. Hat eine Partei eine derart breite Wählerschaft, dass es ihr zu einer absoluten Mehrheit an Parlamentssitzen reichen wird, wird es den anderen Parteien nicht gelingen, genug Gegenstimmen zu generieren, um einen Einfluss auf die Regierungsbildung zu nehmen. Somit besteht kein Anreiz zu strategischem Wählen und die Wähler der kleinen Parteien bleiben bei ihrer Wahl. Die dritte Bedingung beinhaltet, dass Wähler nur auf die nächste Legislaturperiode achten und nicht langfristig mit ihrer Partei planen. Sie sollten rational, das heißt nach ihrem größtmöglichen persönlichen Nutzen, wählen. Die vierte Bedingung besagt, dass alle Kandidaten bekannt und im Bewusstsein der Wähler verankert sein müssen. So kristallisiert sich heraus, welche Kandidaten das Rennen machen und welche an Boden verlieren. Die Wähler registrieren aussichtslose Kandidaturen und wechseln ihre Stimme zu aussichtsreicheren. Sind alle Bedingungen erfüllt, so zeigt sich nach Cox ein *Duvergersches Gleichgewicht,* das zu einer Stärkung von zwei großen Parteien führt (Cox 1997, S. 79–80). Das Fehlen einer oder mehrerer Bedingungen kann zur Stärkung kleinerer Parteien beitragen.

Strategische Wähler in Systemen mit Verhältniswahl haben laut Cox ähnliche Überlegungen wie Personen in Mehrheitswahlsystemen (Cox 1997, S. 99). Die Bedingungen bezüglich des Verhaltens der Wähler bleiben die gleichen, jedoch ändern sich die Regeln, nach denen gewählt wird. Im Gegensatz zu Wahlen unter Mehrheitswahlrecht können die Wähler bei Verhältniswahlsystemen nicht davon ausgehen, dass die Partei mit den meisten Stimmen die Regierung stellen wird. Vielmehr liegt das Hauptaugenmerk strategischer Wähler bei Verhältniswahlen auf der zukünftigen Koalitionsbildung und damit auf dem Koalitionspotenzial der Parteien (Meffert et al. 2011; Bargsted und Kedar 2009). Je nachdem, welche Koalitionsmöglichkeiten die bevorzugte Partei besitzt, entscheiden sich rationale Wähler, ob sie dieser Koalition eine Mehrheit im Parlament zutrauen. Strategische Wähler verhalten sich dabei im Grunde wie von Cox beschrieben. Zeigt sich, dass die bevorzugte Partei kein Koalitionspotential besitzt, welches zu einer Mehrheit der Sitze führt, sind sie eher dazu geneigt, ihre Stimme einer anderen Partei zu geben, die bessere Aussichten auf eine Regierungsbeteiligung hat (Bargsted und Kedar 2009, S. 309).

In vielen Ländern mit Verhältniswahl kommt zudem eine Sperrklausel beziehungsweise Wahlhürde ins Spiel. Diese bestimmt den Wähleranteil, welchen eine Partei mindestens erhalten muss, damit ihr Parlamentssitze zugeteilt werden. Die Wahlhürde verhindert, dass kleine Parteien ins Parlament kommen. Wähler mit einer ersten Präferenz für eine große Partei, welche eine Koalition dieser Partei mit einer kleineren Partei anderen Koalitionen vorziehen, können der kleinen Partei ihre Stimme „leihen", damit diese die Wahlhürde schafft und damit als Koalitionspartner zur Verfügung steht (Gschwend 2007). Dieses Phänomen nennt sich Koalitionssicherungsstrategie.[1] Eine solche strategische Wahl macht aber nur dann Sinn, wenn sich Wähler einer großen Partei nicht sicher sind, ob ihr bevorzugter Koalitionspartner die Wahlhürde überwindet. Sollte es bekannt sein, dass der Koalitionspartner womöglich genügend eigene Stimmen generieren kann, ist eine strategische Wahl nicht mehr zu erwarten. Für eine strategische Wahl ist es also notwendig, dass ein knapper Wahlkampf stattfindet (Meffert und Gschwend 2011). Daher kann strategisches Wählen bei knappen Entscheidungen das Zünglein an der Waage sein, weshalb die strategische Wahl von großer Bedeutung ist, auch wenn der Anteil strategischer Wähler meist nur zwischen 5 und 10 % liegt (Meffert und Gschwend 2011, S. 3; Blais et al. 2006).

10.3 Ursachen und Wirkung des Mitläufereffekts

Die Annahme des rationalen Wählers und damit auch die Theorie strategischen Wählens wurden häufig als unrealistisch kritisiert. Die bekannte Kritik daran ist, dass es bei einem Kosten-Nutzen-Kalkül wenig Sinn macht, zur Wahl zu gehen, weshalb man von einem „Paradox des Wählens" spricht (Downs 1957). Die Wahrscheinlichkeit, dass eine einzelne Stimme den Unterschied ausmacht, ist so gering, dass aus der Perspektive des Individuums die Kosten des Wählens ihren Nutzen zwangsläufig übersteigen (aber siehe Medina 2011). Somit müssen beim Wähler auch andere Motivationen vorhanden sein als die ökonomische Nutzenmaximierung. Dies ist auch der Ausgangspunkt der These über den Mitläufereffekt. Der Mitläufereffekt (Bandwaggon-Effekt) besagt, dass sich Individuen der Mehrheit

---

[1] Des Weiteren ist in manchen Ländern wie in Deutschland eine Aufteilung in eine Erst- und Zweitstimme möglich. Mit der Erststimme wählt man den Kandidaten im Wahlkreis und mit der Zweitstimme die bevorzugte Partei. Mit der Reform des Wahlrechts vor der Bundestagswahl 2013 hat die Erststimme für die Sitzstärke der Parteien im Bundestag ihre Wirkung jedoch weitgehend verloren (siehe Kapitel 4 in diesem Band). Daher müsste die Erststimme für strategisches Wählen mittlerweile weitgehend irrelevant sein. Sie wird hier folglich nicht mehr weiter beachtet.

anschließen, da sie sich ebenfalls zu dieser Gruppe zählen wollen. Dieser Mitläufereffekt kann bei manchen Wählern zu einer Änderung ihrer Wahlentscheidung führen (McAllister und Studlar 1991). Forscher sind sich jedoch über die Wirkung und Stärke dieses Effektes uneinig.

Auch für das Zustandekommen von Mitläufereffekten gibt es unterschiedliche Erklärungsansätze. In der Literatur werden vor allem vier Motive beschrieben, aus denen sich ein Mitläufereffekt ableiten lässt. Der *Konformitätsdruck* bedeutet, dass sich Wähler lieber der breiten Mehrheit anschließen, als zu einer Minderheit zu gehören. Diese Wähler wollen sich einer Gruppe zugehörig fühlen, um einen guten Eindruck zu hinterlassen. Besonders im sozialen Umfeld fühlen sie sich dem Gruppenzwang ausgesetzt, sich anzupassen, um nicht negativ aufzufallen. Als zweites Motiv passen sich Wähler der Mehrheitsmeinung an, weil sie davon ausgehen, dass andere Wähler *besser informiert* sind. Genauer bedeutet dies, dass eine Person eine zu diesem Moment als gewinnend wahrgenommene Partei bevorzugt, weil sie davon ausgeht, dass ihre Mitwähler über Informationen verfügen, welche diese dazu bringen, ihre Stimme der dominanten Partei zu geben. Drittens sehen sich Individuen gerne auf der Gewinnerseite, weil man sich lieber *mit Gewinnern identifiziert* als mit Verlierern (Ashworth et al. 2006). Dieses Bedürfnis spielt vor allem eine Rolle, wenn Wähler keine festen Präferenzen besitzen. Als viertes Motiv wollen Wähler eine *Unsicherheit des Wahlergebnisses* vermeiden (Hong und Konrad 1998). Hier gibt es Ähnlichkeiten mit dem strategischen Wähler, weil es ebenfalls das Ziel ist, mit der Wahl etwas zu erreichen. Doch während der strategische Wähler gemäß seiner Präferenzenordnung handelt, wählt diese Person die stärkere, weniger präferierte Partei, allein mit dem Ziel der Unsicherheitsvermeidung.

Der Mitläufereffekt bildet ein Gegenstück zum strategischen Wähler, welcher auf seinen persönlichen Vorteil bezogen wählt und über die Programmatik der Parteien und wahrscheinliche Wahlresultate gut informiert ist. Der Mitläufer hingegen ist nicht gut über das politische Kräfteverhältnis informiert und hat auch nicht die persönliche Motivation, Informationen zu sammeln. Seine Entscheidungen hängen mehr von Normen und psychologischen Bedürfnissen der Zugehörigkeit ab als von Kosten-Nutzen-Erwägungen.

Strategisches Wählen und der Mitläufereffekt sind potentiell auch deshalb von großer Bedeutung, weil sie Wähler zu einer Änderung ihrer Wahlabsicht bringen können. Dieser als *Überzeugung* umschriebene Prozess ist eher selten, hat aber einen besonders starken Einfluss auf das Wahlresultat, da er gleichzeitig eine Partei stärkt und eine andere schwächt (siehe Kapitel 2 in diesem Band). Bei der strategischen Wahl handelt es sich immer um Überzeugung, weil strategisches Wählen ja unterstellt, dass es zu einer Präferenzänderung als Folge eines Überzeugungsprozesses kommt. Bei den Mitläufern wiederum können wir dann von Überzeugung sprechen, wenn sie aufgrund des Mitläufereffektes die Parteipräferenz ändern. Da Mitläufer vor dem Einsetzen des Mitläufereffektes typischerweise jedoch über keine starke Präferenz verfügen, handelt es sich hier um eine schwache Form der Überzeugung.

10.4 Was uns Wahlbörsen über den Einfluss von Umfragen auf das Wahlverhalten sagen können

Um zu messen, dass Wähler ihre Stimme aufgrund von Wahlumfragen ändern, bestehen verschiedene Methoden mit ihren jeweiligen Vor- und Nachteilen. Da Wahlumfragen und Wahlergebnisse in etwa dasselbe messen, kann man von statistischen Zusammenhängen zwischen Umfragedaten und Wahlergebnissen nicht auf einen kausalen Zusammenhang schließen. Auch ist es problematisch, den Zusammenhang zwischen zeitlich vorgelagerten Umfragewerten mit nachgelagerten Umfragewerten kausal zu interpretieren, da Veränderungen in den Umfragewerten über die Zeit von sehr vielen Faktoren abhängen können. So ist das gängige Vorgehen die Analyse von Querschnittsdaten auf Individualebene vor und nach der Wahl (Blais et al. 2006). Es wird außerdem versucht, den Effekt von Wahlumfragen auf Wahlverhalten in Laborexperimenten nachzuweisen, da man hier die Bedingungen für einen knappen Wahlkampf besser darstellen und Kausalität zwischen Umfrage und Wahlentscheid überprüfen kann. Jedoch ist die externe Validität der Ergebnisse von Laborexperimenten infrage zu stellen (Meffert und Gschwend 2011). Überzeugender sind in dieser Hinsicht Feldexperimente, bei denen Wähler durch die Forscher gezielt mit Informationen versorgt werden (z. B. Maier und Brettschneider 2009; Mehrabian 1998). Wie bei Laborexperimenten ist es jedoch auch bei Feldexperimenten häufig schwierig, das Experiment mit einem repräsentativen Sample durchzuführen. Auch muss dafür Sorge getragen werden, dass durch das Experiment selbst kein Einfluss auf den Wahlausgang genommen wird.

Eine alternative Methode, um den Zusammenhang zwischen Erwartungen über den Wahlausgang und das Wahlverhalten zu untersuchen, bieten Prognosemärkte (Linhart und Hedtrich 2012; Strijbis et al. 2014). Da Umfragewerte erwiesenermaßen einen starken Einfluss auf die Erwartungen über den Wahlausgang haben (z. B. Bytzek 2010; Faas et al. 2008; aber siehe auch Schoen 2002), kann man etwas über den Effekt von Umfragen auf das Wahlverhalten sagen, wenn man den Zusammenhang zwischen erwartetem Wahlergebnis und Wahlverhalten untersucht. In Kapitel 3 dieses Buches wurde erklärt, dass die Vorhersagen von Prognosemärkten auf den Erwartungen der Prognosemarktteilnehmer über den Wahlausgang basieren.

Wir werden daher im Folgenden die Ergebnisse der Prognosemärkte als Erwartungen interpretieren, die wir mit den Umfragewerten in Beziehung setzen. Im Gegensatz zu Prognosemärkten messen Umfragen nicht das erwartete Wählerverhalten, sondern die Wahlabsichten der Wähler zum jeweiligen Zeitpunkt. Kombiniert man nun Prognosemarkt- mit Umfragewerten, können die Erwartungen über den Wahlausgang mit den Wählerabsichten in einen Zusammenhang gebracht werden. Bei zeitgleicher Betrachtung von Prognosemarkt- und Umfragewerten besteht allerdings das Problem, dass nicht klar wird, ob sich die Erwartungen auf dem Prognosemarkt den Umfragewerten anpassen oder ob die Wahlabsichten durch die Erwartungen über den Wahlausgang, welche auf dem Prognosemarkt eingefangen werden, beeinflusst werden.[2] Dieses Kausalitätsproblem kann man entschärfen, indem man die zeitliche Abfolge des Zusammenhangs von Erwartungen und Wahlabsichten in die Analyse einbezieht. Von einem Einfluss der Erwartungen über den Wahlausgang soll dann gesprochen werden, wenn eine Änderung in der Erwartung über den Wahlausgang eine Änderung in der Wahlabsicht in vorhersagbarer Weise nach sich zieht.

Mit Bezug auf strategisches Wählen kann, wie oben ausgeführt, im Kontext deutscher Wahlen davon ausgegangen werden, dass eine Änderung der Erwartungen die Wahlabsichten verändert, wenn die Änderung der Erwartungen einen Einfluss darauf hat, welche Partei man am besten wählt, um die individuell präferierte Regierungskoalition zu ermöglichen. Dies ist einerseits dann der Fall, wenn bei einer Partei mit Koalitionspotential nicht klar ist, ob sie die Wahlhürde überschreiten wird. In diesem Fall würden wir erwarten, dass sich um so mehr Wähler für eine Partei entscheiden, je näher der erwartete Stimmanteil dieser Partei an den Stimmanteil herankommt, der für das Überschreiten der Wahlhürde benötigt wird. Es ist dabei irrelevant, ob die Erwartungen über oder unter dem kritischen Wert liegen. Mit Bezug auf unsere Daten heißt dies also, dass eine Veränderung der Prognosemarktwerte in Richtung 5 % Wähleranteil zu einer positiven Veränderung der Wahlabsichten für eine Partei führen müssten. Ansonsten gibt es keine Evidenz für strategisches Wählen zur Überwindung der 5 %-Wahlhürde.

Zweitens können wir einen Einfluss von Erwartungen auf Wahlabsichten erwarten, wenn bei einer potentiellen Parteienkoalition nicht klar ist, ob sie nach den Wahlen über eine Mehrheit der Parlamentssitze verfügen wird oder nicht. Je näher die Erwartungen an einem kritischen Wert für eine zukünftige relative Mehrheit liegen, desto eher werden sich strategische Wähler für eine der Parteien dieser Koalition entscheiden. Mit Bezug auf unsere Daten heißt dies also, dass eine

---

[2] Wobei wir nicht davon ausgehen, dass der Prognosemarkt selbst einen Einfluss auf das Wählerverhalten hat.

Veränderung der Prognosemarktwerte von einer potentiellen Parteienkoalition in Richtung einer relativen Mehrheit an Wählerstimmen zu einer positiven Veränderung der Wahlabsichten für diese Parteien führen müsste. Ansonsten kann nicht von Evidenz für strategisches Wählen mit Bezug auf eine Koalitionsmehrheit gesprochen werden. Sowohl bei der Wahlhürde als auch bei der Koalitionsmehrheit gilt dabei allerdings, dass nur Wähler, die ihre erste Präferenz bei einem Koalitionspartner der erwünschten Koalition haben, strategisch wählen dürften.

Einfacher vorherzusagen ist der Mitläufereffekt. Denn hier wird vorhergesagt, dass jene Partei, für welche ein Wahlsieg erwartet wird, aufgrund dieser Erwartung weiteren Zulauf erhalten wird. Das Gegenteil ist der Fall für eine Partei, für welche eine Wahlniederlage erwartet wird. Damit wir von Evidenz für einen Mitläufereffekt sprechen können, müssen also die Prognosemarktwerte die Umfragewerte vor sich hertreiben.

10.5 Strategisches Wählen und Mitläufereffekte bei den Bundestagswahlen 2013

Veröffentlichungen von Wahlumfragen stellen Wahlkampfereignisse an sich dar. Wie oben ausgeführt, haben sie möglicherweise einen wichtigen Einfluss auf das Wahlverhalten, indem sie die Erwartungen über den Wahlausgang beeinflussen und damit strategisches Wählen oder Mitläufereffekte verursachen. In diesem Kapitel versuchen wir zu messen, ob strategisches Wählen und/oder Mitläufereffekte bei den Bundestagswahlen 2013 eine Rolle gespielt haben. Erstens untersuchen wir, ob die schwindenden Erwartungen an eine rot-grüne Mehrheit strategisches Wählen zugunsten der Grünen verhinderte und der Linken half. Zweitens versuchen wir zu testen, ob die FDP wie bei früheren Wahlen von strategischem Wählen profitieren konnte oder ob sie Opfer des Mitläufereffektes wurde. Schließlich gehen wir der Frage nach, ob die SPD unter einem Mitläufereffekt für die CDU gelitten hat, nachdem ihre Umfragewerte aufgrund der Diskussion um Peer Steinbrücks Referatshonorare eingebrochen sind.

10.5.1 Hat die Unwahrscheinlichkeit von Rot-Grün der Partei Die Linke geholfen?

Eines der großen Rätsel der Bundestagswahl 2013 ist, weshalb die Wahlabsicht für die Grünen in den letzten Wochen vor der Wahl stark zurückgegangen ist, während gleichzeitig die Partei Die Linke einen Wählerzuwachs erhielt. Weder scheint dieser Trend einem einzigen Wahlkampfereignis zuzuordnen zu sein, noch scheint es mit dem vieldiskutierten Themenmanagement der Partei zu tun zu haben (siehe dazu Kapitel 6 in diesem Band). Eine mögliche Erklärung ist, dass linke Wähler, welche Sympathien sowohl für die Grünen als auch für Die Linke haben, gegen Ende des Wahlkampfes realisiert haben, dass es für eine rot-grüne Regierungsmehrheit nicht reichen würde. Damit entfiel für linke Wähler ein Grund dafür, Bündnis90/Die Grünen der Partei Die Linke vorzuziehen. In einer Situation, in der eine rot-rot-grüne Koalition zumindest von der SPD vor der Wahl kategorisch ausgeschlossen wurde, konnte es für einen Teil der Wählerschaft durchaus plausibel sein, strategisch so zu wählen, dass Rot-Grün ohne das zweite rot möglich wurde. In dem Moment aber, wo weitgehend offensichtlich war, dass es für Rot-Grün nicht reichen würde, konnten entsprechende Wähler auch wieder von einer strategischen Entscheidung abrücken und präferenzgetreu, in diesem Falle also Linkspartei, wählen.[3]

Abbildung 10.1 zeigt die Differenz zwischen dem auf dem Prognosemarkt vorhergesagten Wähleranteil von Rot-Grün zu jenem von Schwarz-Gelb und die Umfragedurchschnitte für die Grünen und der Partei Die Linke. Während die durchschnittlichen Umfragewerte die Wahlabsichten der Wähler zum jeweiligen Zeitpunkt messen, ist die Differenz zwischen dem auf dem Prognosemarkt vorhergesagten Wähleranteil von Rot-Grün zu jenem von Schwarz-Gelb ein guter Indikator für die Veränderungen in den Erwartungen bezüglich einer Regierungsbeteiligung der Grünen. Denn die wahrgenommene Wahrscheinlichkeit für eine rot-grüne Koalition hing hauptsächlich davon ab, ob die Grünen und die Sozialdemokraten zusammen die Regierungskoalition aus CDU/CSU und FDP würden schlagen können. Weil eine große Koalition oder ein Bündnis zwischen CDU/CSU und den Grünen während des ganzen Wahlkampfs von der Parteistärke her möglich gewesen wäre, hatte der erwartete gemeinsame Wähleranteil dieser möglichen Koalition keinen Einfluss auf die Erwartungen bezüglich einer Regierungsbeteiligung der Grünen.

Wie die Abb. 10.1 zeigt, korreliert der auf dem Prognosemarkt vorhergesagte Rückstand von Rot-Grün auf Schwarz-Gelb wie vorhergesagt mit den Umfragewerten der Grünen und von Die Linke. Dies zeigt allerdings noch nicht, dass die abnehmende Erwartung einer rot-grünen Koalition einen Effekt auf die Wahlabsicht

---

[3] In unserer Umfrage, welche wir bei den Prognosemarktteilnehmern noch vor den Wahlen durchgeführt haben (siehe Kapitel 3 in diesem Band), fragten wir auch nach ihren Einschätzungen über die Koalitionswahrscheinlichkeiten. Für den Fall, dass es nicht für eine schwarz-gelbe Mehrheit reichen würde, was zu diesem Zeitpunkt noch durchaus als realistisch galt, wurde die Wahrscheinlichkeit für eine rot-rot-grüne Koalition gerade mal auf 9 % geschätzt. Wir befragten die Teilnehmer dazu zwischen dem 2. und dem 9. September 2014. Bis zu diesem Zeitpunkt beantworteten 21 Prognosemarktteilnehmer die Umfrage.

10 Haben die Umfragen das Wahlergebnis beeinflusst ...

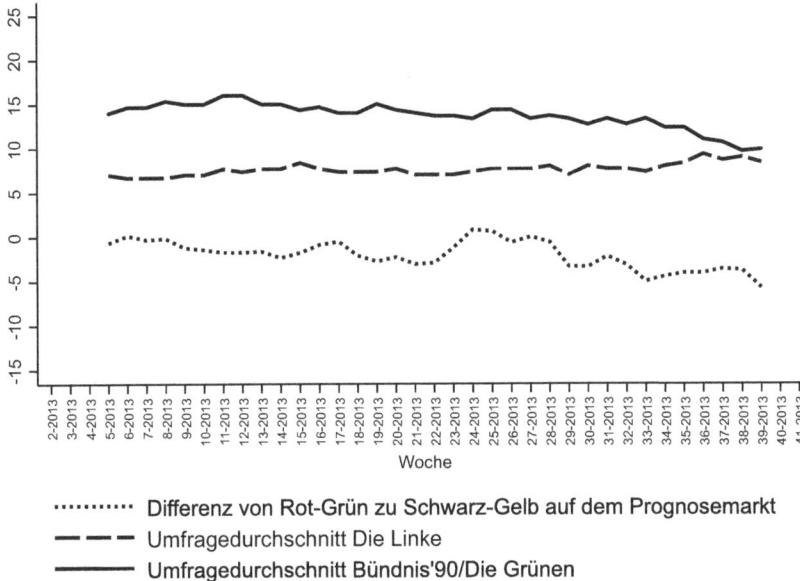

Abb. 10.1 Koalitionserwartung und Umfragewerte linker Parteien. (Eigene Darstellung©; Quellen: Eigene Daten, wahlrecht.de)

der Wähler hatte. Davon kann erst ausgegangen werden, wenn die Erwartungen bezüglich der Wahrscheinlichkeit einer rot-grünen Koalition der Abnahme in der Wahlabsicht für die Grünen und die Zunahme für Die Linke zeitlich vorangeht. Bei genauerer Betrachtung zeigt sich (und in der statistischen Analyse bestätigt sich)[4], dass dem tatsächlich so ist. Wir interpretieren dies als plausible Indizien dafür, dass die Wahlniederlage der Grünen und das gute Abschneiden von Die Linke zumindest teilweise auf das Ausbleiben einer strategischen Wahl für die Grünen zurückzuführen ist.

---

[4] Gemäß einem Regressionsmodell mit dem Umfragedurchschnitt der Grünen als abhängiger Variable und dem gelagten Umfragedurchschnitt der Grünen und der gelagten Differenz zwischen Rot-Grün und Schwarz-Gelb auf dem Prognosemarkt als unabhängigen Variablen, verringert sich die Wahlabsicht für die Grünen um 0,19 % bei jedem Prozentpunkt Rückstand von Rot-Grün auf Schwarz-Gelb ($p<0{,}05$, $N=34$). In einem Regressionsmodell mit dem Umfragedurchschnitt von Die Linke als abhängiger Variable und dem gelagten Umfragedurchschnitt von Die Linke und der gelagten Differenz zwischen Rot-Grün und Schwarz-Gelb auf dem Prognosemarkt als unabhängigen Variablen, erhöht sich die Wahlabsicht für Die Linke um 0,12 % bei jedem Prozentpunkt Rückstand von Rot-Grün auf Schwarz-Gelb ($p<0{,}05$, $N=34$).

10.5.2 Das Ausbleiben strategischen Wählens für die FDP

Bei den Landtagswahlen in Niedersachsen, ein halbes Jahr vor der Bundestagswahl, kam es nach allgemeiner Einschätzung in massivem Umfang zu strategischem Wählen zugunsten der FDP (siehe zum Beispiel Spiegel 2013). Dies konnte zumindest der Zweitstimmenstatistik entnommen werden, welche je nach Wahlrecht in engem Zusammenhang mit strategischem Wählen steht (e.g. Gschwend 2007; Pappi und Thurner 2002).[5] Aufgrund der Erfahrung aus der Bundestagswahl erwarteten nun viele, dass die FDP wiederum von Leihstimmen profitieren würde. Dies umso mehr, als die FDP auch tatsächlich eine „Leihstimmenkampagne" führte. Mit Bezug auf die FDP würde man im Falle einer erfolgreichen Leihstimmenkampagne erwarten, dass die FDP-Wahlabsichten zunehmen, je näher der erwartete Wähleranteil bei der kritischen Grenze von 5 % liegt.

Abbildung 10.2 zeigt die Differenz von 5 % bei den Vorhersagen des Prognosemarktes und den Umfragedurchschnitt für die FDP. Anders als bei strategischen Motivationen für das Wahlverhalten erwartet würde, zeigt sich kein Zusammenhang zwischen dem erwarteten Wahlresultat und den Umfragewerten. Vielmehr zeigt sich, dass die Erwartungen bezüglich des Wähleranteils bis eine Woche vor der Bundestagswahl stiegen, während die Umfragewerte stabil blieben. Die Teilnehmer am Prognosemarkt erwarteten also einen höheren Wähleranteil der FDP, als es die Umfragen allein hätten vermuten lassen. Dies könnte darauf hinweisen, dass die Teilnehmer am Prognosemarkt bis eine Woche vor der Wahl mit dem Erfolg der Zweitstimmenkampagne rechneten. In der letzen Woche vor der Bundestagswahl wurde aber das Wahlresultat der Landtagswahlen in Bayern und damit auch das Ausbleiben eines Leihstimmeneffektes, wie er noch bei den Wahlen in Niedersachsen beobachtet werden konnte, bekannt. Dies dürfte die Erwartungen der Prognosemarktteilnehmer an die Höhe des Effektes von strategischem Wählen zugunsten der FDP korrekterweise verringert haben. Mit Bezug auf die FDP scheint also die Erwartung an ein knappes Wahlresultat strategisches Wählen nicht befördert zu haben. Vielmehr scheinen die Prognosemarktteilnehmer bis zu den Landtagswahlen in Bayern viel mehr Leihstimmen zugunsten der FDP erwartet zu haben, als tatsächlich abgegeben wurden.

---

[5] Mit der Veränderung des Wahlrechts für die Bundestagswahl 2013, welche als wichtigste Neuerung den Ausgleich von Überhangmandaten beinhaltete, macht aber eine unterschiedliche Parteienwahl bei der Erst- und der Zweitstimme nunmehr wenig Sinn, weshalb die Analyse von „Ticket-splitting" für strategisches Wählen weniger aufschlussreich geworden sein dürfte.

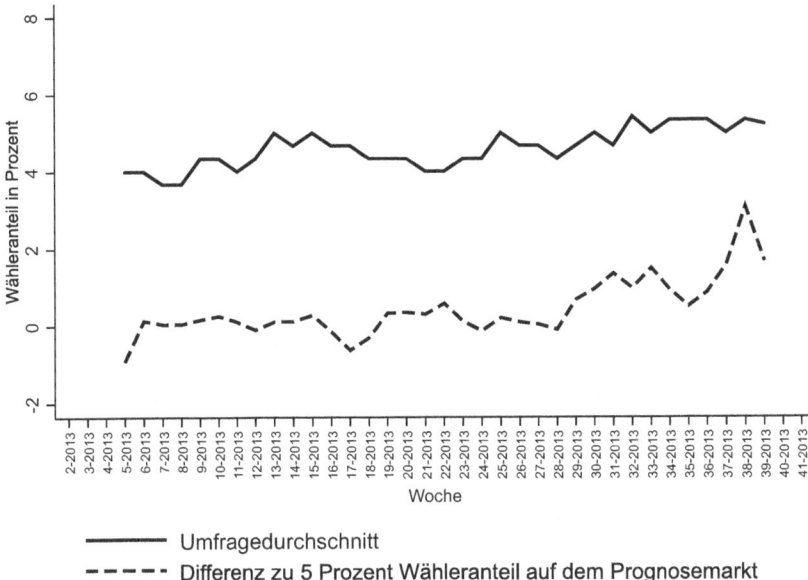

— Umfragedurchschnitt
----- Differenz zu 5 Prozent Wähleranteil auf dem Prognosemarkt

Abb. 10.2 Erwartete Abweichung von 5% und Umfragewerte der FDP. (Eigene Darstellung©; Quellen: Eigene Daten, wahlrecht.de)

10.5.3 Hat die SPD unter einem Mitläufereffekt gelitten?

Nur wenige Tage nach Bekanntgabe der Kandidatur Peer Steinbrücks um das Kanzleramt wurde bekannt, dass der SPD-Spitzenkandidat zusätzlich zu seiner Regierungsarbeit viel Geld mit Vorträgen in der Finanz- und Versicherungsbranche verdiente. Peer Steinbrück erntete dafür viel Kritik und in der Folge der Diskussion verringerten sich nicht nur seine Popularitätswerte, sondern auch die Umfragewerte für die SPD (siehe Kapitel 7 in diesem Band). Interessanterweise erholten sich die Umfragewerte für die SPD jedoch nicht mit dem Nachlassen der Diskussion um seine Referatshonorare. Vielmehr schien Peer Steinbrück und mit ihm die SPD in eine beinahe unaufhaltsame Abwärtsspirale geraten zu sein. Es stellt sich daher die Frage, ob die Diskussion um Peer Steinbrücks Honorare während der Kampagne einen Mitläufereffekt zuungunsten der SPD ausgelöst hat.

Beim Mitläufereffekt verhalten sich die Wähler so wie sie erwarten, dass es die anderen Wähler tun werden. Ihre Wahlabsicht sollte daher von den Erwartungen über die Wahlabsichten der anderen Wähler beeinflusst werden. Mit Bezug auf die SPD müssten also im Falle eines Mitläufereffektes die Erwartungen an eine

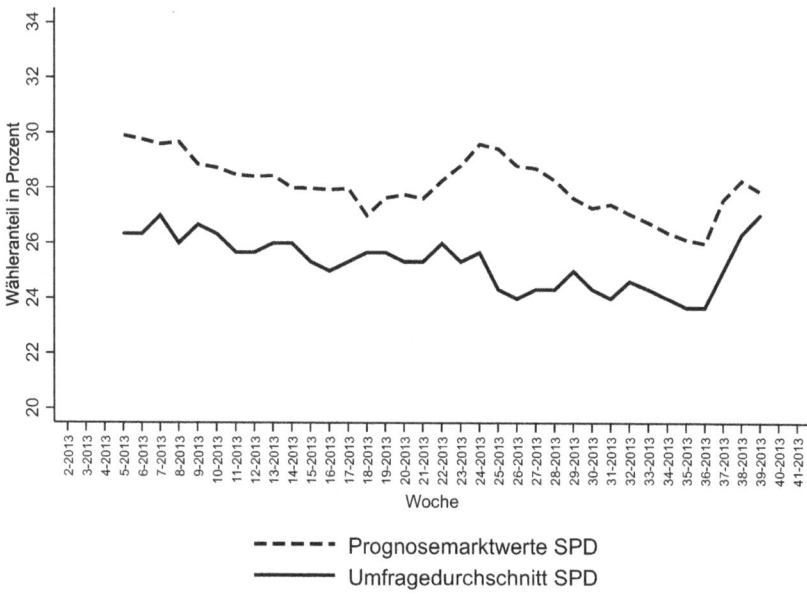

Abb. 10.3 Erwartungen und Umfragewerte der SPD. (Eigene Darstellung©; Quellen: Eigene Daten, wahlrecht.de)

Niederlage der Partei die Mitläufer dazu veranlassen, sich von der Partei abzuwenden. Abbildung 10.3 zeigt die Prognosemarkt- und Umfragewerte für die SPD während des Wahlkampfes. Die Veränderung der Prognosemarktwerte entspricht dabei der Veränderung in der Erwartung an ihr Wahlergebnis. Zwar zeigt sich, dass sich die Prognosemarkt- und Umfragewerte meistens in dieselbe Richtung entwickeln, doch ist es nicht so, dass die Prognosemarktwerte die Richtung angeben und die Umfragewerte dem Prognosemarkt folgen, wie wir es beim Mitläufereffekt erwarten würden.[6] Dies wird besonders deutlich zwischen Woche 21 und 24, als auf dem Prognosemarkt die Erwartung vorherrschte, dass sich die SPD von ihrem Tief erholen werde, während sich deren Umfragewerte bestenfalls stabilisierten.

Auf Basis unserer Daten lassen sich also keine Anzeichen dafür finden, dass die SPD unter einem Mitläufereffekt gelitten hätte. Dies bedeutet, dass das schlechte Abschneiden der SPD nach der Diskussion um Peer Steinbrücks Vortragshono-

---

[6] Dies zeigt auch die statistische Analyse. In einem Regressionsmodell mit dem Umfragedurchschnitt der SPD als abhängiger Variable und dem gelagten Umfragedurchschnitt der SPD und ihrem Prognosemarktwert als unabhängigen Variablen korreliert die Wahlabsicht für die SPD nicht mit den Prognosemarktwerten für die SPD in signifikanter Weise ($N=34$).

rare noch nicht entschieden war. Vielmehr müssen auch andere Entwicklungen während des Wahlkampfes, wie zum Beispiel die sich positiv verändernde Wirtschaftslage, herangezogen werden, um das enttäuschende Wahlresultat der SPD zu erklären (siehe Kapitel 5 in diesem Band).

10.6 Fazit

Es gibt gute Gründe anzunehmen, dass die Veröffentlichung von Wahlumfragen einen Effekt auf das Wahlverhalten hat. Denn Umfragen beeinflussen die Erwartungen der Wähler über den Ausgang einer Wahl. Daraus kann die Hypothese abgeleitet werden, dass Wahlumfragen einen Einfluss auf das Wahlergebnis haben. So könnten strategische Wähler das Zünglein an der Waage sein und einer Koalition zur Mehrheit im Parlament verhelfen. Auch kann erwartet werden, dass durch den Mitläufereffekt diejenigen Parteien viele Stimmen generieren, die bereits als sicherer Gewinner einer Wahl gelten. In diesem Kapitel haben wir anhand von Prognosemarkt- und Umfragedaten für drei Fälle untersucht, ob es bei den Bundestagswahlen 2013 zu strategischem Wählen und/oder einem Mitläufereffekt gekommen ist. Unsere Resultate deuten darauf hin, dass das schwache Ergebnis der Grünen auch darauf zurückzuführen sein dürfte, dass mit zunehmender Dauer des Wahlkampfes eine rot-grüne Mehrheit immer unwahrscheinlicher wurde, weshalb es für Sympathisanten der Partei Die Linke am Wahltag kaum noch einen Anreiz gegeben hat, aus strategischen Gründen die Grünen zu wählen. Im Gegensatz dazu haben wir weder Anzeichen dafür finden können, dass die FDP in relevantem Umfang von sogenannten Leihstimmen profitiert hat, noch dass die SPD unter einem Mitläufereffekt gelitten hat.

Allerdings birgt unsere Untersuchung auch Schwierigkeiten. Insbesondere gibt es bei der Interpretation des Zusammenhangs zwischen Prognosemarkt- und Umfragewerten das Problem, dass die Erwartungen der Prognosemarktteilnehmer nicht die Erwartungen in der Bevölkerung widerspiegeln. So ist es zum Beispiel möglich, dass die Teilnehmer des Prognosemarktes strategisches Wählen und Mitläufereffekte in ihre Erwartungen einfließen ließen, während dies für die Mehrheit der Wähler nicht zutrifft. Auch haben die hier verwendeten Prognosemarktdaten nicht direkt die Erwartungen über die zustande kommende Regierungskoalition und das Überschreiten der Wahlhürde gemessen. Für eine genauere Operationalisierung dieser für das strategische Wählen in Deutschland entscheidenden Erwartungen wäre es zielführender, auf einem Prognosemarkt Verträge aufzusetzen, die genau diese Erwartungen direkt messen (siehe auch Linhart und Hedtrich 2012).

Die hier dargestellten Resultate bedürfen also weiterer Überprüfung. Bei einem derart schwierigen Untersuchungsgegenstand geschieht dies im Idealfall mit unterschiedlichen Daten und einer Mehrzahl von methodischen Herangehensweisen. Der Beitrag dieses Kapitels kann daher nur ein erster Versuch sein, den Zusammenhang zwischen Wahlumfragen und Wahlverhalten bei der Bundestagswahl 2013 zu bestimmen.

Literatur

Ashworth, John, Benny Geys, und Bruno Heyndels. 2006. Everyone likes a winner: An empirical test of the effect of electoral closeness on turnout in a context of expressive voting. *Public Choice* 128 (3–4): 383–405. doi:10.1007/s11127-005-9006-8.
Bargsted, Matias A., und Orit Kedar. 2009. Coalition-targeted Duvergerian voting: How expectations affect voter choice under proportional representation. *American Journal of Political Science* 53 (2): 307–323. doi:10.1111/j.1540-5907.2009.00372.x.
Blais, André, und R. Kenneth Carty. 1991. The psychological impact of electoral laws: Measuring Duverger's elusive factor. *British Journal of Political Science* 21 (01): 79–93. doi:10.1017/S0007123400006037.
Blais, André, Elisabeth Gidengil, und Neil Nevitte. 2006. Do polls influence the vote? In *Capturing campaign effects*, Hrsg. Richard G. C. Johnston und Henry E. Brady, 263–279. Ann Arbor: University of Michigan Press.
Bytzek, Evelyn. 2010. Der überraschende Erfolg der FDP bei der Bundestagswahl 2005: Leihstimmen oder Koalitionswahl als Ursache? In *Information – Wahrnehmung – Emotion*, Hrsg. Thorsten Faas, Kai Arzheimer, und Sigrid Roßteutscher, 315–332. Wiesbaden: VS Verlag für Sozialwissenschaften.
Cox, Gary W. 1997. *Making votes count: Strategic coordination in the world's electoral systems*. New York: Cambridge University Press.
Downs, Anthony. 1957. *An economic theory of democracy*. New York: Harper.
Duverger, Maurice. 1966. *Political parties: Their organization and activity in the modern state*. New York: Taylor & Francis.
Faas, Thorsten, Christian Mackenrodt, und Rüdiger Schmitt-Beck. 2008. Polls that mattered: Effects of media polls on voters' coalition expectations and party preferences in the 2005 German Parliamentary Election. *International Journal of Public Opinion Research* 20 (3): 299–325. doi:10.1093/ijpor/edn034.
Gschwend, Thomas. 2007. Ticket-splitting and strategic voting under mixed electoral rules: Evidence from Germany. *European Journal of Political Research* 46 (1): 1–23. doi:10.1111/j.1475-6765.2006.00641.x.
Hong, Chew Soo, und Kai Konrad. 1998. Bandwagon effects and two-party majority voting. *Journal of Risk and Uncertainty* 16 (2): 165–172. doi:10.1023/A:1007734327597.
Linhart, Eric, und Friedrich Hedtrich. 2012. Prognosemärkte als Mittel zur Messung von Eintrittswahrscheinlichkeiten politischer Entscheidungen im Zusammenhang mit der Bundestagswahl 2009. In *Jahrbuch für Handlungs- und Entscheidungstheorie, Band 7*, Hrsg. Thomas Bräuninger, André Bächtiger, und Susumu Shikano, 165–193. Wiesbaden: VS Verlag für Sozialwissenschaften.

Maier, Jürgen Von, und Frank Brettschneider. 2009. Wirkungen von Umfrageberichterstattung auf Wählerverhalten: Ein Online-Experiment zu den Landtagswahlen in Baden-Württemberg 2006, Rheinland-Pfalz 2006 und Hessen 2008. In: *Sozialforschung im Internet,* Hrsg. Nikolaus Jackob, Harald Schoen, und Thomas Zerback, 321–337. Wiesbaden: VS Verlag für Sozialwissenschaften.

McAllister, Ian, und Donley T. Studlar. 1991. Bandwagon, underdog, or projection? Opinion polls and electoral choice in Britain, 1979–1987. *The Journal of Politics* 53 (03): 720–741. doi:10.2307/2131577.

Medina, Luis Fernando. 2011. Is there really a turnout paradox? *Journal of Theoretical Politics* 23 (3): 382–399. doi:10.1177/0951629811411750.

Meffert, Michael F., und Thomas Gschwend. 2011. Polls, coalition signals and strategic voting: An experimental investigation of perceptions and effects. *European Journal of Political Research* 50 (5): 636–667. doi:10.1111/j.1475-6765.2010.01986.x.

Meffert, Michael F., Sascha Huber, Thomas Gschwend, und Franz Urban Pappi. 2011. More than wishful thinking: Causes and consequences of voters' electoral expectations about parties and coalitions. *Electoral Studies* 30 (4): 804–815. doi:10.1016/j.electstud.2011.08.001.

Mehrabian, Lbert. 1998. Effects of poll reports on voter preferences. *Journal of Applied Social Psychology* 28 (23): 2119–2130. doi:10.1111/j.1559-1816.1998.tb01363.x.

Pappi, Franz Urban, und Paul W. Thurner. 2002. Electoral behaviour in a two-vote system: Incentives for ticket splitting in German Bundestag elections. *European Journal of Political Research* 41 (2): 207–232. doi:10.1111/1475-6765.00010.

Schoen, Harald. 2002. Wirkungen von Wahlprognosen auf Wahlen. In *Moderner Wahlkampf: Blick hinter die Kulissen,* Hrsg. Thomas Berg, 171–191. Opladen: Leske + Budrich.

Spiegel. 2013. Niedersachsen: Schwarz-Gelb hätte mit mehr Leihstimmen gesiegt. http://www.spiegel.de/politik/deutschland/niedersachsen-schwarz-gelb-haette-mit-mehr-leihstimmen-gesiegt-a-879072.html. Zugegriffen: 22. Jan. 2014.

Strijbis, Oliver, Sveinung Arnesen, und Laurent Bernhard. 2014. Swiss popular votes: Does the expected closeness increase the turnout? Präsentiert am Jahreskongress der Schweizerischen Vereinigung für Politische Wissenschaft (SVPW), Universität Bern, 30.–31. Januar 2014.

Teil III
Schluss

Fazit: Aktivierung oder Überzeugung? 11

Kai-Uwe Schnapp und Oliver Strijbis

11.1 Einleitung

Aktivierung und Überzeugung von Wählern während eines Wahlkampfes standen im Mittelpunkt der Analysen dieses Bandes. Der Untersuchungsgegenstand war der Wahlkampf zu den Bundestagswahlen 2013. Die Beiträge kommen in ihrer Gesamtheit zu dem Ergebnis, dass im Wahlkampf 2013 Wähler nicht nur aktiviert wurden, sondern dass Wahlkampfereignisse auch dazu geführt haben, dass Wähler überzeugt wurden, ihre Wahlabsicht zu ändern. Der Wahlkampf hatte also, so die Schlussfolgerung, einen bedeutsamen Einfluss auf das Wahlergebnis.

Zwei Elemente der Analysen haben insbesondere dazu beigetragen, dieses Ergebnis herausarbeiten zu können. Erstens wurde die Wirkung von Wahlkampfereignissen analytisch in den Vordergrund gestellt. Zweitens wurden die Wirkungen des Wahlkampfes nicht nur mit Umfrage-, sondern auch mit Prognosemarktdaten analysiert. Die Prognosemarktdaten waren insofern von besonderer Bedeutung für das Analyseergebnis, als sie überhaupt erst die methodischen Voraussetzungen dafür schufen, Aktivierungs- und Überzeugungseffekte voneinander unterscheiden

---

K.-U. Schnapp (✉)
Institut für Politikwissenschaft, Universität Hamburg, Hamburg, Deutschland
E-Mail: kai-uwe.schnapp@wiso.uni-hamburg.de

O. Strijbis
Institut für Politikwissenschaft, Universität Hamburg, Wissenschaftszentrum Berlin, Berlin, Deutschland
E-Mail: oliver.strijbis@wzb.eu

© Springer Fachmedien Wiesbaden 2015
O. Strijbis, K.-U. Schnapp (Hrsg.), *Aktivierung und Überzeugung im Bundestagswahlkampf 2013,* DOI 10.1007/978-3-658-05050-4_11

zu können. Wie die verschiedenen Beiträge zeigen, war dies möglich, weil Prognosemarkt- und Umfragedaten zeitlich und in ihrer Stärke unterschiedlich auf Wahlkampfereignisse reagierten, so dass aus diesen Unterschieden auf die entsprechenden Effekte geschlossen werden kann.

In seinem konzeptionellen Beitrag stellte Strijbis die Frage, welche Rollen Aktivierung und Überzeugung im Wahlkampf spielten und unter welchen Umständen es zu Aktivierung und Überzeugung komme. Eine zentrale Rolle in seiner Erklärung spielen Ereignisse. Diese werden unterschieden in externe (oder exogene) und interne (oder endogene) Ereignisse. Erstere Kategorie umfasst jedwede Begebenheit, die wie eine Naturkatastrophe oder die Eurokrise von außen auf das politische und damit auch das Wahlkampfgeschehen wirkt. Interne Ereignisse entstehen dagegen innerhalb des politischen Prozesses, Beispiele dafür sind Parteitage oder die Nominierung von Spitzenkandidaten.

Außerdem fragt Strijbis, ob wahlkampfrelevante Ereignisse sich auf einen politischen Konflikt beziehen oder nicht. Er formuliert hier die folgende Erwartung: Je eindeutiger endogen und je stärker auf einen gesellschaftlichen Konflikt bezogen ein Ereignis ist, desto eher kommt es als Folge des Ereignisses „nur" zur Aktivierung der Wählerschaft, nicht aber zu ihrer Überzeugung. Grund hierfür ist, dass bei endogenen Ereignissen diese bereits durch eine parteipolitische Brille wahrgenommen werden und sich die Wähler bei Ereignissen, die auf einen bedeutenden gesellschaftlichen Konflikt bezogen sind, bereits inhaltlich positioniert haben, weshalb diese nicht zu einer Änderung der Parteipräferenz, wohl aber zur Erinnerung an die vorhandene parteipolitische Neigung führen. Zur Überzeugung von Wählern komme es dagegen eher, wenn ein Ereignis eindeutig exogen und dabei wenig auf einen relevanten politischen Konflikt bezogen ist. Mit anderen Worten sind bei Ereignissen, die sich nicht um die großen politischen Konflikte drehen, die Wähler eher dazu geneigt, diese unabhängig von langfristig gebildeten politischen Einstellungen oder auch vom Parteibuch zu evaluieren und sich aufgrund dessen zu einer Änderung ihrer Parteipräferenz überzeugen zu lassen. Die Frage ist nun, ob sich für diese Hypothesen in den empirischen Beiträgen des Bandes Evidenz findet.

11.2 Die Bundestagswahl 2013 im Spiegel der Empirie

Die empirische Auseinandersetzung mit der Wahl 2013 beginnt mit dem Beitrag von Marcinkiewicz und Jankowski, in dem die Autoren die wahlhistorische Situation beschreiben. Sie stellen fest, dass die Bundestagswahl 2013 als eine der Wahlen gelten kann, in der die Spitzenkandidaten eine besonders starke Rolle spielten. Wie Konrad Adenauer im Kalten Krieg habe Angela Merkel sich inmitten der Eurokrise als Garantin von Sicherheit und Stabilität präsentieren können. Die große

11 Fazit: Aktivierung oder Überzeugung?

Beliebtheit der Bundeskanzlerin wurde von den Autoren als zentraler Faktor für den Sieg der Unionsparteien dargestellt. Das Ergebnis der SPD deute dagegen auf eine anhaltende Krise der deutschen Sozialdemokratie hin und die kleinen Parteien gingen insgesamt schwächer aus der Wahl 2013 hervor als aus der Wahl 2009. Eine dramatische Zäsur war das Jahr 2013 aber vor allem für die FDP, die zum ersten Mal nicht in den Bundestag einziehen konnte und die mit einem geringeren Stimmenanteil aus der Wahl hervorging als der Parteineuling AfD.

Die Wahlbeteiligung verharrte auf einem vergleichsweise niedrigen Niveau. Wenn Aktivierung in den Analysen des Bandes konstatiert werden konnte, so blieb deren Gesamteffekt auf die Wahlbeteiligung verhalten.

Im weiteren Verlauf des Bandes wird nun die konkrete Wirkung von Ereignissen untersucht. Kapitel 5 bearbeitet mit Blick auf die wirtschaftliche Entwicklung und deren Einschätzung durch die Wähler die exogene Dimension. Die weiteren Kapitel gehen auf unterschiedliche Typen endogener Ereignisse ein. Kapitel 6 betrachtet Wahlkampfkommunikation sowie Medieneinsatz und verbindet diese in einem Fallbeispiel mit der Ereignisperspektive, Kapitel 7 bis 9 untersuchen Spitzenkandidaturen und deren Inszenierung. Schließlich nimmt Kapitel 10 mit der empirischen Wahlforschung und der Berichterstattung über diese Forschung die Wirkung eines sehr spezifischen Typs von Informationsereignis ins analytische Visier.

Unter einer Überschrift, die Wirtschaftswunder und Amtsinhaberbonus in einem Erklärungsansatz vereint, stellen Lauter, Nendel und Reichert zunächst die Frage, mit welcher Perspektive auf das Wirtschaftsgeschehen und damit auf externe Ereignisse, Wähler ihre Wahlentscheidungen begründen. Aus einer Diskussion von retro- und prospektivem Wählen entwickeln sie die Verantwortungshypothese als neuen Begriff, der sowohl die retrospektive als auch die prospektive Betrachtungsweise im Verantwortungsbegriff integriert. Noch wichtiger für ihre Analyse aber ist die Abkehr von einer rein auf die nationale wirtschaftliche Entwicklung gerichteten Perspektive. Dieser Blick sei, so die Autoren, im europäischen Mehrebenensystem längst nicht mehr ausreichend erklärungskräftig. Zwar würden auch im europäischen Mehrebenensystem nach wie vor nationale Regierungen für die wirtschaftliche Entwicklung verantwortlich gemacht, zumindest gelte das für Deutschland. Gleichzeitig gebe es aber klare Evidenz für die Feststellung, dass wirtschaftspolitische Leistungen der Bundesregierung nicht nur in Relation zu anderen Zeitpunkten, also in der Entwicklungsperspektive, betrachtet würden, sondern auch in Relation zu den wirtschaftspolitischen Leistungen anderer europäischer Regierungen.

Mit Kapitel 6 wechselte der Blick auf interne Ereignisse und konkret auf Wahlkampfkommunikation und Medien. Horstmann, Thalmann und Zillmer gehen der Frage nach, wie Parteien im Wahlkampf kommunizieren und wie ihre direkte Kommunikation von den Medien aufgegriffen und weiter verbreitet wird. Ein interessantes Element ihres Beitrages ist die Auseinandersetzung mit der Frage, ob die Interpretation angemessen sei, dass die Grünen ihr im Vergleich zur Vorwahl schlechtes Ergebnis durch eine ungeeignete Wahlkampfkommunikation quasi selbst verschuldet hätten. Die Autoren konnten aber zeigen, dass sich die Grünen in ihrer direkten Medienstrategie (Pressemitteilungen) durchaus auf ihre inhaltlichen Themen und Kompetenzfelder konzentriert hatten. Die Steuerdiskussion, die nach verbreiteter Meinung den Grünen bei der Wahl auf die Füße gefallen war, war gar nicht, wie ebenfalls oft vermutet, von den Grünen betrieben, sondern vor allem von und in den Medien geführt worden. Die Partei hätte zwar versucht, so die Autoren, in ihren Kompetenzfeldern zu punkten, jedoch seien die Themensetzungen der Partei von der Presse nicht in dem Maße übernommen worden, wie die Partei sie zu lancieren versucht hatte. Man könne daher nicht folgern, das die Grünen im Wahlkampf die falschen Themen gesetzt hätten. Vielmehr liegt die Interpretation nahe, dass sie am falschen Tag mit dem falschen Schlagwort in Verbindung gebracht wurden. Danach hat es, ähnlich wie offenbar bei Steinbrück und den Redehonoraren (dazu gleich mehr), ein Themen-Lock-in gegeben, dass die Grünen trotz aller Bemühungen um alternative Themensetzung bis zur Wahl nicht mehr auflösen konnten.

Die Kapitel 7 bis 9 wenden sich mit unterschiedlichen Schwerpunkten der Frage zu, welchen Einfluss die Spitzenkandidaten von SPD und Union sowie ihre Aktivitäten im Wahlkampf auf den Wahlausgang hatten. Drolshagen und Spandau gehen in Kapitel 7 ausführlich auf die Wirkung von Kandidatenimages ein; Dietel, Knackstedt, Matthies und Thering fragen, wie Kandidat und Partei jeweils zusammenpassen, und welche Wirkung das auf die Wahlentscheidung hat (Kapitel 8); in Kapitel 9 schließlich blicken Claßen, Guckel und Kuhn auf die Effekte des TV-Duells Steinbrück-Merkel.

Indem der Band dem Thema „Spitzenkandidaten" drei Kapitel widmet, bringt er auch zum Ausdruck, wie wichtig die Spitzenkandidaten der Parteien für einen Wahlkampf sind. Diese Wichtigkeit erklärt sich im Kontext des sozialpsychologischen Modells des Wahlverhaltens aus einer in den letzten Wahlen beständig gestiegenen Bedeutung der Kandidaten, die vor allem dann wächst, wenn Kandidat oder Kandidatin der einzige, zumindest aber ein zentraler Anhaltspunkt, für die Wahlentscheidung der Wähler sind. Das ist vor allem bei parteilich ungebundenen Wählern der Fall oder bei jenen, die ihre Entscheidung nicht aufgrund von Themen treffen.

Steinbrück verlor die Wahl, so kann man aus der Perspektive der Analysen von Drolshagen und Spandau sagen, wegen der Diskussion um seine Redehonorare, die sehr früh im Wahlkampf einsetzte, sein Kandidatenimage maßgeblich prägte und von der er sich bis zum Wahltag nicht erholte. Auch wenn diese Aussage stark vereinfacht, kann man sagen, dass es für Steinbrück mit der Honorardiskussion

11 Fazit: Aktivierung oder Überzeugung?

einen ähnlich „beschädigenden" Lock-in-Effekt gab, wie bei den Grünen mit der Steuerfrage. Gleichzeitig entsteht der Eindruck, dass Angela Merkel während des gesamten Wahlkampfes „die Nase vorn hatte". Ihr positives Image war so sehr gefestigt, dass es in der kurzen Frist des Wahlkampfes unabhängig von dessen Verlauf keinen ernsthaften Schaden nehmen konnte.

Will man differenzierter wissen, warum die SPD mit Peer Steinbrück bei der Wahl so schlecht abschnitt, so gibt der Beitrag von Dietel et al. wichtige Anhaltspunkte. Die Autoren stellen fest, dass das Image des Kandidaten Steinbrück weniger gut mit dem Image der SPD im Jahre 2013 zusammenpasste, als die Spitzenkandidatin der Union und ihre Partei in Übereinstimmung waren. Steinbrück war neben den Vortragshonoraren nach wie vor der Mann der Agenda 2010, von der sich die SPD in weiten Teilen verabschiedet hatte. Sowohl innerhalb der Partei als auch bei ihren Anhängern gab es viele Personen, die insbesondere den Arbeitsmarktreformen, die unter dieser Überschrift umgesetzt worden waren, im Jahre 2013 keine Begeisterung mehr entgegenbringen konnten. Hier klaffte klar eine Differenz zwischen Kandidat auf der einen sowie Partei und Anhängerschaft auf der anderen Seite. Anders bei Merkel: Sie war nicht nur in Übereinstimmung mit den zentralen Politikzielen ihrer Partei, sie hatte sie wesentlich mitgeprägt. Während Steinbrück als Kandidat also Stammwähler nur wenig oder nicht aktivieren konnte und in seiner Überzeugungswirkung auf Wähler anderer Parteien begrenzt blieb, konnte Merkel als Person gleichzeitig aktivieren und überzeugen. Dabei wirkte bei Steinbrück, hier kommen wir auf die Argumente aus Kapitel 7 zurück, die Honorardiskussion verstärkend gegen ihn, vor allem auch gegen ihn als Kandidat der SPD. Der Wahlslogan der Partei lautete: „Das Wir entscheidet". Aber wie sollte jemand Wähler von sozialdemokratischen Idealen, Wahlzielen und vom „Wir" überzeugen, der selbst vor allem darauf aus gewesen war – so legte es zumindest ein Teil der Diskussion nahe – als Redner „Kasse zu machen"?

Angela Merkel dagegen hatte, so zeigt der Beitrag, sowohl in den meisten Kompetenzbereichen als auch bei den Persönlichkeitseigenschaften das größere Wählervertrauen.

Dennoch gelang es dem SPD-Kandidaten in einem eigens für die Wahl inszenierten Ereignis, dem TV-Duell mit Kanzlerin und Kanzlerkandidatin Angela Merkel, Boden gut zu machen. Soviel Boden, dass selbst die Prognosemärkte, die den Erfolg Steinbrücks im Duell durchaus vorweggenommen hatten, auch nach dem Ereignis nochmals reagierten. Indem er Themen in den Vordergrund stellte, bei denen die SPD Themenführerschaft beanspruchen kann und sich als Person mit diesen Ideen verband, konnte er, so die Analyse von Claßen et al., Wähler dazu bringen, ihre Stimme (doch) den Sozialdemokraten zu geben.

Steinbrück konnte also in der Debatte überzeugen. Weder reichte dieser Effekt aber, um ihn und seine Partei in der Wählergunst vor Angela Merkel und die Union zu setzen, noch war der Effekt von langer Dauer.

Die Autoren beobachten jedoch noch einen weiteren Effekt, welcher bis zum Wahltag andauerte: Dadurch, dass ein großer Teil der Medienkommentare Peer Steinbrück als Sieger nach Punkten in der Debatte beschrieb, ihn also in den Interpretationsrahmen (Frame) des erfolgreichen Wahlkämpfers stellte, wurde seine Position noch weiter gestärkt. Dieser Effekt geht wahrscheinlich darauf zurück, dass Personen ohne stabile Parteineigung eine explizite oder implizite Präferenz dafür haben, „bei den Siegern zu sein". Wird also jemand nach einer TV-Debatte medial als Sieger dargestellt, so erzeugt das als solches einen kleinen Sog in der öffentlichen Stimmung hin zu dieser Person.

Die Autoren beobachten weiter, dass das TV-Duell, da nur Kandidat und Kandidatin der beiden großen Parteien zugegen waren, für SPD und Union Effekte zu Lasten der kleinen Parteien hatte. Auch hier sind die direkten Wirkungen von Ereignissen im Wahlkampf deutlich zu erkennen.

Kapitel 10 schließlich widmet sich den Ergebnissen von Umfragen. Diese werden als eigenständige Gruppe endogener Ereignisse im Wahlkampf interpretiert. Die These ist, dass die regelmäßig veröffentlichten Umfrageergebnisse ihrerseits zum Teil erheblichen Einfluss auf den Wahlausgang haben können, den sie ja eigentlich nur vorhersagen sollen. Umfrageergebnisse können Aktivierungs- und Überzeugungseffekte eigener Art hervorrufen. Letzteres wird am Beispiel des Zusammenspiels der beiden Wahlalternativen Bündnis90/Grüne und Linkspartei deutlich. Das Argument lautete, dass die relative Schwäche der Grünen am Wahltag sich zum Teil aus Rückkehr strategischer Wähler zur Linkspartei erklären lasse. In einer bestimmten Phase des Wahlkampfes sei es für einen Teil der potenziellen Wählerschaft der Linkspartei plausibel gewesen, eine Wahlentscheidung für die Grünen zu erwägen. Ziel dieser Strategie war es gewesen, anstelle einer schwarzgelben oder schwarz-roten Bundesregierung eine rot-grüne Regierung zu ermöglichen. In dem Maße jedoch, wie die Umfragen die erwartete Wahrscheinlichkeit eines rot-grünen Wahlsieges immer geringer werden ließen, sei es wieder plausibel geworden, eine präferenztreue Wahlentscheidung zu treffen. Wenn die strategische Option nicht mehr glaubwürdig ist, so das Argument, dann ist präferenztreues Wählen die logische Reaktion. In diesem Effekt sehen die Autoren einen letzten Schub zu einem Wahlergebnis der Grünen, das relativ zur Vorwahl als eher nicht erfolgreich bewertet wurde.

Das Ausbleiben taktischer Wahlentscheide („Leihstimmen") hat aber nicht nur dazu geführt, dass die Grünen gegen Ende des Wahlkampfes an Zustimmung verloren, sondern auch zum Scheitern der FDP an der Wahlhürde. Denn da die FDP im Bundestagswahlkampf 2013 weder auf ein eigenes Kernthema zurückgreifen konnte, noch sich von der Koalitionspartnerin CDU inhaltlich zu distanzieren vermochte (Kapitel 6), setzte sie ganz auf eine Leihstimmenkampagne. Die meisten Beobachter und damit auch die Teilnehmer am Prognosemarkt rechneten fälschlicherweise mit einem (relativen) Erfolg der Zweitstimmenkampagne. Daher kam das bedeutendste Resultat dieser Wahl, das erstmalige Ausscheiden der FDP aus dem Bundestag seit dem Zweiten Weltkrieg, als große Überraschung für Wähler und Beobachter.

Fasst man die genannten Aspekte zusammen, dann wird deutlich, dass neben den Grundüberzeugungen der Wähler das Wahlergebnis auf ein komplexes Zusammenwirken unterschiedlicher Faktoren zurückgeführt werden muss. So hatten SPD und Grüne mit je eigenen früh einsetzenden Ereigniseffekten zu kämpfen, deren Wirkung sie im gesamten Wahlkampf nicht mehr ausgleichen konnten. Positive Meldungen über die deutsche Wirtschaftslage, welche stark mit der Situation im gesamten europäischen Wirtschaftsraum kontrastierten, führten zu einer Stärkung der Position von Amtsinhaberin Merkel. Das Image der Kanzlerin tat ein Übriges, um den Abstand zwischen Union und Verfolgern groß zu halten.

Bestätigen diese Resultate die eingangs erwähnte Hypothese von Strijbis, wonach endogene und auf bedeutende gesellschaftliche Konflikte zielende Ereignisse die Wähler „nur" aktivieren, exogene und wenig politisierte Ereignisse die Wähler hingegen zu überzeugen vermögen? Dafür spricht, dass die deutsche Wirtschaftslage, die Images von Kandidaten und strategische Überlegungen der Wähler, nicht aber die inhaltlichen Positionierungen der Parteien zu bedeutenden Präferenzverschiebungen während des Wahlkampfes geführt haben. Ein bedeutendes Ereignis dieser Wahl, dessen Analyse in diesem Band nur geringen Raum einnehmen konnte, stellt die Hypothese jedoch in Frage: Die Gründung der AfD. Die Konstituierung dieser Partei stellt ein endogenes Ereignis dar, welches mit Bezug auf die europäische Integration und die Regulierung der Migration auf bedeutende gesellschaftliche Konfliktlinien verweist. Gleichzeitig war die Gründung der AfD wahrscheinlich das Ereignis, das bei der im Vergleich größten Gruppe an Wählern einen Überzeugungseffekt ausgelöst hat. Können also nicht auch endogene und auf gesellschaftliche Konfliktlinien bezogene Wahlkampfereignisse zur Überzeugung der Wähler führen? Und widerlegt die Wirkung der Gründung der AfD dann die oben aufgestellte Hypothese oder ist das die Ausnahme, welche die Regel bestätigt? Die Antwort auf diese Frage wird erst möglich sein, wenn wir mehr darüber wissen, ob und wie die AfD sich langfristig etabliert hat. Kann sie das nicht, wird man ihre Gründung vor allem als kurzfristiges Wahlkampfereignis im Jahre 2013 interpretieren, das die bloß aktivierende Wirkung endogener und konfliktbezogener Ereignisse widerlegt. Kann sie sich aber etablieren, so wäre ihre Gründung im Gegensatz zu den anderen Wahlkampfereignissen ein seltenes, historisches Ereignis mit langfristiger Wirkung und damit die Ausnahme, welche die Regel bestätigt.

11.3 Umfragen und Prognosemärkte: Wer leistet was?

Neben den inhaltlichen Fragen hatte der Band sich zum Ziel gesetzt, zu zeigen, welchen Nutzen Prognosemärkte für die Analyse von Wahlen und Wahlverhalten haben können. Prognosemärkte wurden von Arnesen in Kapitel 3 als Instrument vorgestellt, das auf Ereignisse im Verlauf des Wahlkampfes anderes reagiert als Umfragen. Letztere zeigen schnelle Ausschläge in unterschiedliche Richtungen, wenn Wahlkampfereignisse die Wählermeinungen beeinflussen. Prognosemärkte dagegen würden als expertisebasiertes Instrument alle zu einem jeweiligen Zeitpunkt verfügbaren Informationen nutzen, um tatsächlich eine Vorhersage des Ergebnisses am Wahltag zu treffen. Das würde implizieren, dass sie vor allem dann auf Ereignisse reagieren, wenn diese exogen und daher wenig erwartbar sind, wie etwa eine Flutkatastrophe. Die Wirkung endogener und erwartbarer Ereignisse, wie etwa eines Wahlparteitages, hätten sie dagegen in ihrer Wirkung auf die Wählerstimmung bereits vorab berücksichtigt.

Durch diese unterschiedlichen Mechanismen der Generierung einer Ergebnisvorhersage seien Umfragen und Prognosemärkte für die Wahlforschenden sehr nützlich, denn sie erlauben zum Beispiel differenziertere Aussagen über Effekte des Wahlkampfes auf die Wähler. So ließen sich Aktivierungs- und Überzeugungseffekte im Vergleich der relativen Veränderungen in zeitlich parallel erhobenen Umfrage- und Prognosemarktdaten nachzeichnen. Dieser Umstand wurde z. B. in Kapitel 9 genutzt, um zu prüfen, welche Effekte das Kandidatenduell auf die Wähler hatte. Dabei konnte Kapitel 9 auch zeigen, wie sensibel Prognosemärkte auf eine veränderte Informationslage reagieren. So geht das Kapitel von zweierlei aus: 1) Der Markt hatte einen Teil des Steinbrück-Erfolges im Duell bereits vorweggenommen, dieser Teil des Erfolges war, wie Börsianer sagen, bereits „eingepreist". 2) Steinbrück hat so gut abgeschnitten, dass trotz des bereits eingepreisten Erfolges die Marktwerte angepasst werden mussten.

Weiter wurde argumentiert, dass Prognosemärkte Wahlergebnisse aus dem Grund genauer vorhersagen können als Umfragen, weil die Händler neben Umfrageergebnissen weitere Informationen kennen und nutzen, wenn sie auf dem Prognosemarkt handeln. Die Vorhersagen der Prognosen bei der Bundestagswahl 2013 waren allerdings nicht so gut, wie es die Theorie erwarten würde. Das Wahlergebnis von Union und Linkspartei war vom Markt unterschätzt worden, das Ergebnis

11 Fazit: Aktivierung oder Überzeugung?

von SPD und Grünen wurde überschätzt. Gibt es Erklärungen für diesen Prognosefehler? Unseres Erachtens ja:

Märkte sind keine Naturzustände, sondern durch Menschen geschaffene Institutionen, die viele Formen annehmen können und bei deren Gestaltung viele Entscheidungen getroffen werden müssen. Im Fall von Prognosemärkten gilt es zum Beispiel, zu regulieren, wer am Marktgeschehen teilnehmen darf, wie die finanziellen Anreize gesetzt werden und wie der Organisator ins Marktgeschehen eingreifen soll und darf, wenn auf dem Markt Ineffizienzen drohen. Letzteres ist etwa der Fall, wenn sich Teilnehmer bei Termingeschäften verspekulieren und in der Folge Schulden anhäufen. Wie im Rahmen der jüngsten Wirtschaftskrise vielfach diskutiert, gibt es verschiedene Lösungsansätze, um eine solche Situation zu verhindern oder ihre negativen Auswirkungen abzuschwächen. Auch Prognosemärkte sind auf solche Lösungsansätze, die unter den Stichworten „Eigenkapitalregeln", „bailouts" oder „Eigentümerhaftung" diskutiert werden, angewiesen.[1] Es fehlt aber noch an gesichertem Wissen darüber, welche Vorgehensweise auf Prognosemärkten die besten Resultate hervorbringt. Wir nehmen an, dass die Prognoseungenauigkeit des vorgestellten Marktes hier begründet liegt.

In der Konseqenz kann man schlussfolgern: Wenn Prognosemärkte gut sein sollen, müssen sie Informationen optimal nutzen. Um dieses Ziel zu erreichen, müssen optimale Entscheidungen getroffen werden, was die Auswahl der Teilnehmer, das Setzen finanzieller Anreize und die Marktregeln betrifft. Wie diese optimalen Entscheidungen aussehen, ist aber noch weitgehend unklar. Um die Qualität der Vorhersagen von Prognosemärkten gezielt zu verbessern, müssen daher ihre Erfolgsbedingungen systematisch erforscht werden.

---

[1] In unserem Fall haben wir eine sehr restriktive Eigenkapitalregelung angewendet. Während diese der Verschuldung von Teilnehmern vorzubeugen vermag, führt sie möglicherweise dazu, dass Teilnehmer eher dazu neigen, Verträge zu kaufen, für welche sie einen Preisanstieg erwarten, als Verträge, für welche sie einen Preisverfall erwarten.

The manufacturer's authorised representative in the EU is Springer Nature Customer Service Centre GmbH, Europaplatz 3, 69115 Heidelberg, Germany. If you have any concerns regarding our products, please contact ProductSafety@springernature.com

Printed and bound by CPI Group (UK) Ltd, Croydon, CR0 4YY
23/03/2026
02076668-0004